宋亚平 主编

湖北农业农村改革开放40年丛书 1978-2018

湖北农村如期实现全面建成小康社会目标研究

HUBEI NONGCUN RUQI SHIXIAN QUANMIAN JIANCHENG XIAOKANG SHEHUI MUBIAO YANJIU

卢青 ○ 著

中国社会科学出版社

图书在版编目（CIP）数据

湖北农村如期实现全面建成小康社会目标研究/卢青著．—北京：中国社会科学出版社，2018.12

（湖北农业农村改革开放 40 年（1978—2018）丛书/宋亚平主编）

ISBN 978-7-5203-3139-5

Ⅰ.①湖⋯ Ⅱ.①卢⋯ Ⅲ.①农村小康建设—研究—湖北 Ⅳ.①F327.63

中国版本图书馆 CIP 数据核字（2018）第 209633 号

出 版 人	赵剑英
责任编辑	赵　丽
责任校对	郝阳洋
责任印制	王　超

出　　版	中国社会科学出版社
社　　址	北京鼓楼西大街甲 158 号
邮　　编	100720
网　　址	http://www.csspw.cn
发 行 部	010-84083685
门 市 部	010-84029450
经　　销	新华书店及其他书店

印　　刷	北京明恒达印务有限公司
装　　订	廊坊市广阳区广增装订厂
版　　次	2018 年 12 月第 1 版
印　　次	2018 年 12 月第 1 次印刷

开　　本	710×1000　1/16
印　　张	19
字　　数	302 千字
定　　价	79.00 元

凡购买中国社会科学出版社图书，如有质量问题请与本社营销中心联系调换
电话：010-84083683
版权所有　侵权必究

湖北农业农村改革开放40年（1978—2018）丛书

编 委 会（按姓氏笔画为序）

孔祥智　杨述明　肖伏清　宋洪远　邹进泰
张忠家　张晓山　陈池波　郑风田　项继权
赵凌云　贺雪峰　袁北星　党国英　钱远坤
徐　勇　徐祥临　覃道明　潘　维　魏后凯

主　　编　宋亚平
学术秘书　王金华

序

2018年是中国改革开放40周年。40年前，党的十一届三中全会作出了把全党工作的重点转移到社会主义现代化建设上来，实行改革开放的伟大决策。40年来，我国农村一直昂首阔步地站在改革前列，承载着重大的历史使命。农业农村持续40年的变革和实践，激发了亿万农民群众的创新活力，带来了我国农村翻天覆地的巨大变化，为我国改革开放和社会主义现代化建设作出了重大贡献。

湖北是全国重要的农业大省，资源丰富，自古就有"湖广熟、天下足"之美誉。改革开放40年来，在党中央、国务院的正确领导下，历届湖北省委、省政府高度重视"三农"工作，始终把"三农"工作放在重中之重的位置，坚定不移深化农村改革，坚定不移加快农村发展，坚定不移维护农村和谐稳定，带领全省人民发扬改革创新精神，不断开拓进取、大胆实践、求真务实、砥砺奋进，围绕"推进农业强省建设，加快推进农业农村现代化"，作出了不懈探索与实践，取得了令人瞩目的成就。特别是党的十八大以来，农业农村发展更是取得了历史性的成就。

2017年，湖北粮食再获丰收，属历史第三高产年，粮食总产连续五年稳定在500亿斤以上，为保障国家粮食安全作出了积极贡献。农村常住居民人均可支配收入达到13812元，高于全国平均水平。城乡居民收入差距比2.31∶1，明显低于全国的2.71∶1。全省村村通电话、有线电视、宽带比例分别达到100%、90%、95.5%。全省农村公路总里程达到23.6万公里。从无到有、从有到好，公办幼儿园实现乡镇全覆盖，义务教育"两免一补"政策实现城乡全覆盖，社会保障制度实现了由主要面向城市、面向职工，扩大到城乡、覆盖到全民。2012—2017年，全省541.7万人摘掉贫困帽子。

知史以明鉴，查古以知今。回顾过去40年湖北农业农村发展之所以能取得如此巨大的成就，最根本的是始终坚持了一面旗帜、一条道路，不断解放思想、实事求是、与时俱进，把中央各项大政方针和湖北的具体实际紧密结合起来，创造性开展各项"三农"工作的结果。改革开放40周年之际，《湖北农业农村改革开放40年（1978—2018）》这套丛书的编写出版，所形成的研究成果是对改革开放40年来湖北农业农村工作的全面展示。其从理论与实践相结合的高度，全景式展示了湖北农业农村发展所取得的辉煌成就与宝贵经验，真实客观记述了湖北农业农村改革开放40年走过的波澜壮阔的历程，深入分析了改革开放实践中出现的新问题、新情况，而且在一定的理论高度上进行了科学的概括和提炼，对今后湖北农业农村的改革和发展进行了前瞻性、战略性展望，并提出一些有益思路和政策建议，这对深入贯彻党的十八大、十九大精神，进一步深化农业农村改革，在新的起点开创农业农村发展新局面，谱写乡村振兴新篇章，朝着"建成支点、走在前列"的奋斗目标不断迈进，更加奋发有为地推进湖北省改革开放和社会主义现代化建设，都有着积极的作用。

作为长期关注农业农村问题，从事社会科学研究的学者，我认为这套丛书的编写出版很有意义，是一件值得庆贺的事。寄望这套丛书的编写出版能为湖北省各级决策者科学决策、精准施策，指导农业农村工作提供有益帮助，为广大理论与实践工作者共商荆楚"三农"发展大计，推动湖北农业全面升级、农村全面进步、农民全面发展提供借鉴。

2018.9.12

湖北农业农村改革开放40年（1978—2018）丛书简介

2016年8月，经由当时分管农业的湖北省人民政府副省长任振鹤同志建议，湖北省委、省政府主要领导给湖北省社会科学院下达了组织湖北省"三农"学界力量，系统回顾和深入研究"湖北农业农村改革开放40年（1978—2018）"的重大任务，以向湖北省改革开放40年献上一份厚礼。

根据任务要求，湖北省社会科学院组织由张晓山、徐勇等全国"三农"著名专家组成的编委会，经过精心构思，确定了包括总论（光辉历程）、农业发展、农村社会治理、农民群体、城乡一体、公共服务、集体经济、土地制度、财税金融、扶贫攻坚、小康评估在内的11个专题，共同构成本丛书的主要内容。丛书作者分别来自湖北省社会科学院、武汉大学、华中科技大学、华中师范大学、华中农业大学、中南财经政法大学、湖北经济学院等高等院校。

本丛书立足现实、回望历史、展望未来，系统地回顾和总结了改革开放以来湖北省农业农村改革、创新与发展的历程，取得的成就、经验以及存在的不足，并从理论和实践相结合的高度，提出一系列切合湖北实际，具有前瞻性、指导性和可操作性的对策建议。所形成的研究成果兼具文献珍藏价值、学术价值和应用价值，是一幅全景展示湖北省农业农村改革40年光辉历程、伟大成就、宝贵经验的珍贵历史画卷。

目 录

第一章 导论 ………………………………………………… (1)
 第一节 研究背景 ………………………………………… (1)
 第二节 研究方法与内容 ………………………………… (3)

第二章 重要理论基础 ……………………………………… (6)
 第一节 中国小康社会理论 ……………………………… (6)
 第二节 国家现代化理论 ………………………………… (17)
 第三节 农村小康水平测度相关理论 …………………… (24)

第三章 湖北农村小康社会发展历史变迁 ………………… (36)
 第一节 湖北农村实现温饱阶段 ………………………… (36)
 第二节 湖北农村达到总体小康水平阶段 ……………… (47)
 第三节 湖北农村全面建设小康社会阶段 ……………… (55)
 第四节 湖北农村经济社会发展取得重大成就 ………… (70)

第四章 农村是全面建成小康社会的"短板"及内因剖析 … (73)
 第一节 湖北全面建成小康社会统计监测情况 ………… (73)
 第二节 相对薄弱的农村经济基础 ……………………… (81)
 第三节 问题突出的农村社会环境 ……………………… (94)
 第四节 任务繁重的农村扶贫工作 ……………………… (101)

第五章　农村成为全面建成小康社会"短板"的外因分析及影响 …………………………………………… (111)
 第一节　重工轻农发展战略取向 ……………………………… (111)
 第二节　城乡二元结构的形成与演变 ………………………… (117)
 第三节　二元结构造成湖北城乡发展不协调 ………………… (122)

第六章　湖北农村全面建成小康社会指标体系构建 ……………… (135)
 第一节　构建综合评价指标体系 ……………………………… (135)
 第二节　相关赋权方法及权重计算 …………………………… (146)

第七章　湖北农村全面建成小康社会进程测度 …………………… (156)
 第一节　数据来源及处理 ……………………………………… (156)
 第二节　湖北农村全面建成小康社会实现进程测度 ………… (167)

第八章　湖北农村全面建成小康社会差距分析 …………………… (178)
 第一节　湖北农村如期实现全面建成小康社会目标预测分析 ……………………………………… (178)
 第二节　湖北农村如期实现全面建成小康社会目标的判断分析 …………………………………… (186)
 第三节　湖北农村全面建成小康社会主要指标的横向比较 … (191)

第九章　湖北农村加快实现全面建成小康社会目标的路径重构 ……………………………………………… (203)
 第一节　提升农村经济发展水平,建设"富裕农村" ………… (203)
 第二节　加强生态环境改善,建设"美丽农村" ……………… (212)
 第三节　提高农村社会文明程度,建设"文明农村" ………… (218)
 第四节　完善基层社会治理,建设"民主农村" ……………… (225)
 第五节　提高农村社会发展水平,建设"幸福农村" ………… (231)

第十章 加快湖北农村全面建成小康社会发展的动力机制分析 (239)

第一节 加快农村土地制度三项试点改革 (241)

第二节 健全资金的多元化投入保障体系 (248)

第三节 创新农村人才发展机制 (254)

第四节 推动农村生产关系变革 (259)

第五节 健全农业转移人口市民化机制 (265)

第十一章 主要结论 (279)

参考文献 (283)

后记 (293)

第一章

导　论

第一节　研究背景

在中国经济发展进入新常态的新形势下，湖北总体上已处于工业化中期阶段，并正在向工业化后期顺利过渡。在此背景下，湖北农村经济发展与小康社会建设相互叠加影响，推进农村全面建成小康任务十分艰巨。如果能将农村经济发展与小康社会建设的关系处理得好，就能顺利实现传统农业向现代农业转型跨越，为全面建成小康社会奠定坚实基础；如解决处理不好，会使农村经济发展出现重大波折，拖全面建成小康社会的后腿。

进入21世纪，中国取得了一系列历史性成就，经济综合实力在世界的地位不断提升，为全面建成小康社会打下了坚实基础。2006年2月，中国外汇储备达8537亿美元，成为全球外汇储备最大持有国。2010年，中国GDP约6万亿美元，成为全球仅次于美国的世界第二大经济体。2013年，中国成为世界货物进出口贸易第一国。2016年10月1日，人民币正式加入国际货币基金组织（IMF）特别提款权（SDR）货币篮子。2017年中国经济总量继续增长，达到82.7万亿元，约12.26万亿美元，占世界经济总量的15%以上，对世界增长的贡献率超过30%，在世界经济格局中的地位日益凸显。

1978—2017年，中国GDP年均增长9.5%。在经历了近四十年的高速增长后，面对全球经济格局深刻调整，外部需求出现常态萎缩；国际创新驱动竞争更为激烈，产业结构转型升级滞后；传统人口红利逐渐减少，资源环境约束正在加强；跨越"中等收入陷阱"，改革红利有待强力释放等内外环境变化和困难挑战，中国经济逐步进入发展"新常态"。

随着中国经济进入新常态，湖北也逐渐进入了速度换挡新的发展阶段。2014—2017 年 GDP 分别增长 9.7%、8.9%、8.1% 和 7.8%，增速由两位数下降到一位数，低于前十年的平均增速。国外经济学家钱纳里、库兹涅茨、赛尔奎等采用实证分析的方法，结合世界国家和地区的数据，分析得出了经济发展阶段和工业化发展阶段的经验性判据[①]。钱纳里依据人均收入水平、三次产业结构、就业结构、城市化水平等判断标准，将国家或地区经济发展阶段划分为前工业化、工业化实现和后工业化三个阶段，其中工业化实现阶段又分为初期、中期、后期三个时期。

结合湖北实际来看，2017 年湖北地区生产总值达到 3.65 万亿元，人均地区生产总值突破 20000 美元（按 2005 年美元购买力平价计算），已经达到后工业化阶段标准。从三次产业结构判断，2017 年湖北三次产业结构为 10.3∶44.5∶45.2，农业比重接近 10%，而且第三产业连续两年超过第二产业比重，已经基本处于工业化后期阶段。从就业结构来分析，2016 年湖北第一产业就业比重达到 36.83%，处于工业化中期阶段。从人口城镇化率来看，2017 年湖北城镇化率为 59.3%，处于工业化中期阶段，即将达到后期阶段的水平。综合来看，湖北经济发展总体上处于工业化中期阶段，且已出现向后期阶段过渡的明显特征，部分指标已经达到后工业化阶段水平。工业化发展阶段的变化，意味着经济社会发展的各方面将发生改变，湖北全面建成小康社会也将会出现新的特征与形势。

当前，湖北农村经济发展虽然正处于国家大力推进农业供给侧结构性改革，持续实施一系列强农惠农政策，"互联网＋"新技术普及等外部有利条件下，但同时也面临着资源约束趋紧与生态环境保护压力增大，农民持续加快增收的难度加强，城乡土地、资金、劳动力、公共服务等要素资源配置不合理等巨大挑战，这直接影响着湖北农村全面建成小康社会的进程。

"小康不小康，关键看老乡。"全面建成小康社会的重点难点还在农

---

① 冯飞、王晓明、王金照：《对我国工业化发展阶段的判断》，《中国发展观察》2012 年第 8 期。

村。改革开放四十年来，虽然湖北农村发生了翻天覆地的变化。但从实际情况来看，湖北作为全国的农业大省，农村经济基础薄弱，农村社会事业发展相对滞后，教育文化和医疗卫生条件亟待改善，特别是与东部发达地区相比农村生产力还较低，农民生活水平不高；农村人口数量多，并且集中了大部分的贫困人口，农村扶贫任务繁重，还有140万的贫困人口尚未摆脱贫困；城乡发展不平衡、不充分，城乡差距仍然较明显。农村全面建成小康社会不仅是中国"三农"问题得到有效解决的体现，也是国家现代化建设中的必然过程，还是最终实现城乡融合和共同富裕的重要途径。湖北农村如期实现全面建成小康社会目标研究对顺利实现"精准扶贫，不落一人"，补齐全省经济社会发展关键"短板"，以及开启"建成支点，走在前列"新征程具有重要的理论研究价值和实践探索意义。

第二节 研究方法与内容

一 主要研究方法

本书综合采用农业经济学、制度经济学、发展经济学、统计学等理论及相关研究方法开展研究。一是注重文献研究与比较分析相结合。通过对小康社会、国家现代化、农村综合制度改革等相关领域文献的研读，为本书研究思路的确定、关键因素的明晰、实证分析框架的构建提供支撑；同时，通过湖北与全国、中部其他省份、东部发达省份数据对比，分析农村全面建成小康社会发展水平与外省的差距。二是注重理论分析与实证分析相结合。理论分析部分包括国内小康社会、国外现代化、农村小康社会水平测度等基础理论；同时，结合湖北实际发展情况，构建农村全面建成小康社会发展水平指标体系，收集相关指标数据，运用具体的综合评价方法进行实证分析。三是注重全省整体分析与典型调查相结合。在进行实证分析和对比分析中，以湖北全省数据为基础，从整体的角度来分析湖北农村全面建成小康社会成就、问题；同时，根据湖北农村试点、典型案例等，以点带面地说明湖北在全面建成小康社会发展过程中的发展情况。具体研究方法如下。

文献综合法。通过图书馆、档案馆、电子数据库等渠道检索、查阅、整理、归纳与本书有关的期刊、文件、统计资料、电子信息等文献资料，熟悉相关领域理论研究进展情况，为本书研究奠定理论基础，初步形成本书研究的基本思路。

调查研究法。通过对省内外农村全面建成小康社会发展情况的实地调查，获得第一手资料，了解省内外基本情况，总结提炼成功经验。邀请部分专家学者、政府官员采取头脑风暴方式，召开小型研讨交流会议，就研究中可能会遇到的问题听取他们的意见和建议。设计访谈提纲，深入农村基层，对"三留守"、农民工等群体进行深度访谈，广泛听取他们的意见和相关诉求。

比较分析法。通过对比中国小康社会建设与国外现代化发展相关理论，从发展经济学的角度探究国内外现代化发展中的联系和区别；通过湖北省内各地市、湖北与国内其他省份的对比分析，查找自身存在的问题与差距，并深入分析产生的原因。

二 主要内容

本书主要内容是围绕回答湖北农村能否如期实现全面建成小康社会目标而展开的。第一章简述了研究背景、研究方法与内容。第二章对小康社会、国家现代化理论进行了较为全面的理论综述，明确了农村全面建成小康社会的内涵、特征及主要测度方法，奠定了全书的理论基础。第三章主要对改革开放以来湖北农村小康社会发展历史进行了系统回顾，并结合湖北农业农村领域的阶段性、标志性事件和重要发展战略举措等，对农村小康历史进行了阶段性划分，最后对湖北农村经济社会发展成就进行了系统总结。第四章从全省全面建成小康社会统计监测情况的实际出发，分析指出农村是全省全面建成小康社会的"短板"，并从农业农村自身角度剖析其产生的原因。第五章跳出农业农村的圈子看问题，从历史的角度分析农村成为全面建成小康社会"短板"的外部原因，系统论述了中国城乡二元结构的形成与危害，并结合湖北的实际描述了二元结构相关制度的变革，以及由此造成的湖北城乡发展不协调。第六章至第八章主要为实证分析部分，通过构建指标体系、计算权重系数等相关综合评价方法，从经济发展、农民生活、社会发展、民主政治、资源环境五个方面，对2010—2016年湖北农村全面建成小康社会水平进行定量测度。在此基础上,对2020年湖北农村能否如期实现全面建成小康社会目标所涉及的各项指标进行了预测分析,并从省内和省际两个角度进行横向对比分析。第九章紧紧围绕党的十九大提出的乡村振兴发展战略,从经济发展、生态环境、乡风文明、基层治理、社会民生五个方面对湖北农村全面建成小康社会发展路径进行系统重构。第十章站在深化农村综合改革的角度,深入进行动力机制分析,在内部推力和外部拉力两种动力作用下,促进湖北农村全面建成小康社会不断发展。第十一章对全书主要结论进行综合整理说明。

第二章

重要理论基础

小康社会具有十分丰富的内涵,集经济、政治、社会、文化、生态等多领域为一体,并在发展中不断变化。在研究农村全面建成小康社会问题的过程中,需要有相关的理论作为指导。通过全面梳理中国小康社会、发达国家现代化发展、农村小康水平测度等相关重要理论,明确提出农村全面建成小康社会的含义及相关特征,为本书研究奠定理论基础。

第一节 中国小康社会理论

国外没有"小康社会"的说法,"小康社会"是一个具有鲜明中国特色的概念。小康社会是中国现代化发展过程中承上启下的一个必经阶段,现代化是中国小康社会的终极目标。而"三步走"战略正是体现了在实现温饱、达到小康水平的基础上,最终实现现代化目标这一过程。下面以历史时间为脉络,对中国小康社会的相关研究进行梳理。

一 古代与近代小康社会

(一) 古代之小康社会

"小康"的说法由来已久,它源于中国传统文化,并随历史的发展其含义不断丰富和深化。"小康"一词,最早出现于中国第一部诗歌总集《诗经》,在《大雅·生民之什·民劳》中就写道:"民亦劳止,汔可小康。惠此中国,以绥四方。"诗经中所说的小康是小安、安康的意思,然而尚未形成正式的小康概念和内涵。

小康作为一种社会模式提出,最初是在《礼记·礼运》中得到了全面的阐述,由此形成了小康概念的雏形。《礼运》中描绘了传统儒家思想中的"大同""小康"两种社会模式。

大同社会的主要特征是"大道之行也,天下为公"。人们在大同社会里"选贤与能,讲信修睦,故人不独亲其亲,不独子其子,使老有所终,壮有所用,幼有所长,矜寡孤独废疾者皆有所养"。在这样的大同社会,经济方面"天下为公",财产公有;政治上"选贤与能",推举品德高尚和办事有力的贤人来管理公共事务;社会文明方面"讲信修睦",诚信友爱、团结和睦;社会保障健全;社会秩序稳定[①]。大同社会从某种程度上来看,实际隐含着现在中国全面建成小康社会的"理想"状态。而小康社会是指"大道既隐,天下为家",靠礼仪关系维持的社会。

随着私有制的产生,原始社会向阶级社会过渡,出现了"人心不古,周室衰微,诸侯割据"的局面。小康社会里"各亲其亲,各子其子,货力为己。大人世及以为礼,城郭沟池以为固。礼义以为纪,以正君臣,以笃父子,以睦兄弟,以和夫妇,以设制度,以立田里,以贤勇知,以功为己。……如有不由此者,在执者去,众以为殃,是谓小康"。小康社会是财产私有制产生下的一种社会形态,与财产公有、政治民主、社会文明、保障健全、秩序稳定的"大同"社会相比,小康则要低一个层次,是财产私有、生活宽裕、上下有序、家庭和睦、讲究礼仪的社会状态,是一种更接近现实的社会状态。

小康大体框架和基本雏形形成后,在中国长达几千年的封建社会里,小康社会的思想不断被后人所继承和发展,如战国的孟子、西汉的董仲舒、东晋的陶渊明、清代的蒲松龄等。

(二) 近代之小康社会

鸦片战争以后,中国进入了半殖民地半封建社会,中国的思想家们继续对"小康""大同"社会进行思索。太平天国农民起义领袖洪秀全利用"上帝面前人人平等"等观点,继承"大同"社会思想,提出了《天朝田亩制度》这一纲领性制度。该制度以解决土地问题为中心,以社会组织、军事、文化教育等多方面为主要内容,根据"凡天下田,天下人同耕"的原则,"凡分田,照人口,不论男女,算其家口多寡,人多则分

---

① 陈庆立:《农民与小康》,华夏出版社2004年版,第4页。

多,人寡则分寡",最终建立"有田同耕,有饭同食,有衣同穿,有钱同使,无处不均匀,无人不饱暖也"的绝对平均主义的理想社会。

清末学者康有为将《春秋公羊传》中的"三世"说与《礼记·礼运》中的"大同""小康"思想结合,并在西方的自然科学和天赋人权思想的基础上,用资产阶级的价值观对儒家的小康社会进行了实质性修正,形成了社会演进学说。他在《大同书》中提到"谓今方为'据乱'之世,只能言小康,不能言大同,言则陷天下于洪水猛兽"。人类从据乱之世进化到太平之世,中间必须经过一个升平之世的阶段,这里的太平之世、升平之世分别对应着"大同"和"小康"。小康之世在经济方面应是"大工之世",文化方面应是"渐有文教",政治方面应是"人主垂拱无为"。

20世纪初,孙中山提出了"民族、民权、民生"三民主义,主张中国民主革命在推翻封建统治时,应设法避免资本主义的弊害,一举实现"大同"。孙中山的"大同"思想主要表现在"民生主义"中。他在《孙中山全集》中提出"民生就是人民的生活——社会的生存、国民的生计、群众的生命……故民生主义就是社会主义,又名共产主义,即是大同主义","民生主义即贫富均等","人人有平等的地位去谋生活",通过"平均地权"和"节制资本"去实现"大同主义"。三民主义既强调发展经济,又要求保障社会平等,其"养民""济民"思想与现在所说的"小康"是相通的。

(三)古代与近代小康主要特征

其一,小康是一种介于温饱与富裕之间的生活状态。中国是具有几千年文明历史的世界大国,经过漫长人类社会的不断积淀,古代之小康经历了概念从无到有,从整体勾勒到局部细节描述,从《诗经》里的劳动小康到《礼运》中的社会小康。实际上,古人所说的小康社会,虽说只不过是一种建立在落后生产力和封建私有制基础上的自给自足的小农社会,但它反映了长期处于贫穷状态的普通百姓对于衣食无忧美好生活的向往,体现了普通老百姓的理想生活水平。因此,"小康""小康之家""小康生活"等词得到了广泛的流传,其含义逐步地向人们的基本生活状态转移,谓之"略有资产,足以自给之境""经济较宽裕,可以不愁温饱"等。

其二,小康是向"大同"发展过程中的一种社会模式。"大同"类似西方的乌托邦，是一种原始共产主义最理想、最抽象的社会状态。"大同"社会中"财产公有、政治民主、社会文明、秩序稳定、保障健全"，是千百年来中国人憧憬的最高境界，但却与实际的生活状态存在着巨大差距。"小康"则是古人设想的社会现实，是仅次于"大同"的社会模式。它不像大同社会那样遥不可及，是一种能够真真切切感受到的社会模式，对于"略有资产""生活殷实""安然度日"的小康社会追求，更符合人们的生活实际，也体现了在小农经济社会背景下，人民对于生活富足、安居乐业的渴望与向往。

二 现代小康社会

中华人民共和国成立后，以毛泽东同志为核心的党的第一代中央领导集体和以邓小平同志为核心的第二代领导集体，通过艰苦奋斗、摸着石头过河，持续为富国强民而努力，不断推进中国现代化进程，现代小康社会应运而生。

（一）中国式的现代化

1953年年底，毛泽东在《关于党在过渡时期总路线的学习和宣传提纲》中初步提出了实现"四个现代化"的目标。此后，在1960年年初，他又明确提出："建设社会主义，原来要求是工业现代化、农业现代化、科学文化现代化，现在要加上国防现代化。"农业、工业、国防和科学技术现代化的"四化"战略目标的确定，标志着具有中国特色的现代化理论的正式形成。以毛泽东为核心的党的第一代中央领导集体对中国现代化问题的探索，特别是所提出的有关中国现代化发展目标、发展道路、发展战略、发展动力等，为邓小平小康社会思想的形成奠定了基础。

改革开放后，邓小平在阐述社会主义现代化建设目标时，结合中国实际情况依然沿用了"四个现代化"的说法。1979年3月，邓小平在会见英中文化协会执委会代表团外宾时提出："我们定的目标是在本世纪末实现四个现代化。我们的概念与西方不同，我姑且用个新说法，叫做'中国式的四个现代化'。"① 1979年10月，在省、市、区党委第一书记座谈会上，他对现代化战略目标进行了适当调整和说明："我们开了大

---

① 《邓小平思想年谱》，中央文献出版社1998年版，第111页。

口,本世纪末实现四个现代化。后来改了个口,叫中国式的现代化,就是把标准放低一点。特别是国民生产总值,按人口平均来说不会很高。"①1979年年底,邓小平在会见日本首相大平正芳时,第一次用"小康"来描述"中国式的现代化",并将其作为中国式现代化的阶段性目标。相比西方发达国家的现代化而言,小康就是中国式的现代化。面对大平正芳的提问:"你们的现代化蓝图究竟是如何构思的?"邓小平指出:"我们要实现的四个现代化,是中国式的四个现代化。我们的四个现代化的概念,不是像你们那样的现代化的概念,而是'小康之家'。到本世纪末,中国的四个现代化即使达到了某种目标,我们的国民生产总值人均水平也还是很低的。……所以,我只能说,中国到那时也还是一个小康状态。"②

(二) 邓小平小康社会思想体系

邓小平小康理论是建设有中国特色社会主义理论的主要组成部分,邓小平是中国现代小康社会思想的创立者。在首次提出"小康"奋斗目标后,他结合中国当时的发展实际和特点,又多次围绕这一问题,进一步阐述了小康社会的内涵,描绘了小康社会的发展蓝图,从而形成了比较系统全面的小康社会思想体系。邓小平小康社会思想是对中国现代化理论和社会主义初级阶段理论的新发展,是对20世纪末中国现代化发展目标的具体定位,为20世纪90年代乃至21世纪上半叶中国经济社会发展指明了方向。此后,有关小康的理论研究和实践探索不断增多。

从发展实践来看,党的十一届三中全会以后,中国在深刻总结历史经验教训的基础上,坚持解放思想、实事求是,将党的工作重点转移到经济建设方面上来。社会主义现代化不仅体现在经济方面,而且还体现在政治、文化等各个方面。为此,改革开放以来中国在经济政治、社会生活、制度文化等各个方面所取得的实践成果为邓小平小康社会思想的形成提供了坚实的实践基础。在此过程中,邓小平小康社会思想经历了一个酝酿产生、逐步发展、最终形成的过程,具体可以分为三个阶段。

第一阶段(从1979年年底到1982年年底),是邓小平小康社会思想的产生和初步形成阶段。从党的十一届三中全会到党的十二大,邓小平

---

① 《邓小平文选》第2卷,人民出版社1993年版,第194页。
② 同上书,第237—238页。

在第一次提出"小康"目标的基础上，明确提出了"小康社会"的概念，确立了到 20 世纪末实现人均国民生产总值翻两番的战略目标。1981 年 4 月，邓小平根据中国发展实际，提出将小康的标准从 1000 美元下降为 800 美元。1982 年，党的十二大提出了"两步走"战略："从一九八一年到本世纪末的二十年，我国经济建设总的奋斗目标是，在不断提高经济效益的前提下，力争使全国工农业的年总产值翻两番，即由一九八〇年的七千一百亿元增加到二〇〇〇年的二万八千亿元左右。……为了实现二十年的奋斗目标，在战略部署上要分两步走：前十年主要是打好基础，积蓄力量，创造条件，后十年要进入一个新的经济振兴时期。"

第二阶段（从 1983 年年初到 1984 年年底），是邓小平小康思想逐步发展，走向成熟的阶段。这一时期，邓小平明确提出翻两番可以实现，强调奔小康战略的重点要摆在农村，系统全面阐述了建立小康社会的前景、指导原则和一系列方针政策及其意义。1983 年 2 月，邓小平南下江苏、浙江、上海进行考察，以苏州为例，描绘了中国在达到小康水平后的大体轮廓：

第一，人民的吃、穿、用问题解决了，基本生活有了保障；

第二，住房问题解决了，人均达到二十平方米，因为土地不足，向空中发展，小城镇和农村盖二三层楼房的已经不少；

第三，就业问题解决了，城镇基本上没有待业劳动者了；

第四，人不再外流了，农村的人总想往大城市跑的情况已经改变；

第五，中小学教育普及了，教育、文化、体育和其他公共福利事业有能力自己安排了；

第六，人们的精神面貌变化了，犯罪行为大大减少[①]。

1984 年，他在中央顾问委员会第三次全体会议上的讲话，全面反映了小康社会思想重要内容，标志着邓小平小康社会思想体系的初步形成。

第三阶段（1984 年至 2000 年），是邓小平小康社会思想最终形成、不断完善的阶段。这一时期，提出了分三步走基本实现现代化的发展战略，并将建设小康社会作为 1991—2000 年中国经济建设的主题，将小康社会思想延伸至 21 世纪。1987 年，党的十三大将"两步走"战略进一步

---

① 转引自陈庆立《农民与小康》，华夏出版社 2004 年版，第 15—16 页。

丰富发展，正式提出了"三步走"的发展战略：第一步，实现国民生产总值比1980年翻一番，解决人民的温饱问题，这个任务已经基本实现。第二步，到20世纪末，使国民生产总值再增长一倍，人民生活达到小康水平。第三步，到21世纪中叶，人均国民生产总值达到中等发达国家水平，人民生活比较富裕，基本实现现代化。这是当时对中国未来经济建设的战略部署。

"三步走"战略的提出，为中国现代化发展和小康社会建设指明了方向。"小康"作为中国特色社会主义现代化建设的第二步目标，被赋予了新的时代内涵。1990年党的十三届七中全会决定把"人民生活从温饱达到小康，生活资料更加丰裕，消费结构趋于合理，居住条件明显改善，文化生活进一步丰富，健康水平继续提高，社会服务设施不断完善"作为20世纪90年代中国经济建设的主题。1995年和1997年，中国分别提前实现了国民生产总值翻两番和人均国民生产总值翻两番的目标。

1978—2000年，中国经历了经济的快速发展。到2000年年底，中国国民生产总值和城乡居民人均可支配收入分别达到9.9万亿元、6280元、2253元，年均增长速度分别为9.7%、6.3%、7.4%[①]，人民生活达到小康水平，"三步走"战略中的第二步目标已经如期实现。然而20世纪末实现的小康目标，只是达到了整体小康水平的状态，是一种低水平的小康、不全面的小康、不均衡的小康。

（三）现代小康主要特征

随着时代的变迁和社会的进步，小康内涵也不断融入新的要素，不断赋予了新的含义。邓小平将小康概念与经济建设相结合，给予其马克思主义科学内涵，其内容、特征与过去相比已经有了质的变化。

其一，小康社会是中国式的现代化的阶段性目标。邓小平最早提出小康概念是为了准确定义中国式现代化的发展目标，所以小康社会的最终目标是为了实现中国式的现代化。然而，中国毕竟与西方发达国家存在着现实的差距，中国的现代化必须从中国人口多、底子薄的基本国情出发。因此，在确定中国式现代化的标准时，较日本等发达国家相比，是相对较低的标准，小康社会是社会主义初级阶段上承温饱社会、下启

---

① 均为实际增长速度。

基本实现现代化的中间阶段性目标。它将中国社会主义现代化目标具体为切实可行的步骤，使社会主义现代化目标有了明确的内容。

其二，小康社会是立足于中国社会主义制度的社会状态。小康社会是坚持社会主义道路，不断实现社会主义本质，追求共同富裕的社会发展阶段。"不坚持社会主义，中国的小康社会形成不了。"小康社会是建立在以公有制为主体，多种所有制经济共同发展的基本经济制度之上的，中国特色社会主义制度的性质决定了小康社会是以广大人民的共同富裕，实现中华民族的伟大复兴为目标。通过建设小康社会实现社会主义现代化，可以体现社会主义制度的优越性。

其三，小康社会体现了满足民生幸福追求。西方发达国家的现代化与小康社会发展模式是不同的：前者以剩余价值为社会一切价值的核心，以获得财富为生产的唯一目的。而后者一开始就是立足于满足人民群众的物质文化需要提出来的，它不仅是指经济上要达到人均国民生产总值的阶段目标，而且还要在保证人民群众丰衣足食的基础上，不断满足人民群众的物质文化需要，其最终目的是使发展的成果惠及全体人民。1983 年邓小平在苏州考察时，就提出了小康社会状态涵盖人民生活、消费结构、居住条件、文化生活、健康水平、社会服务设施等多个方面。此后，在不同的历史时期小康社会在宏观管理、体制改期、科学教育投入、精神文明建设、地区平衡发展、国际地位提高等方面都有具体论述。

三　全面小康社会

20 世纪末，中国提前实现了小康，实现了"三步走"的前两步，开始实施第三步战略部署，这是中华民族发展史上一个新的里程碑。但此时的小康是总体平均的小康，总体上的小康只是刚刚跨过小康生活的门槛。人民日益增长的物质文化需要同落后的社会生产之间的矛盾仍然是当时中国社会的主要矛盾。

步入 21 世纪，中国经济迈向中等发达国家水平，经济社会发展继续保持较快发展的态势。站在新的历史起点，中国对"三步走"战略作出了新的战略规划和进一步展开。党的十五大报告提出了"展望下世纪，我们的目标是，第一个十年实现国民生产总值比二〇〇〇年翻一番，使人民的小康生活更加宽裕，形成比较完善的社会主义市场经济体制；再经过十年的努力,到建党一百年时,使国民经济更加发展,各项制度更加完善;到世纪中叶建国一百年时,基本实现现代化,建成富强民主文明的社会主义国家"。① 这是在实现原来第二步目标的基础上,对第三步目标和步骤的更加具体化,实际上提出了一个新的"三步走"战略。按照"新三步走"战略,中国达到总体小康水平后,分别以2010年、2020年、2050年为时间节点,提出相应的奋斗目标。

(一) 全面建设小康社会

2000年10月,党的十五届五中全会首次提出了全面建设小康社会的战略构想:"从新世纪开始,中国将进入全面建设小康社会,加快推进现代化的新的发展阶段。"全面建设小康社会是对邓小平"小康社会"思想的又一次发展和创新,体现了小康社会发展是一个持续渐进的过程。

2001年,江泽民在建党八十周年大会上再次指出中国已经进入全面建设小康社会阶段,并提出了在经济、政治、文化、人的发展、人与自然的关系等方面的任务要求,这使得全面建设小康社会的思想进一步丰富和完善。2002年,党的十六大对全面建设小康社会作出了具体的战略部署,最终形成了比较系统的全面建设小康社会思想。党的十六大报告中提出"我们要在21世纪头二十年,集中力量,全面建设惠及十几亿人口的更高水平的小康社会,使经济更加发展、民主更加健全、科教更加进步、文化更加繁荣、社会更加和谐、人民生活更加殷实"。② "六个更加"是对小康社会内涵的广泛延伸,是对全面小康社会概念的准确界定。全面建设小康社会要求在经济结构与效益、社会主义民主、社会民生、可持续发展能力四大方面实现更高水平的发展,是包括经济发展、社会和谐、生活质量、民主法制、科教文卫、资源环境等方面的综合发展。

2007年,党的十七大丰富和发展了邓小平小康社会建设的战略目标,对"三步走"战略中第三步作了进一步的具体化描述:增强发展协调性,努力实现经济又好又快发展;扩大社会主义民主,更好保障人民权益和

---

① 江泽民:《高举邓小平理论伟大旗帜,把建设有中国特色社会主义事业全面推进二十一世纪——在中国共产党第十五次全国代表大会上的报告》,《求是》1997年第18期。

② 江泽民:《全面建设小康社会,开创中国特色社会主义事业新局面——在中国共产党第十六次全国代表大会上的报告》,《求是》2002年第22期。

社会公平正义;加强文化建设,明显提高全民族文明素质;加快发展社会事业,全面改善人民生活;建设生态文明,基本形成节约能源资源和保护生态环境的产业结构、增长方式、消费模式。党的十七大提出的全面建设小康社会的新要求使中国特色社会主义事业的总体布局由物质文明、政治文明、精神文明建设的"三位一体"深化拓展为包括和谐社会建设在内的"四位一体"。

(二)全面建成小康社会

2012年,党的十八大根据中国经济社会发展实际,在党的十六大、十七大确立的全面建设小康社会目标的基础上,提出了到2020年全面建成小康社会的新要求和新愿景:"到二〇二〇年国内生产总值和城乡居民人均收入在从二〇一〇年的基础上翻一番,全面建成小康社会;到21世纪中叶建成富强民主文明和谐的社会主义现代化国家,实现中华民族伟大复兴的中国梦。"① 党的十八大将生态文明建设提升到更高的战略层面,形成了包括经济、政治、文化、社会、生态文明建设"五位一体"的中国特色社会主义事业总体布局。"五位一体"的总体布局是一个整体性目标要求,它们之间相互联系、相互促进;其中任何一方面发展得滞后,都会影响全面建成小康社会目标的如期实现。

党的十八大以来,习近平总书记围绕"全面建成小康社会"提出了一系列新思想、新论断、新要求,准确把握当代中国实际,科学回答了全面建成小康社会中面临的诸多重大问题。"全面建成小康社会,强调的不仅是'小康',而且更重要的也是更难做到的是'全面'。""全面"讲的是发展的平衡性、协调性、可持续性,如期实现全面建成小康社会需要下大气力解决"补短板"的问题。其中,农村贫困地区发展和贫困人口脱贫是现阶段推进全面建成小康社会进程中最突出的短板。"全面建成小康社会,最艰巨最繁重的任务在农村,特别是在贫困地区。没有农村的小康,特别是没有贫困地区的小康,就没有全面建成小康社会。"② 习近平总书记谋划精准扶贫、精准脱贫之策,"让乡亲们都能快点脱贫致富

---

① 胡锦涛:《坚定不移沿着中国特色社会主义道路前进 为全面建成小康社会而奋斗——在中国共产党第十八次全国代表大会上的报告》,《求是》2012年第22期。
② 《习近平谈治国理政》,外文出版社2014年版,第189页。

奔小康"。

在迎接改革开放四十周年之际,党的十九大顺利召开,中国已处于全面建成小康社会决胜时期,中国特色社会主义进入新时代。中国社会生产力水平总体上显著提高,社会生产能力在很多方面进入世界前列,在解决了十几亿人的温饱,总体上实现小康的基础上,将全面建成小康社会。综合分析国际国内形势和中国发展条件,党的十九大对"三步走"战略进一步深化与丰富,提出从2020年到21世纪中叶可以分两个阶段来安排,我们可以称之为新"两步走":"第一个阶段,从二〇二〇年到二〇三五年,在全面建成小康社会的基础上,再奋斗十五年,基本实现社会主义现代化。……第二个阶段,从二〇三五年到21世纪中叶,在基本实现现代化的基础上,再奋斗十五年,把我国建成富强民主文明和谐美丽的社会主义现代化强国。"[1]

在新的时期,人民美好生活需要日益广泛,不仅对物质文化生活提出了更高要求,而且在民主、法治、公平、正义、安全、环境等方面的要求日益增长。因此,中国社会主要矛盾已经转化为人民日益增长的美好生活需要和不平衡不充分的发展之间的矛盾,中国已经开启全面建设社会主义现代化国家的新征程。

(三) 全面小康主要特征

与总体小康相比,全面小康的主要特征是"全面"。所谓"全面"是相对于"低水平""不全面"和"不均衡"而言的。

其一,全面小康是更高水平的小康。总体小康是一个低标准的小康。2000年年底,中国人均GDP为800多美元,属于中下收入国家水平,只是从总体平均的角度来看刚刚达到了小康标准。全面小康是较高水平的小康。到2020年中国全面建成小康社会时,国内生产总值和城乡居民人均收入较2000年翻两番,人均GDP则超过3000美元,达到中等收入国家水平。全面小康将是一个共同富裕的惠及十几亿人口的高水平的小康社会,将使人民生活更加殷实、富裕。

其二,全面小康是"五位一体"全面覆盖的小康。总体小康是一个

---

[1] 习近平:《决胜全面建成小康社会 夺取新时代中国特色社会主义伟大胜利——在中国共产党第十九次全国代表大会上的报告》,人民出版社2017年版,第29页。

偏重于物质消费的小康，注重人民生活水平状况，特别是物质生活方面的指标。全面小康除了注重物质生活水平提高外，还特别注重人民政治民主的发展、群众精神生活的充实以及人与环境的和谐共处等方面，是经济、政治、文化、社会、生态文明建设"五位一体"的全面小康。现阶段，在"五位一体"建设中，生态文明建设是比较突出的短板，资源约束趋紧、生态环境恶化趋势尚未得到根本扭转。这要求我们坚持"绿水青山就是金山银山"的理念，把生态文明的理念、原则、目标融入经济社会发展各方面。

其三，全面小康是城乡间、地区间发展更协调均衡的小康。总体小康是一个发展不均衡的小康，在全国范围内也还没有全面达到小康，2000年，全国尚有3000万人温饱问题没有完全解决。事实上，中国的城乡之间、区域之间发展差距较大，发展水平差距明显。这不仅体现在经济基础和基础设施上，在教育条件、科技水平、卫生条件等方面也都相差甚远。"全面小康，覆盖的人口要全面，是惠及全体人民的小康。"[①] 全面小康是要覆盖所有城乡的小康，是覆盖发达地区和欠发达地区的小康，要逐步缩小地区、城乡、各阶层的差距，最终实现社会主义共同富裕目标。目前，农村和贫困地区经济社会发展相对落后，是全面建成小康社会的短板，也是重点之所在。

第二节　国家现代化理论

现代化是指从一个以农业为基础的生活水平相对较低的社会，走向注重利用科学和技术的都市化和工业化社会，即从传统的农业社会向现代化工业社会转变的历史过程。更广义的现代化概念还包括由这种社会生产力大发展而导致社会生产方式大变革所引起的社会组织和社会行为的深刻变化[②]。"小康"是用来反映中国现代化发展过程中的一个特定阶段，现代化是小康社会的最终目标。基于此，通过对世界其他国家和地

[①] 《习近平关于全面建成小康社会论述摘编》，中央文献出版社2016年版，第13页。
[②] 徐冬青：《世界发达国家现代化的经验及启示》，《世界经济与政治论坛》2012年第6期。

区，特别是发达国家现代化相关理论的梳理，将有助于我们对小康社会的进一步认识与研究。

一 发达国家现代化历程

现代化是一个动态的社会转型进程，关于它的研究兴起于20世纪五六十年代的美国，70年代转移到拉美国家，80年代后关注焦点是东亚地区。通过考察历史变迁过程来认识现代化，一直是西方学术界最基本的、常用的研究方法之一。起源于18世纪末期的英国工业革命，标志着世界现代化进程的开始，至今大概经历了三个发展时期。

一是18世纪后期至19世纪中叶时期，以英国为代表的（法国、比利时、荷兰、德国等）西欧国家开启了早期工业化、现代化发展。虽然现代化的研究创始并兴盛于美国，但其原生模型却出自英国。英国是第一个也许是唯一一个"原生型"的现代化国家[①]。随着纺织机、蒸汽机等的出现，以及海外殖民地的不断扩张带来的原始积累，第一次工业革命在英国发起。由此英国生产力出现了突飞猛进的发展，实现了机器代替手工劳动、工厂代替家庭作坊。这一时期，英国从传统的农业社会向现代化工业社会转变，经济结构主要变化是农业产值和农业劳动力的比重不断下降，1841年分别下降到22%和23%；而工业产值不断上升，1860年英国工业品占世界工业品总产量的45%。

二是19世纪下半叶至20世纪初期时期，以美国为代表的西方主要资本主义国家基本实现了经济现代化。这一时期，工业化向欧洲其他国家和北美等地区延伸，美国、法国、德国以及日本、俄国等先后确立了资本主义制度，经济开始迅速发展。随着电力、内燃机等的出现，重工业加快发展，工业化以更高层次、更广领域迅速扩展，对经济增长的推动大大增强。据统计，18世纪全球经济人均增长率为0.1%，而19世纪提高到2.6%。到20世纪初，西欧和北美都完成了工业化过程，初步实现了现代化[②]，农业劳动人口都降到40%以下。同一时期，英国农业劳动人

[①] 陈晓律：《从英联邦国家的角度看世界现代化进程》，《杭州师范学院学报》（社会科学版）2004年第4期。

[②] 俄国和日本稍晚一些，约在20世纪20年代也完成初步的工业化。

口下降到 10% 左右。

三是 20 世纪中叶至今，工业化、现代化向全球扩展。在此阶段，一批第三世界国家先后完成了工业化，成为新兴现代化国家；西方发达国家现代化则由初级向高级发展，升级到更高层次。随着电子计算机、半导体、核能应用等一批高科技的出现，第二次工业革命应运而生，生产力向高科技、专业化和多样化方向发展，世界经济出现了前所未有的高速增长。据统计，1953—1973 年世界工业总产量与 19 世纪 150 年以来工业总产量之和相当。这一时期，产业结构发生了明显变化：第一产业的比重进一步下降，美、英、日等国下降到不足 5%；第二产业从劳动密集型为主向资本密集型、技术密集型转变，传统工业向外转移；第三产业迅速发展，占 GDP 的比重逐步超过第一、第二产业比重之和。而 20 世纪 80 年代开始的以微电子技术、新能源、新材料、生物工程等为代表的新技术革命，将西方发达国家的经济现代化推向另一个新的阶段。

二　国家现代化发展类型

根据现代化推进的时序、形成原因的差异，国家现代化可以分为"先发式"和"后发式"①或"内源型"和"外导型"②。先发式或内源型现代化其形成原因主要是社会自身力量产生的内部创新，是在国际环境比较宽松的情况下，凭借自身力量主动进行而发展起来的，主要包括以英国、德国等为代表的最早进入现代化进程的国家。后发式或外导型现代化其成因是在国际环境影响下社会外部冲击而引起内部的思想和政治变革并进而推动经济变革，是在外部压力或早发国家的示范效应下被迫启动和发展起来的，主要包括北美、日本及"二战"后新兴工业化国家和地区。

后发式、外导型的国家现代化主要有以下三种模式。

一是"全盘西化"模式。该模式是依据经典现代化理论提出的。经

---

① 王文兵、王铁成：《三种现代化理论视野中的后发国家发展模式比较——基于经典现代化理论、依附论、世界体系论的比较》，《考试周刊》2011 年第 11 期。

② 徐冬青：《世界发达国家现代化的经验及启示》，《世界经济与政治论坛》2012 年第 6 期。

典现代化理论认为现代化就是资本主义化，西方发达资本主义的早期模式就是现代化的普遍模式。因此，一些发展中国家以私有制的市场机制为主要动力，结合一定程度的国家资本主义，实行对西方的全面开放，引进国际资本、先进科技，实行全盘西化，如拉美的巴西、阿根廷、墨西哥等，"二战"后的亚洲国家韩国等。

二是"自力更生"模式。该模式是依据依附理论提出的。依附理论主要从资本主义世界体系的框架内研究发展中国家欠发达的原因，它认为发达国家处于世界体系的中心，而发展中国家是依附的、外围的。只有切断与资本主义体系的联系，摆脱依附、外围的地位，发展中国家才能获得真正的发展。因此，根据依附理论，一些发展中国家采用"自力更生"模式，利用本国的力量、整合本国的资源推进现代化建设，如亚洲的朝鲜、拉美的古巴等。

三是"反体系运动"模式。该模式是依据世界体系理论提出的。世界体系理论和依附理论一样，认为外部动力和条件是现代化的关键因素。它认为西方国家处于"中心"地位，而发展中国家处于"边缘"地位。该模式提出发展中国家通过民族解放运动，配合核心区的社会运动，形成所谓的反体系运动，将资本主义世界体系转变为社会主义世界体系，集中克服现存资本主义世界体系的某些弊端。

三　国家现代化水平测度

对国家现代化水平的测度可以基于经济发展、人民生活水平等方面的单一指标或是多个指标构成的综合指数来进行分析和反映。

(一) 单一指标

1. 人均 GDP/GNP

人均 GDP/GNP 是从经济发展的角度来反映国家现代化发展水平。世界银行按人均 GDP 将世界各国家或地区划分为低收入、中等收入和高收入三大类型，其具体标准[①]：1988 年人均 GDP 在 545 美元及以下的为低收入国家；545—6000 美元为中等收入国家；6000 美元以上为高收入国家。由此可知，中国小康水平相当于中下等收入国家水平。除了用人均

---

① 标准随着世界经济发展在不断变化，这里以 1988 年标准为例。

GDP 外，世界银行还用人均 GNP 来衡量社会发展水平，规定人均 GNP 在 300 美元以下为"贫困型"国家；300—480 美元为"温饱型"国家；570—2160 美元的中下等收入水平为"小康型"国家；2290—5240 美元的中上等收入水平为"宽裕型"国家；6200—27500 美元的高收入水平为"富裕型"国家。

2. 恩格尔系数

19 世纪德国统计学家恩格尔提出了恩格尔系数，用其来判断人们消费结构的变化。恩格尔系数是从人民生活水平的角度来反映国家现代化发展水平。联合国根据恩格尔系数来判定一个国家或地区的人民生活水准：恩格尔系数在 0.6 以上为绝对贫困；0.5—0.6 为勉强度日，温饱水平；0.4—0.5 为小康水平；0.3—0.4 为相对富裕；0.3 以下为高度富裕。

3. 基尼系数

基尼系数是基于洛伦茨曲线提出的，用于反映居民收入分配公平程度的指标。基尼系数取值在 0—1，数值越小说明收入分配越公平，0 代表收入分配的绝对平等，1 代表收入分配的绝对不平等。根据联合国组织的相关规定，把 0.4 作为收入分配公平的"警戒线"，基尼系数在 0.4 以上表示居民之间收入存在较大差距，社会贫富差距过大；当基尼系数达到 0.6 时，则表示收入水平差距极大。

（二）综合指标

现代化包罗万象，包括一个国家或地区的经济社会发展的方方面面。因此，现代化水平用多方面的综合指标来反映更准确。

1. 现代化的十项标准

1974 年，美国斯坦福大学社会学家 A. 英克尔斯（Alex Inkeles）从以人为本及经济发展的角度出发，结合其对发展中国家的现代化研究，提出了包括人均国民生产总值在内的十项指标及相关标准：（1）人均国民生产总值在 3000 美元以上；（2）农业在国民生产总值中占 12%—15%；（3）第三产业在国民生产总值中占 45% 以上；（4）非农业劳动者占比在 70% 以上；（5）识字人口比重在 80% 以上；（6）受高等教育者占适龄青年的 10%—15%；（7）城市人口比重在 50% 以上；（8）平均每个医生服务人口在 1000 人以下；（9）平均预期寿命在 70 岁以上；（10）人口自然增长率在 1‰以下。如果一个国家或地区达到以上标准，则判断实现了现代化。该指标体系数据易得、标准简明，是衡量世界各国现代化水平简便而有效的评价指标体系。

2. 物质生活质量指数

物质生活质量指数（Physical Quality of Life Index，PQLI），是1975年在詹姆斯·格蒙特和大卫·莫里斯的指导下，由美国海外开发委员会提出的。它是识字率指数、婴儿死亡率指数和预期寿命指数三者的算术平均值，是衡量一个国家或地区人民基本生活情况、物质福利水平的综合指标。其中预期寿命是由营养、公共卫生、收入及一般环境等指数综合而成；婴儿死亡率则反映了饮用水的净化程度、居住的环境条件、母亲的健康状况等情况；识字率则与人们生活水平和教育发展程度有关。

3. 人类发展指数

人类发展指数（Human Development Index，HDI），是由赫布卜·乌·哈格和阿马蒂亚·库马尔·森提出的。联合国开发计划署（UNDP）于1990年在《人类发展报告》中发布，认为人类的发展就是扩大人的选择的过程，是国际上评价某一国家社会发展水平程度的一个重要标准。人类发展指数在物质生活质量指数的基础上增加了人均GDP（购买力平价美元），在知识变量中增加了平均受教育年限等。它是由预期寿命、成人识字率和人均GDP的对数几何平均计算得到，这三个指标分别反映了人的长寿水平、知识水平和生活水平。

4. ASHA指数

ASHA指数是由美国社会卫生组织（American Social Health Association，ASHA）提出的，主要用来反映一个国家，尤其是发展中国家的社会经济发展水平以及在满足人民基本需要方面的综合情况。ASHA指数由就业率、识字率、平均预期寿命、人均GNP增长率、人口出生率、婴儿死亡率六项指标组成，其中前四项指标为正向指标，后两项为逆向指标。ASHA指数对六项指标的目标值作了界定和说明，分别为85%、85%、70岁、3.5%、25‰、50‰。

其计算公式：ASHA指数＝（就业率×识字率×预期寿命指数×人均GNP增长率）／（人口出生率×婴儿死亡率）

此外，20世纪90年代，联合国有关部门共同提出了可持续发展评价指标体系，用于反映一个国家或地区的社会、经济和制度的可持续发展能力及水平。1998年在布达佩斯召开的"在新的全球经济中创造财富"世界财富论坛上，专家学者提出了衡量现代化发展水平的14项指标，涉及信息产业、网络经济等问题。

国外学者有关国家现代化发展及其评价标准的研究，为衡量发展中国家发展水平奠定了重要基础。但是这些研究都是一般的规律性认识，而且研究所处的历史背景已产生了很大变化，不可避免地存在着不同程度的局限性。

四 有益借鉴与启示

中国的小康思想和国家现代化理论在某种意义上是一脉相承的。我们应该坚持"取其精华，去其糟粕"的原则，学习西方国家现代化建设的有益成果，更好地建设中国小康社会。

小康社会是现代化建设的阶段过程，其基本特征是相通的。经典现代化理论认为现代化是传统农业社会向现代工业社会转变的必然过程及伟大变革，涉及政治、经济、社会等方面。现代化进程与工业化和城市化紧密结合在一起，在经济逐步现代化的同时，政治日益趋向民主化、制度化，文化则呈现多样化、大众化。中国的小康社会建设不仅仅体现在经济领域，而且还要包括民主法制、人民生活、生态环境、文化繁荣等在内。

经济发展是小康社会建设的重要方面，但不是全部。经济增长为现代化的发展提供强大支撑，经济现代化是现代化的核心问题。国家现代化理论认为经济发展有利于社会的转型，促进政治体制、社会结构、思想文化、国际关系等领域发生根本变化，从而产生社会变革，最终推动现代化发展进程。中国小康社会发展，坚持"以经济建设为中心""发展是第一要务"，以经济发展不断满足人民群众的物质条件需求，并在此基础上促进民生、文化、生态环境等方面共同发展，建设和谐的小康社会。

小康社会发展最终是为了人的全面发展。韦伯、帕森斯、里斯曼、英克尔斯等西方学者都强调人在现代化中的作用和意义，现代化的最终目标是实现人的全面发展。一个国家只有在思想文化、生活方式等与人有关的方面全面发展，才是真正意义上实现了现代化。推进人的全面发展与小康社会是互为前提和基础的。一方面小康社会有赖于作为社会主体的人自身的发展，另一方面小康社会的目的是人的全面发展。人越全面发展，社会的物质文化财富就会创造得越多，人民的生活就越能得到改善；而物质文化条件越充分，就越能推进人的全面发展。

第三节　农村小康水平测度相关理论

中国小康社会在不同的历史时期有与其时代背景相对应的内涵，对其发展水平也应有不同的测量尺度。在充分认清理解农村小康社会内涵的基础上，结合小康社会、国家现代化水平等相关理论，以国家统计局等部门制定的有关小康水平标准为主线，分三段时期对中国农村小康水平测度进行综合梳理。

一　农村全面建成小康社会内涵及其特征

党的十六大提出全面建设小康社会的重点在农村，解决好"三农"问题对我国小康社会的建设起着举足轻重的作用。对农村小康社会内涵的全面认识是我们首先要把握的一个重点问题，也是构建农村小康指标体系和评价农村小康水平的基础[①]。

潘盛洲指出农村小康社会至少要包含四个方面：经济上，农村经济体制比较完善、农业科技和工业化水平显著提高、农民生活更加富足等；政治上，民主政治建设明显进步、村民自治更完善、社会秩序良好等；文化上，精神文明建设明显加强、农村教育事业有较大的发展等；生态上，环境得到改善、资源利用效率提高、人与自然和谐共存等[②]。陈丽霞、张文秀认为对农村小康的界定要结合农村实际情况确定，全面建设农村小康社会是经济、生活方面显著提高、民主自治制度更加完善、社会进步、生态环境进一步优化[③]。蒋远胜、蒋和平等从两个要点对农村小康社会进行了概括：其一，农村小康是以人为中心的农村经济和社会的

[①] 卢青、靳如意：《我国农村小康社会发展水平测度研究综述》，《社会科学动态》2018年第6期。
[②] 潘盛洲：《关于农村建设小康社会的初步思考》，《农业经济问题》2003年第1期。
[③] 陈丽霞、张文秀：《论全面建设农村小康社会》，《农村经济》2014年第12期。

全面发展;其二,农村小康是缩小发展差距、消除贫困和实现共同富裕的方法,是解决区域发展不平衡的重要手段①。

农村小康是中国小康社会发展在农村地区的具体化,既有小康的一般特征,又具有其独特性。依据小康相关研究成果,本书将农村全面建成小康社会定义为:在中国广大的农村地区实现总体小康的基础上,通过经济建设、政治建设、文化建设、社会建设、生态文明建设"五位一体"发展,使农村社会生产力进一步提升,农民生活水平进一步提高,农村文化更加繁荣,农村民主法制更加完善,农村可持续发展能力不断增强,并逐步走向富裕,最终达到共同富裕的阶段性状态,是发展更高水平、更全面、更均衡,实现人的全面发展的社会。农村全面建成小康社会仍然是农村处于温饱与富裕之间的一种状态,具体体现在以下几个方面。

在农村经济方面。以家庭承包经营为基础,充分发挥市场在资源配置中的决定性作用,强化农业物质技术装备支撑,综合生产能力显著提高;以市场需求为导向,调优、调高、调精农村产业结构;培育新型农业经营主体,提升农村社会化服务水平,发展适度规模经营,通过完善健全的农业生产体系、农业产业体系、农业经营体系,促进农业现代化发展。

在农村政治方面。坚持在中国共产党的领导下,农村的社会主义民主政治、法制建设明显进步,农村社会实现由政府主导型向法制主导型社会转变,基层民主进一步扩大和健全,广大农民群众的选举权、决策权、管理权和监督权等民主权利落到实处,党组织领导下的村民自治机制更加完善,干群关系密切,社会治安良好,乡村社会治理体系不断完善。

在农村文化方面。深入践行社会主义核心价值观,农村社会主义精神文明建设明显加强,农民文化消费比例提高,精神文化生活充实,思想道德素质、科学文化素质和精神风尚得到综合提升,农民群众文化活动不断丰富,农村优秀传统文化得到继承与发扬,农村文化基础设施更

---

① 蒋远胜、蒋和平、黄德林:《中国农村全面小康社会建设的综合评价研究》,《农业经济问题》(增刊) 2005 年。

加完善，农村文化产业加快发展。

在农村社会方面。农民物质生活水平进一步提升，农民收入持续增加，城乡居民收入差距不断缩小；农村教育、医疗卫生、住房、劳动就业、社会保障等社会公共服务水平明显提高，农村"三留守"问题得到根本性解决；农村建档立卡贫困人口如期实现脱贫目标，实现稳定脱贫致富。

在农村生态文明方面。坚持绿色发展，大力发展资源节约型、环境友好型、生态保育型"三型"农业，农业资源利用效率显著提高，农业生产、农村生活环境得到明显改善，山、水、林等生态资源得到有效保护，人与自然更加和谐相容，农村可持续发展能力不断增强。

根据诸多农村小康社会内涵的概述，农村小康社会具有以下重要特征。

一是动态阶段性。小康是在一定时期生产力水平下定义的，随着时代的变迁和社会的进步，小康内涵不断地融入新的要素，具有明显的动态性特征。根据国际划分标准并结合我国实际，社会发展可划分为贫困、温饱、小康、富裕四个阶段。朱庆芳认为农村小康是在农村经济全面发展的基础上，使农民生活在温饱的水平上进一步提高的阶段性标志[①]。傅晨、孟治全认为农村小康是小康社会在农村中的实现，是以解决农民温饱问题为基础，进一步提高农民生活水平[②]。小康社会是中国式现代化的阶段性目标，农村总体小康、农村全面建设小康、农村全面建成小康都是农村处于温饱与富裕之间的阶段性状态。

二是全面综合性。新时期，农村小康是一个综合性的社会发展目标，除了注重物质生活提高外，还特别注重人民政治民主的发展、群众精神生活的充实以及人与环境和谐共处等方面，是经济、政治、文化、社会、生态文明建设"五位一体"的全面小康。周慧秋、李东根据党的十八大报告提出的目标，分析得出农村小康就是要消除农村贫困人口、贫困地区、提高农民收入，实现农村经济建设、政治建设、社会建设、文化建设、生态文明建设的协调发展和可持续发展，不断缩小城乡收入差距，

---

① 朱庆芳：《农村小康社会指标体系和2000年的发展目标》，《农业经济问题》1991年第10期。

② 傅晨、孟治全：《农村小康的内涵和指标体系探讨》，《农村经济》1993年第6期。

促进城乡一体化发展，实现农村的繁荣和稳定[①]。从发展区域、阶层来看，农村全面小康是更协调、更均衡的小康，实现过程中要兼顾不同层次之间、局部与全局、个体与整体的关系，是解决广大农村区域发展不平衡、缩小地区差距和实现共同富裕的重要手段。

二 总体小康水平测度

学术界对小康社会的理解仁者见仁、智者见智。2000年以前对总体小康水平的测度，有的学者认为用国民生产总值/人均国民生产总值或是恩格尔系数一个指标就可以反映；而更多的人认为要集合经济、社会、文化、政治、生态等一整套指标组成指标体系来衡量小康社会水平。

在1991年之前，中国还没有专门针对农村的小康水平测度指标和相关理论研究，更多的是从国民生产总值、人均国民生产总值单个指标或是有关人民生活的整体描述为主。1981年邓小平提出到20世纪末中国人均达到国民生产总值1000美元，后来又调整为达到800美元，就是达到小康生活了。党的十二大正式提出了全国工农业的年总产值翻两番的目标，即由1980年的7100亿元增加到2000年的28000亿元左右。1983年，邓小平又从人民生活、住房、就业、教育、文化、社会治安、人民精神面貌等方面对小康社会进行了定性描述。

1991年以后，国内有关小康社会和农村小康社会水平测度的理论逐渐增多，许多学者在借鉴国家现代化十项指标等西方相关理论的基础上，从经济、社会、文化等多维度出发，并结合中国发展实际，丰富和发展了农村小康水平测度理论。

朱庆芳[②]从全国角度出发，确定了全国小康社会指标体系，它大致可以作为全国和各省份衡量和评价的参考和依据。在考虑城乡差别较大的实际情况的基础上，他又进一步提出了农村小康社会指标体系。该指标体系主要适用于县级及县以下的农村地区，包括社会结构、人口素质、

[①] 周慧秋、李东：《我国农村全面建成小康社会的主要制约因素及对策》，《东北农业大学学报》（社会科学版）2013年第4期。

[②] 朱庆芳：《农村小康社会指标体系和2000年的发展目标》，《农业经济问题》1991年第10期。

经济效益、生活质量、社会稳定和社会秩序五大类共49项指标。为了使各地区能根据不同经济情况制定出切合本地实际情况的小康目标，他将49项指标中的21项指标确定为各地必备的重要指标，其他指标可以根据实际情况进行调整。马俊贤[①]以湖北农村地区为研究对象，从经济总量、生活消费质量和社会保障三方面入手，构建了具体包括16项指标的湖北农村小康生活水平指标体系，并提出了2000年小康目标量化值。李新贵等[②]通过深入探讨中国小康的相关概念和特征，结合"农民物质生活比较丰裕""农民精神生活比较充实""农民居住环境改善""农民健康水平提高""农民公益事业发展""社会治安良好，人民安居乐业"六个方面，提出了包括30项指标的农村小康指标体系，再从农户、村、乡、县和地区五个不同层面提出了相应的小康标准，并结合许昌市的实际情况进行了论证。

1992年，国家统计局统计科学研究所、城市社会经济调查总队、农村社会经济调查总队课题组分别制定了"全国人民小康生活水平的基本标准""全国城镇小康生活水平的基本标准"和"全国农村小康生活水平的基本标准"（见表2—1）三套关于小康目标的量化标准，采用综合评分法进行小康进程的评估和比较。研究认为农村小康生活水平基本标准由收入分配、物质生活、人口素质、精神生活、生活环境、社会保障与安全6个部分组成，共包括16项指标。

表2—1　　国家统计局提出的全国农村小康生活水平的基本标准

指　　标	单位	权重	小康值
一、收入分配		35	—
1. 人均纯收入	元	30	1200
2. 基尼系数	—	5	0.3—0.4

---

①　马俊贤：《湖北农村小康水平评价指标体系及其量化标准》，《统计与决策》1992年第2期。

②　李新贵、史乃威、杨润山、娄明振、杨春法、宋根庆：《农村小康问题研究》，《农业技术经济》1992年第5期。

续表

指　　标	单位	权重	小康值
二、物质生活		25	—
3. 恩格尔系数	%	6	≤50
4. 蛋白质人均每日摄入量	克	9	75
5. 衣着消费支出	元	3	70
6. 钢木结构住房比重	%	7	80
三、人口素质		9	—
7. 人口平均预期寿命	岁	4	70
8. 劳动力平均受教育程度	年	5	8
四、精神生活		12	—
9. 电视机普及率	台/百户	6	70
10. 文化服务支出比重	%	6	8
五、生活环境		11	
11. 已通公路的行政村比重	%	3	85
12. 安全卫生水普及率	%	3	90
13. 用电户比重	%	3	95
14. 已通电话的行政村比重	%	2	70
六、社会保障与社会安全		8	—
15. 农村享受社会五保人口比重	%	4	90
16. 农村万人刑事案件立案件数	件	4	≤20

国家统计局制定的小康指标体系是国内对总体小康进行综合评价最具代表性的研究成果，得到政府部门与社会的普遍认同，以此作为衡量全国农村小康水平实现程度的重要标准。之后，学者们在此基础上结合各地实际，进行了广泛而深入的研究。

赵秉恩等[①]在全国农村小康指标体系的基础上，参考国际普遍采用的社会指标，选择能够反映哈尔滨市农村小康社会特点，且有代表性的农村小康目标体系（包括社会结构、人口素质、生活质量及社会保障等方面，共17项指标），并运用量化手段对动态的经济与社会发展作出预测

---

① 赵秉恩、栾兆乾、王永昌、王苏阙：《哈尔滨市农村小康目标体系的选择》，《农业系统科学与综合研究》1993年第1期。

和分析。傅晨等①则在国家农村小康生活水平指标体系的基础上进一步精简和调整，从生活条件、生活质量、生活效果的角度出发，在社会经济指标中筛选出 10 个信息量大、代表性强的指标，构建农村小康指标体系。

围绕建立的指标体系，学者们对全国、各省、县等不同区域内的农村小康实现程度进行了实证分析。唐平等②按照国家农村小康标准计算出 1992 年中国农村居民生活水平的综合评分已达到 63.2 分，发现基尼系数、人口平均预期寿命和农村万人刑事案件立案件数 3 项已达到小康水平。他进一步通过建立回归分析模型分析发现，到 2000 年，人均纯收入、恩格尔系数、蛋白质人均每日摄入量、已通电话的行政村比重、农村享受社会五保人口比重几个指标实现小康标准有难度。由国务院发展研究中心管理世界杂志社、中国社科院社会学所、国家统计局综合司有关专家组成的小康县（市）综合评价课题组③，制定出统一的县（市）级小康指标标准，并对 1991 年全国 2044 个县（市）数据进行综合评价，发现基本实现小康的县（市）共有 80 个，占全部县（市）的 3.9%。

三　全面建设小康社会水平测度

20 世纪末，中国实现的小康是总体平均的小康，许多地区是"被平均"后达到小康标准，特别是在广大的农村地区还没有跨过小康"门槛"，必须把农村放在小康社会建设发展中更加突出的地位。进入 21 世纪后，中国提出了全面建设小康社会，由于农村在中国小康建设中的重要地位和特殊性，很多学者针对农村地区构建了农村全面建设小康社会的指标体系。

2002 年，浙江大学农业现代化和农业发展研究中心构建了由经济发展、社会进步、政治民主、生活质量和生态环境五大方面共 23 个指标组成的农村全面建设小康社会指标体系。该指标体系是在考虑浙江省的实

---

① 傅晨、孟治全：《农村小康的内涵和指标体系探讨》，《农村经济》1993 年第 6 期。
② 唐平、胡永清：《中国农村小康目标实现程度和差距探析》，《中国农村经济》1994 年第 8 期。
③ 小康县（市）综合评价课题组：《小康县（市）的综合评价研究》，《管理世界》1994 年第 5 期。

际情况基础上建立起来的,并对全国和浙江农村地区进行全面小康综合指数测算。

2003年年初,国家统计局农调总队与中央研究室农村局成立联合课题组,参照当时世界中等收入国家有关指标的平均水平,制定了包括经济发展、社会发展、人口素质、生活质量、民主法制和资源环境六大方面共18项指标的农村全面小康社会评价指标体系(详见表2—2),并在此基础上对中国2001年和2002年农村地区实现全面小康的程度进行了综合测评。

表2—2　　　　　农村全面小康社会评价指标体系

指标	单位	权重	小康值
一、经济发展		29	—
1. 农村居民人均可支配收入	元	20	6000
2. 第一产业劳动力比重	%	5	35
3. 农村小城镇人口比重	%	4	35
二、社会发展		20	—
4. 农村合作医疗覆盖率	%	8	90
5. 农村养老保险覆盖率	%	4	60
6. 万人农业科技人员数	人	4	40
7. 农村居民基尼系数	—	4	0.3—0.4
三、人口素质		15	—
8. 农村人口平均受教育年限	年	12	9
9. 农村人口平均预期寿命	年	3	75
四、生活质量		23	—
10. 农村居民恩格尔系数	%	4	40
11. 农民居住质量指数	%	11	75
12. 农民文化娱乐支出比重	%	3	7
13. 农民生活信息化程度	%	5	60
五、民主法制		6	—
14. 农民对村政务公开满意度	%	3	85
15. 农民对社会安全满意度	%	3	85

续表

指　　标	单位	权重	小康值
六、资源环境		7	—
16. 常用耕地变动幅度	%	3	0
17. 森林覆盖率	%	2	23
18. 万元农业 GDP 用水量	立方米	2	1500

2003 年，中国社会科学院选择了 27 个重要代表性指标，分社会结构和生产条件、经济效益、人口素质、生活质量 4 个子系统构建农村全面小康指标体系。该指标体系的目标值是以 2010 年全面小康社会的第一阶段为基准，在此基础上测定全国农村全面小康的实现程度，2001 年为 67.7%。

围绕上述三套指标体系，学者们采取多种统计综合评价方法，从不同角度展开了一系列的研究。

在研究对象方面，杨万江等[①]、汪冬梅等[②]分别以浙江省、山东省为研究对象，对农村全面建设小康社会实现程度进行实证研究，揭示了中国东部发达省份农村地区全面建设小康社会的一般规律。陈丽霞[③]、王永平[④]、胡小平[⑤]结合四川省、贵州省、西部地区农村的发展实际，评价了中国西部地区全面建设小康社会发展进程，并提出了相关对策建议。徐婷[⑥]对青岛市 2005—2011 年农村全面小康社会的实现程度进行对比研究，并计算出 2011 年青岛市农村全面建设小康社会实现程度达到 94%，走在

---

① 杨万江、朱允卫：《全面建设农村小康社会的评价指标体系研究》，《农业技术经济》2004 年第 2 期。
② 汪冬梅、赖昭瑞：《农村全面小康社会建设的实证研究及推进策略——以山东省为例》，《商业研究》2007 年第 5 期。
③ 陈丽霞：《农村全面小康社会评价指标体系研究——兼四川省实证分析》，硕士学位论文，四川农业大学，2005 年。
④ 王永平：《贵州农村建设全面小康社会目标与实现途径研究》，博士学位论文，西南农业大学，2005 年。
⑤ 胡小平主编：《中国西部农村全面小康指标体系研究》，西南财经大学出版社 2006 年版。
⑥ 徐婷：《青岛市农村全面建设小康社会进程及对策研究》，硕士学位论文，中国海洋大学，2013 年。

山东省乃至全国前列。李建明[①]通过对构建市县层面的小康社会进程指标体系有关问题的探讨，在黑龙江垦区将这一统计监测方法进行实证研究，为市县的小康社会指标体系的完善应用提供了范例。

在研究方法方面，陈光金[②]以中国社会科学院农村小康建设指标体系为依据，采用回归分析方法，对全国以及各地区农村小康建设的进展进行了测算和分析，到2010年，中国农村大体上可以实现全面建设小康社会第一阶段的预期目标。何军等[③]参照反映国内小康建设与国际经济社会发展的相关指标体系，采用层次分析法，以上海市郊区为例衡量其全面小康建设的实现程度。毛春元等[④]将熵值理论与模糊物元理论相结合，建立了基于熵权的模糊物元小康社会综合评价模型，并对江苏省13个城市2007年的小康水平状况进行了评价。

四 全面建成小康社会水平测度

党的十八大提出了全面建成小康社会的战略目标，小康社会发展目标得到了进一步丰富和发展[⑤]。由于全面小康目标和任务的变化，2013年，国家统计局制定并发布了《全面建成小康社会统计监测指标体系》，各省份结合本地实际，陆续发布了各自的全面建成小康社会年度监测报告。

肖宏伟[⑥]按照科学发展观的要求，围绕"五位一体"总体布局，从经济发展、人民生活、文化、民主法制和生态文明五个维度构建全面建成小康社会评价指标体系，对2010—2012年全面建成小康社会实现程度进

---

① 李建明：《市县（垦区）全面建设小康社会进程统计监测方法与实证研究》，《统计与咨询》2013年第6期。
② 陈光金：《中国农村全面建设小康社会的进展和展望》，《中国农村经济》2004年第9期。
③ 何军、叶春辉、钟甫宁：《农村全面小康社会建设：指标体系、实现程度与国际比较——以上海市郊区为例》，《华东理工大学学报》（社会科学版）2005年第3期。
④ 毛春元、张月、黄萍：《基于模糊物元理论的小康社会指标体系综合评价模型》，《数学的实践与认识》2009年第24期。
⑤ 王丛标：《习近平对全面建成小康社会奋斗目标的丰富和发展》，《党的文献》2016年第6期。
⑥ 肖宏伟：《我国全面建成小康社会评价指标体系研究》，《发展研究》2014年第9期。

行测算。章沈平等①、刘文菡等②，依据党的十八大报告关于全面建成小康社会的新论述、新要求，充分借鉴全国全面建成小康社会统计监测指标体系，分别构建了适合江西省、河北省实际情况的小康社会评价指标体系。

虽然自2010年以来，国家统计局不再专门对农村小康的进程进行监测评估，但围绕全面建成农村小康社会水平测度的相关理论研究仍然较多。

杨丽娟③从县级层面出发，对照甘肃省全面实现小康社会评价指标体系，调研评估了庄浪县农村小康社会建设现状，分析了农村建设小康社会的进程和差距，并提出了到2020年农村全面实现小康社会的可行性及相关对策。赵颖文等④构建了5个方面24个指标的农村全面小康发展评价体系，采用主成分、聚类分析等统计方法，对中国31个省份进行综合评价，结果发现存在6个不同层次的农村小康社会发展水平和5个评价维度协同耦合的差异性。

中国社会科学院魏后凯⑤参照国家统计局发布的《全面建成小康社会统计监测指标体系》等，提出了由经济发展、人民生活、社会发展、政治民主、农村环境5个方面共23个指标组成的中国农村全面建成小康社会评价指标体系（详见表2—3），对全国2010—2014年农村小康进程进行了测度，指出了2020年要实现农村全面建成小康目标，社会发展、政治民主和农村环境将是短板中的短板。

---

① 章沈平、李毅：《浅谈江西省全面建成小康社会现状及对策》，《市场研究》2015年第9期。

② 刘文菡、刘丽英、邱双月、郑燕：《河北省全面建成小康社会的统计监测指标体系的构建》，《统计与管理》2016年第10期。

③ 杨丽娟：《庄浪县农村小康指标体系实现程度分析报告（2013）》，《农业经济问题》2015年第13期。

④ 赵颖文、吕火明：《农村全面小康建设评价体系的构建及区域差异性研究》，《农业经济问题（月刊）》2016年第4期。

⑤ 魏后凯：《中国农村全面建成小康社会进程评估》，《人民论坛·学术前沿》2016年第18期。

表 2—3　　　　　中国农村全面建成小康社会评价指标体系

一级指标	二级指标	单位	属性①	目标值②
一、经济发展	1. 农村居民人均纯收入	元	+	11838
	2. 第一产业劳动力比重	%	-	35
	3. 城镇化率	%	+	60
	4. 农业科技进步贡献率	%	+	60
	5. 农业劳动生产率	万元/人	+	2
二、人民生活	6. 农村居民家庭恩格尔系数	%	-	40
	7. 农村人均住房面积	平方米	+	30
	8. 城乡居民收入水平比	农村为1	-	2.8
	9. 脱贫率	%	+	100
	10. 农村卫生厕所普及率	%	+	75
	11. 农村自来水普及率	%	+	80
三、社会发展	12. 新农合参合率	%	+	95
	13. 农村地区5岁以下儿童死亡率	‰	-	12
	14. 每千农村人口拥有执业医师数	人	+	1.95
	15. 农村人口平均受教育年限	年	+	10.8
	16. 农村居民文教娱乐消费支出比	%	+	16
	17. 农村地区孕产妇死亡率	1/10万人	-	20
四、政治民主	18. 参选村村民参选率	%	+	95
五、农村环境	19. 农田地力等级	等	+	9
	20. 农业灌溉用水有效利用系数	—	+	0.55
	21. 农业源化学需氧量排放量	万吨	-	771.68
	22. 农业源氨氮排放量	万吨	-	52.85
	23. 化肥施用量	千克/公顷	-	225

① 指标属性"+"代表正指标，"-"代表逆指标。
② 目标值是指标到 2020 年数值。

第 三 章

湖北农村小康社会发展历史变迁

改革开放以来，湖北农村经历了一系列深刻的变革，农村经济社会发展也发生了重大的变化。农村小康社会大致可划分为三个阶段：1978—1990年为第一阶段，实行家庭联产承包责任制，发展农村商品经济，农村逐步解决了温饱问题。1991—2002年为第二阶段，推进农业产业化、乡镇企业发展和农村小康建设工程，农村实现总体小康。2003年以来为第三阶段，以加快农村税费改革、社会主义新农村建设和构建新型农业经营体系促进农村全面小康建设。本章系统地、历史地对农村改革演变历程和农村经济发展轨迹进行考察研究，并结合重要指标对各阶段湖北农村小康发展水平进行初步评价，同时对湖北农村经济社会发展成就进行全面总结。

第一节 湖北农村实现温饱阶段

改革开放以前，中国处于传统的计划经济体制下，实行的是"一大二公""政社合一"的人民公社、城乡分隔的二元户籍和农产品统购统销三大制度。湖北农村的农业生产和农产品销售由集体控制，平均主义十分普遍，因而农民的生产积极性不高，农业生产效率低下，造成农民生活长期处于较低水平。

湖北与全国一样，改革也是从农村开始的。党的十一届三中全会以后，湖北省开始推行统分结合的家庭联产承包责任制，实施"决不放松粮食生产，积极发展多种经营"的生产方针；加快农村经济结构调整，大力发展乡镇企业；加强农产品流通领域改革，逐步放开农民生产经营自主权和农产品的支配权。这些改革措施互相促进、不断完善,大大促进了农村社会生产力的提高,农民生活逐步实现温饱。

一 农村家庭联产承包责任制的逐步推行

(一) 家庭联产承包的探索起步

湖北农村推行家庭承包责任制,经历了先贫困山区、后平原丘陵,先旱地、后水田,先农田、后山林水面,先包产到组、后包产到户,先间接联产计酬、后直接联产计酬的过程①。农村家庭联产承包责任制的推行,实际上是土地所有权与经营权分离,从而解除了制约农村生产力发展的禁锢,极大地释放了蕴藏在农民群众之间的巨大积极性和创造力②。农民获得到了自主和实惠,农业连续丰产,收入连年增长。

1. 由定额计酬到联产到组

1979年,湖北省结合《中共中央关于加快农业发展若干问题的决定》中提出的"可以按定额记工分,可以按时记工加评议,也可以在生产队统一核算和分配的前提下,包干到作业组,联系产量计算劳动报酬,实行超产奖励"三种责任制形式,重点推行定额计酬这种形式,同时少数地区选择了联产到组,即包工包产到作业组,联产计酬这种形式。虽然,联产到组的生产形式较以往的"大锅饭"形式下的集体生产、分配有了很大进步,然而由于一些农村地区对此抱有怀疑、观望甚至是否定态度,导致了联产到组在湖北全省范围内推行较慢。湖北只有一些贫困山区试点了联产到组的形式,并带来了明显的成效。1979年恩施地区的鹤峰县在实行联产计酬的803个生产队中有758个队增产,占88%;而未建立该责任制的,只有53.7%的生产队增产③。由此可知,实行联产计酬方式使得农业增产明显,极大地解放了生产力。到1980年10月,全省责任制形式主要是定额计酬,占63.9%,联产到组的生产队只有28.7%。

---

① 廖长林、陶新安:《湖北农村经济发展战略的历史考察》,《湖北社会科学》2007年第10期。
② 王性初:《解放思想与新时期湖北农村改革》,《社会科学动态》1998年第11期。
③ 许克振主编:《湖北发展改革30年》,湖北人民出版社2008年版,第2页。

2. 由联产到组到联产到户

1980年，湖北部分农村特别是边远山区和贫困地区，受安徽等省份改革影响，实行包干到户责任制，这激起了全省大部分农村要求改革的强烈愿望。9月，中共中央发出《关于进一步加强和完善农业生产责任制的几个问题》，明确指出推行专业承包联产计酬责任制，要求"擅长林、牧、副、渔、工、商各业的劳动力，按能力大小分包各业……各业的包产根据方便生产、有利经营的原则，分别到组、到劳力、到户"。之后，湖北普遍采取了承包联产计酬责任制，根据实际情况分别到组、到户。1981年，湖北在平原和丘陵的农村地区普遍实行了旱地包产到户，之后联产到户又从旱地推广到水田。1981年，全省95.3%的生产队实行了各种形式的责任制，其中联产到户超过了一半，达到54.3%。

3. "大包干"普遍建立

早在1981年下半年起，湖北农村就有少数地区推行了包干到户形式的"大包干"。在推行"大包干"情况下，将集体的土地承包到户，耕畜和中小农具折价卖给农户，各户按规定完成农业税、交售任务和公共提留后，剩余产品全部归自己所有，即"交够国家的，留足集体的，剩下全是自己的"。1982年，湖北省委在有关会议和文件中多次指出："在各种联产承包责任制中，包干到户尤其优越。"包产到户利益直接、方法简便，深受农民欢迎，自此包干到户在湖北全省迅速发展起来。到1983年，湖北省实行联产承包的农户共有814.5万户，占全省的96.3%；其中实行大包干的生产队26.6万个，占实行责任制队数的99.3%。农村包干到户的责任制普遍建立起来。

家庭联产承包责任制的推广，使得湖北农村在20世纪80年代初期进入了发展黄金期，农业出现超常规增长。1984年湖北农村经济发展出现历史性的突破，农业总产值达到176.97亿元，较1978年年均增长12.81%，粮食年产量达到452.6亿斤，棉、油、猪等产量创中华人民共和国成立以来历史最高水平（详见表3—1），进入了"结束农产品全面短缺，出现全面富余"的局面。农民生活获得了很大的改善，1984年农民人均纯收入达到355.3元，比1978年实际增长了1.5倍。

表3—1　　　　　　1978—1984年湖北主要农产品产量

年份 \ 农产品	粮食（亿斤）	棉花（万吨）	油料（万吨）	麻类（万吨）	烟叶（万吨）	糖料（万吨）	生猪出栏（万头）
1978	345.12	733.46	474.28	34.77	107.31	174.68	919.33
1979	369.90	895.07	640.93	60.18	62.88	154.93	1026.68
1980	307.29	632.55	411.58	62.64	45.64	90.85	1048.58
1981	341.35	705.37	785.78	112.91	131.41	118.78	996.94
1982	399.18	681.97	1149.36	134.29	172.33	217.65	1048.68
1983	397.58	769.53	843.94	139.33	102.30	316.51	1081.87
1984	452.60	1213.02	1107.09	274.40	125.36	386.03	1190.96
平均增速（%）	4.62	8.75	15.17	41.10	2.62	14.13	4.41

(二) 家庭联产承包的稳定完善

1. 承包专业户兴起

"大包干"普遍建立后，包干到户责任形式的普及范围由耕地发展到山林、水面，从种植业发展到养殖及其他行业，承包朝着专业化方向发展。1983年，湖北兴起了一批从事商品性生产的专业户、重点户，同时也产生了一批自愿组织的新型经济联合体。据统计，1985年湖北自营专业户达到12.18万户，占全省农户的1.41%。全省专业户平均每个劳动力创造了3255元总收入，比一般农户高2361元，其中专业收入占专业户总收入的79.7%。专业户日益成为农村商品生产的新兴力量。

2. 完善双层经营体制

这一时期，湖北将集体统一经营和家庭联产承包生产经营结合在一起，逐步构建完善统分结合的双层经营体制。一方面，保持家庭经营的稳定，稳定土地承包关系。1984年湖北省土地承包期延长到15年以上，林地、山地、荒地等生长周期长的还可以更长。另一方面，发挥以村、组为单位的地区合作组织功能，实行由集体统一经营，通过建立多层次、多形式、多成分、多功能的服务组织，为农业生产经营产前、产中、产后提供良种繁育、农业技术服务、畜禽疫病防治、科技推广等农工商、产供销一体的社会化服务，有效解决了农业生产中农民家庭单独难以提供或提供不了的问题。

3. 发展农村集体经济

1984 年，全省农村实行政社分开，建立了乡（镇）政府。为适应农村生产关系变革和农村生产力的需要，对农村基层政权形式进行改革，以原自然村或生产队为基础成立村民小组，以原生产大队为基础成立村民委员会。全省共建立乡 3906 个、镇 803 个，村民委员会 32438 个。成立乡镇政府后，原有的社队企业也转变为独立核算的乡镇集体所有制企业。村委会发挥集体经济的管理、经营、协调等方面的作用，在经营老企业的同时，因地制宜开办各种形式的农业企业和其他村组企业，开辟资金来源。同时，按照民主管理、自愿互利的原则，兴建各类乡村合作经济组织，为农民家庭经营提供相关服务，促进农村集体经济发展。到 1989 年，湖北有 54% 的村建立了多种形式的经济联合社。

二 农村商品经济的初步发展

20 世纪 80 年代中后期，中国处于新旧体制碰撞、摩擦的发展状态，以自然、半自然经济为基础的计划体制，逐步向市场经济体制迈进。湖北分别于 1984 年 12 月 30 日、1985 年 4 月 8 日发布了《关于农村经济改革若干问题的意见》和《关于贯彻中央 1985 年 1 号文件若干问题的意见》两个重要文件，在这里面明确提出了要进行农村经济体制改革，发展农村商品生产，要求以市场为导向深化改革，在农村经济的发展中逐步引入市场机制，通过改革农产品统购派购制度，调整农村产业结构等手段，不断发育和完善农产品市场和农村要素市场，促进农村商品经济发展。

（一）农产品流通领域改革

家庭联产承包责任制的实行以及人民公社的取消，为农村商品经济发展提供了有利条件。在此基础上，湖北进一步在农产品流通领域进行改革。

1984 年以后，农村家庭联产承包责任制的效应日渐减弱，湖北农村出现了一些新的问题和矛盾，导致农村生产力后继乏力，农民生产积极性不如之前，增收困难。具体表现为：农产品收购渠道不畅，农民卖粮难的问题比较突出；集体统一经营层次软弱无力，小规模分散的家庭经营难以完成商品生产全过程；农村产业结构单一，只局限于搞农业，农业又只限于搞粮食等①。在此阶段，生产关系不适应生产力的问题和矛盾显现，阻碍了生产力的进一步发展。因此，以农产品派购制度为主要内容的农村经济管理体制改革势在必行。

早在1980年，湖北省就对农产品统购派购制度实施分一、二、三类改革：一类农产品统购统销，农民在完成征购基数和超额任务后，除棉花外的一类农产品可以在集贸市场销售，亦可对外协作；二类农产品派购，农民完成派购合同剩下的部分，可自主选择在集市销售或议购议销；三类农产品都可在市场议购议销。

1985年开始，随着农产品购销体制改革不断深入，湖北基本上取消了农产品统购派购制度，并进一步放开农产品市场和价格。3月1日起，取消生猪派购，活猪、鲜肉均可上市自由交易。4月，除麝香、杜仲、厚朴外，其他农产品均取消派购制度，并按照不同情况实行合同订购或市场收购。在农产品收购方面，1987年湖北对棉花实行计划收购，粮油实行合同定购与市场收购的"双轨制"，其他农产品则全面放开。与此同时，对农产品价格管理体制也进行了相应改革，农产品价格不断提高，有力促进了农民增收。

农产品统购派购制度的取消，基本上将农村经济带入了商品经济的发展轨道。1987年，全省农产品的商品率由1978年的34.3%提高到60%。全省农产品收购总额中固定价构成比例较1978年大幅下降70.9个百分点，而指导价和市场价构成比例则分别提高了39.7个百分点和31.2个百分点（详见表3—2）。

表3—2　　　　湖北社会农产品收购总额中价格构成变化　　　　（单位:%）

构成＼年份	固定价比例	指导价比例	市场价比例	合计
1978	92.4	0.1	7.5	100
1987	21.5	39.8	38.7	100
变化情况（＋、－）	－70.9	＋39.7	＋31.2	—

---

① 王性初：《解放思想与新时期湖北农村改革》，《社会科学动态》1998年第11期。

在政社分离，村委会、村小组农村基层政权建立的基础上，统购派购制度的改革也带来了农村集贸市场的发育、完善，多渠道、少环节、产销结合的农村流通体制逐步形成。到 1990 年年底，全省农村集贸市场达到 2351 个，年成交额 38.29 亿元。集贸市场的形成发展推动了湖北农村商品市场以及生产要素市场的形成和发展，有力地促进了农村经济的全面发展[①]。

（二）农村经济结构调整

改革以来，湖北农村生产力的解放极大地促进了农村经济的快速发展，但同时农业农村又面临着新的难题。一方面，农业生产力的提高带来了农作物增产，但受传统"以粮为纲"思想的影响，出现了粮食大量积压，出现卖粮难的问题；另一方面，整体农村劳动生产率的提高产生了农村剩余劳动力，他们脱离土地、脱离农业生产的欲望提高，如何转移农村剩余劳动力，他们的出路在哪里？面对这些问题，湖北农村开始注重合理优化配置农村资源，调整农村经济结构。

在湖北农村普遍实行家庭联产承包责任制，单一的农业经济开始向专业化、商品化、现代化的综合经济转变的背景下，1984 年 12 月，湖北省在《关于农村经济改革若干问题的意见》文件中，正式提出了继续深入进行农村经济改革，不失时机地调整农村经济结构，促进农村产业结构合理化，加速农村经济全面发展。

湖北的农村经济结构调整主要围绕三个层面展开：第一个层面是合理安排种植业即"小农业"布局，由以往的"以粮为纲"的单一粮食型结构调整为粮食作物、经济作物、饲料作物多元化结构。1988 年湖北省农业总产值达到 167.68 亿元，多种经营产值在农业总产值中的比重达到 34.4%，较 1984 年提高了 8.4 个百分点。第二个层面是基于大农业层面，由单一种植业结构调整为农林牧副渔五业全面协调发展的结构，畜牧饲养业从家庭副业式的生产逐步上升为一个独立的产业部门，充分利用湖北水面多、潜力大的优势发展水产业，统筹发展用材林、经济林、果木林、工业原料林、薪炭林等各种林木。第三个层面是整个农村层面，由

---

① 中共湖北省委党史研究室：《湖北改革开放 30 年》，湖北人民出版社 2008 年版，第 18 页。

单一农业生产结构调整为农工商全面发展的综合型农村产业结构,在农业保持一定增长的同时,农村工业大幅度增长,并大力发展商业、运输业、服务业等第三产业。由于农村产业结构的调整,广大农民为适应市场需求生产积极性日益提高,农村商品经济不断发展,而乡镇企业异军突起则是这一时期农村经济结构调整中最大的收获。

1984年11月,湖北将乡镇企业作为振兴全省经济特别是农村经济的主攻方向,乡镇企业开始快速发展。1985年,省委提出"五个轮子"一起转[①],重点抓村办,大力发展联办、户办企业,此后湖北又出台了《关于加快乡镇企业发展若干政策问题的规定》和《关于乡镇企业利润提留问题的规定》等文件,对乡镇企业给予政策上的支持。1987年全省乡镇企业总产值首次超过当年的农业总产值(183.99亿元),达到186.67亿元,较上一年增长28%,成为农村经济的重要支柱。到1988年,乡镇企业发展较1978年相比更是有了长足的进步(详见表3—3)。

表3—3　　　　　　1978—1988年湖北乡镇企业增长情况

指标 年份	总产值 (亿元)	总产值占全省社会 总产值比重(%)	总产值占农村社会 总产值比重(%)	上缴国家税金占全省 财政收入比重(%)
1978	8.79	6.20	17.30	2.40
1988	246.15	19.02	53.75	10.10
增长情况	—	12.82	36.45	7.70

乡镇企业发展在壮大规模的同时,经营机制不断深入改革创新。一是探索集体承包、个人承包、租赁经营等多种形式的企业承包责任制,采用二次承包的方式把承包指标分解到车间、班组。二是多数企业实行厂长(经理)负责制,引入市场竞争机制产生厂长(经理)人选。三是健全完善企业风险机制,通过承包企业缴纳风险抵押金的形式,有效地解决了"负盈不负亏"和短期行为等问题。

乡镇企业的异军突起,直接促进了湖北农村工业化的发展,增加了农民收入、财政收入和出口创汇,为农村致富和逐步实现现代化,为促

---

① 即镇办、村办、组办、联户办、个体办五个轮子一起转。

进工业和整个经济的改革和发展开辟了一条新路。同时，乡镇企业吸纳了部分的农村剩余劳动力，有效解决了他们的转移就业问题，实现了农民"离土不离乡"。1979—1988年，乡镇企业平均每年吸纳农村剩余劳动力25万人，占农村剩余劳动力的50%左右，从业人员占全省农村劳动力的比重由11.2%提高到23.57%。而伴随着大批农民向乡镇企业的集中，在广大的农村地区也兴起了一大批小城镇。

如果说家庭联产承包经营责任制是通过改革经营方式和分配形式来调整农村生产关系，那么调整农村经济结构则是从所有制结构和经济运行机制等更深的层次上调整农村生产关系，从而促进农村生产力进一步发展。在此过程中，湖北充分发挥本省粮棉油优势和山水资源优势，摆脱"以粮为纲"的束缚，打破成规发展多种经营，突破性发展乡镇企业，让农村剩余劳动力从土地上转移出来，有效改善了农村产业结构，使农村各种资源在发展生产力中得到合理配置。

三　农民生活实现温饱测度

1994年湖北省统计局在《湖北小康监测评价方案》中提出，全省小康进程监测评价分为小康城市、小康县、小康乡镇三个层次，并针对农村制定了农村小康综合评价表。监测评价方案包括收入分配、物质生活、精神生活、人口素质、生活环境和社会保障与社会安全6个方面，并提出了"温饱""小康"两套标准，温饱标准要求农民人均纯收入达到300元，农村恩格尔系数减少到60%（详见表3—4）。

表3—4　　　　　　　　湖北农村小康综合评价

序号	指标	单位	权重	温饱值	小康值
	一、收入分配	—	35	—	
1	人均收入	元	30	300	≥1200（1990年不变价）
2	基尼系数	%	5	20	25—40
	二、物质生活	—	25		
3	恩格尔系数	%	6	60	≤50

续表

序号	指标	单位	权重	温饱值	小康值
4	蛋白质摄入量	克/（日·人）	9	47	≥75
5	衣着消费支出	元/人	3	27	≥70
6	钢砖木结构住房比重	%	7	43	≥80
	三、精神生活	—	12	—	—
7	电视机普及率	台/百户	6	1	≥70
8	服务消费支出比重	%	6	2	≥10
	四、人口素质	—	9		
9	人口平均预期寿命	岁	4	68	≥70
10	劳动力平均受教育程度	年	5	6	8
	五、生活环境	—	11		
11	已通公路的村比重	%	3	50	≥85
12	安全卫生水普及率	%	3	50	≥90
13	用电户比重	%	3	50	≥95
14	已通电话的村比重	%	2	50	≥70
	六、社会保障与社会安全	—	8	—	—
15	享受社会五保人口比重	%	4	50	≥90
16	万人刑事案件立案件数	件	4	20	≤5

结合湖北 1978—1990 年农民人均纯收入、农村恩格尔系数数据，从单一指标来判断湖北农民生活实现温饱的年份。

从 1978—1990 年湖北农民人均纯收入来看，1990 年农民人均纯收入达到 670.8 元，较 1978 年增长 5 倍，年均名义增速 16.22%。1984 年，农民人均纯收入首次突破 300 元，达到 392.29 元，标志着农民生活达到了温饱标准。以 1984 年为分界点，湖北农民人均纯收入增长情况大致可以分为两个阶段：1978—1984 年为第一阶段，此阶段由于家庭联产承包责任制的推广，农民生产热情明显提高，极大解放了农村生产力，也带来了农民收入的快速增长，年均名义增速高达 23.51%。1985—1990 年为第二阶段，这阶段家庭联产承包责任制带来的生产力提高效益明显减少，加上农民负担的加重，导致农民收入增长明显减慢，年均名义增速只有

9.35%（见图3—1）。

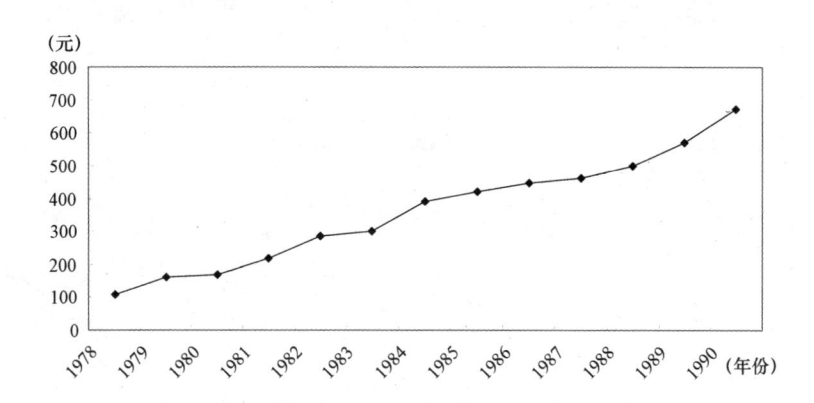

图3—1　1978—1990年湖北省农民人均纯收入增长情况

从农村恩格尔系数来看，1990年全省农村恩格尔系数为61.4%，较1978年下降9.7个百分点。1985年，湖北农村恩格尔系数首次低于60%，达到温饱标准，并持续下降。虽然1990年又超过了60%的水平，但其原因主要是对食品消费指标支出口径调整的问题。因此，基于恩格尔系数指标来判断，湖北省农民生活于1985年达到了温饱水平（见图3—2）。

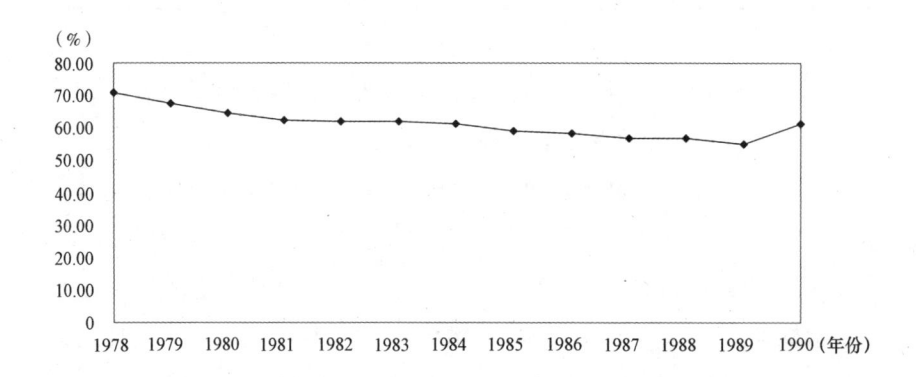

图3—2　1978—1990年湖北省农村恩格尔系数

基于农民人均纯收入和农村恩格尔系数两个指标综合判断，我们认为1985年湖北农民从过去的较低生活水平实现了向温饱水平的跨越。

第二节　湖北农村达到总体小康水平阶段

20世纪90年代末，湖北农村已经实现了温饱。在湖北实施中部崛起[①]和国家建立社会主义市场经济体制[②]的战略背景下，湖北农村发展战略也有了较大的变化。湖北农村改革以建立适应社会主义市场经济的运行机制和管理体制为方向，使市场在社会主义国家宏观调控下对资源配置起基础性作用，逐步摆脱计划体制的束缚，使农村经济焕发出新的活力和生机。湖北在具体实践中，以农村小康建设工程为重要抓手，有序推进农业产业化、乡镇企业等一系列战略举措，进一步提升农村经济实力，以确保在20世纪末达到总体小康水平。

一　农业产业化的兴起

邓小平同志南方谈话和党的十四大以来，中国进入发展社会主义市场经济的阶段，农业和农村经济发展的主要特征是农产品供求关系由长期短缺走向供大于求。据统计，当时中国97.3%的农产品处于供求平衡或供大于求的状态，其中供过于求的商品超过50%。湖北作为传统农业大省，粮、棉等大宗农产品"积压成库"现象也十分突出，农产品结构由于不适应市场需求结构变化，结构性矛盾比较严重，表现为"四多、四少"，即大路产品、低档产品、普通产品、原料型产品多；优质产品、高档产品、专用品种、深加工产品少。

因此，湖北在确定该阶段农业和农村经济的发展战略时，积极适应市场经济的变化需求，调整、优化农业和农村经济结构，将经济增长转到以质量、效益为中心的轨道上来。湖北省把大力推进农业产业化经营作为农村经济发展主线，将改革与发展紧密结合，将生产与市场更好衔

[①] 1988年中共湖北省第五次代表大会正式提出了湖北在中部崛起的战略，其总目标是："争取用二三十年的时间，实现湖北国民经济在中部全面崛起的任务，使社会经济、国内生产总值和主要工农产品产量居于全国前列，人均国内生产总值在1989年基础上再翻两番左右，达到2500美元以上，居中部地区首位，达到或超过东部沿海地带的人均水平……"

[②] 1992年10月召开的党的十四大明确提出："我国经济体制改革的目标是建立社会主义市场经济体制，以利于进一步解放和发展生产力。"

接，将生产关系调整与生产力发展融为一体。

1997年年初，湖北省发布了《关于加快推进农业产业化的决定》，提出在社会主义市场经济条件下，加快推进农业产业化的重大战略部署，同年6月又下发了《关于湖北省农业产业化重点产业布局的指导意见》。这一时期，湖北农业产业化的基本内容和发展形式是：以国内外市场为导向，以经济效益为中心，围绕区域性支柱产业，对生产要素实行多层次、多形式的优化组合；以农业增产、农民增收为目标，实行区域化布局、专业化生产、规模化建设、系统化加工、一体化经营、社会化服务、企业化管理；通过市场牵龙头，龙头带基地，基地连农户的形式，逐步形成种养加、产供销、贸工农、经科教一体化生产经营体系或各具特色的龙头型产业实体，使农业和农村经济走上自我发展、自我积累、自我约束、自我调节的良性发展轨道[①]。

到1998年年底，湖北省县级以上重点龙头企业达到1289个，经营收入在1亿元以上的龙头企业60个，其中5亿元以上的33个，10亿元以上的2个。1998年，全年实现的经营额491亿元，利税63亿元。各类龙头企业带动农户540万户，占全省总农户的一半，带动基地面积达3592万亩。全省市场型龙头企业发展到1400多个，各种类型的专业合作组织达到1026个。在各类型农业产业化龙头企业的带动下，蔬菜、水产品、水果、茶叶、畜禽等产品加工经营大幅度增长，其中蔬菜增长27%，水产品增长18%，水果增长25%，茶叶增长13%，猪牛羊肉增长6%[②]。

1999年，湖北省发布《关于建设农业强省和推进农业和农村现代化的决定》，提出了把农业产业化、乡镇企业二次创业、小城镇建设三大战略扭在一起抓的重大战略部署。

农业产业化与乡镇企业是紧密相连的，农业产业化的兴起拓宽了乡镇企业发展的领域，乡镇企业在农副产品加工领域充当了产业化龙头。乡镇企业升级要找载体，农业产业化向纵深发展要找依托，农村劳动力转移要找阵地，城乡一体化要找接合部，这些都形成了发展小城镇的客

---

① 王性初：《解放思想与新时期湖北农村改革》，《社会科学动态》1998年第11期。
② 廖长林、陶新安：《湖北农村经济发展战略的历史考察》，《湖北社会科学》2007年第10期。

观要求。这三者是互为条件、互为因果的,把三者结合起来整体推进,发展空间更广阔、内容更丰富、效益更显著。到2001年年底,全省县以上龙头企业达到2300家,其中省级重要龙头企业达到68家,农户通过农业产业化经营获得的收入约100亿元。

二 乡镇企业的超常规发展

1989—1991年,湖北积极贯彻"调整、整顿、改造、提高"方针,对全省乡镇企业进行了治理整顿。治理整顿结束后,1991年全省乡镇企业数量为104.33万个,从业人员387.87万人,分别较1988年整顿前减少了4.93万个和19.32万人。在此期间,乡镇企业虽然发展速度有所减慢,但仍然保持在两位数以上的高速增长。

1992年后,湖北逐步走上了发展社会主义市场经济的道路,全省乡镇企业进入了一个全面繁荣的新时期。1993年,湖北省制定了《关于突破性发展乡镇企业的决定》,创造和改善乡镇企业在财政、金融、人才等方面的内外部环境。到1997年,湖北省乡镇企业总产值达到4126.51亿元,较1993年年均增长55.3%;乡镇企业增加值866亿元,较上年增长21%。与此同时,涌现出一大批重点企业,经营规模不断扩大,如幸福集团总资产达到23亿元,汉川钢丝绳股份有限公司、荆玻集团资产均超过4亿元。

在这一时期,湖北坚持多层次、多形式共同发展,多渠道筹集资金,把推进股份合作制作为加快乡镇企业发展的重要途径。乡镇企业投资主体、产权主体朝着多元化方向发展,形成了以公有制为主体、多种所有制经济共同发展的格局。1993年召开的"孝感会议"提出了放开手脚发展个体私营经济,当年年底全省60%的乡镇企业实行了股份合作制。此后,湖北在产权制度、经营责任制、组织形式等方面开展了多形式的乡镇企业经济体制改革,加快了经营机制的转换与完善,为建立现代企业制度奠定了重要基础。到1998年,全省有73439个乡村集体企业进行了改革,约占全省的50.61%,其具体情况见表3—5。

表 3—5　　　　　　1998 年湖北省乡村集体企业改革情况

改革形式 \ 指标	具体形式	企业数量（万个）	占全省比例（%）
产权制度改革	股份合作制、有限责任公司、股份有限公司等	1.5	10.34
所有制改革	出售、兼并、破产等	0.5	3.45
经营责任制度改革	承包、租赁等	5.3	36.53
组织形式改革	组建集团等	0.0439	0.30
合计	—	7.3439	50.62

在此期间，乡镇企业已成为湖北发展社会主义市场经济的重要队伍，成为农村经济的主导力量和国民经济发展具有生机活力的经济增长点，并成为吸纳农村剩余劳动力的主渠道和农民增加收入的主要来源。

三　农村小康建设工程的推进

20 世纪 90 年代，湖北农村奔小康成为广大干部群众建设富裕、民主、文明农村的伟大实践，成为深化农村改革，加速农村经济发展的强大动力。但是从总体上来看，湖北农村小康社会发展的进程还较慢，任务还十分艰巨，障碍因素还很多，如当时的农村人均纯收入水平离小康目标还有很大的距离，特别是少数贫困地区温饱问题尚未得到解决；一些地方基层组织软弱涣散，社会治安状况不良。到 1994 年，湖北省农村小康综合实现程度为 64.9%，而全国小康综合实现率超过 70%，上海、北京、天津、浙江、广东等地已基本实现小康目标，辽宁、黑龙江、江苏、福建也已接近实现小康目标。

影响湖北农村小康综合实现程度的最大障碍因素是农民人均纯收入较低。农民人均纯收入是影响农村小康进程最直接、关联程度最大的因素，在当时的农村小康目标监测体系中权重为 30。1994 年，湖北省农民人均纯收入 1170 元，按 1990 年不变价计算为 725 元，距 1200 元的小康目标还差 475 元。这就意味着 1995—2000 年，每年农民人均纯收入要增加 79.17 元，年均增长 8.76% 才能达到小康水平要求。但 1990—1994 年湖北省农民纯收入的实际年平均增长率为4%，到2000年每年还要提速4.76个百分点，难度非常大。

县、村两级经济实力薄弱。乡镇企业是农村奔小康的希望所在、潜力所在。湖北以集体经济为主的乡镇企业与沿海地区相比起步较晚，相对来看发展仍然不充分。1992年江苏、山东省乡镇企业产值分别达到2760亿元、2320亿元，广东、浙江、四川、河北、河南五省均超过1000亿元以上，而湖北省只有537亿元。据统计，当时湖北全省约1/3的村完全没有经济实力，约80%的村没有合作经济组织。1995年亿元村仅有100多个，而江苏无锡市一个县的500多个村中就有336个村过亿元。县、村两级经济实力薄弱，导致农业生产基础设施、农村社会化服务体系、农村生活环境、教育事业、村容村貌等建设严重滞后，也导致小康综合实现程度水平较低。

观念落后，政府职能转换滞后。面对市场经济，政府观念更新缓慢，习惯于计划经济的模式来指导和管理农业生产和农村经济。规划多、落实少；老措施多、新对策少；行政命令多、引导服务少；特别是运用现代市场营销理论来研究农村市场和农产品在当时还处于空白状态。

这些不利因素的存在，不同程度地加大了农村奔小康的实现难度。为加快湖北农村奔小康进程，确保20世纪末实现小康目标，从1994年开始，湖北实施农村小康建设工程，组建小康建设工作队到农村帮扶，从党政机关抽调4万多名干部下到基层，帮助农民脱贫致富奔小康。其中省直从188个单位抽调400多名干部，组成近百个工作队（组），分赴66个县市的89个乡镇，蹲点近百个村，地、县两级抽调干部15000多名，基本上每个乡镇都派驻了县以上工作队，驻村5000多个。乡镇一级分别采取工作组驻村和挂点包村的形式，组织25000多名干部到村帮助工作，绝大部分村都有一名国家干部直接帮助农村小康建设（见表3—6）。

表3—6 　　湖北省部分省直单位开展农村小康建设工程情况 ①

部门	对口帮扶村	主要措施及成效
省扶贫办	建始县红岩镇桃园村	在稳定发展粮油、烟叶、魔芋、高效经济林、庭院经济的同时，着力在养猪、第三产业路边经济和村组集体经济三个方面实现重大突破。户均出栏生猪10头，除人均纯收入、小康户比重和钢砖木结构住房比重三项指标外，其他指标均达到小康标准
省委宣传部、湖北日报社、省社科联、省委讲师团	襄阳县东津镇一社村	以发展集体经济为突破口，兴办养猪场、良种渔场、面料加工厂、面条厂、鸭场、皮蛋加工厂6个集体企业。1998年，全村社会总产值4447万元，较1994年增加2.4倍；农民人均收入3668元，较1994年增加1000多元；村企业利润36万元，较1994年增长18倍；村集体固定资产400多万元，较1994年增加300多万元。五年来，农户钢砖木结构住房比重、安全卫生饮水率、电视机普及率、计划生育率达到100%，组组通公路、户户通电源，全村劳动力平均受教育程度达到8年
省委高校工委、省教育委员会	丹江口市三官殿办事处安乐河村	大力发展成人教育，将三官殿办事处成校建设成为培训基地；强化科技指导和服务，邀请华农大、华师大、长江大学等5所高校16位专家进村指导农业生产，发展城郊农业，大力发展大棚蔬菜；大力发展教育事业，共投入300多万元，支持中小学、职校、成校、幼儿园修建教学楼6栋、宿舍楼3栋，配装电脑15台，培训教师和干部160多人次
省监狱管理局	当阳市王店镇联盟村	1998年农民人均收入2830元，较1994年增加1360元，年均增长17%；村社会总产值由1994年的821.4万元增加到1998年的2727万元；经济发展多元化，个体户与私营经济主体达50家；以养猪为龙头、鸡鸭鹅为辅的畜禽养殖，以柑橘、桃李、葡萄、苹果为内容的庭院经济发展较快。此外，九年义务教育、计划生育、农村用电等指标均已达标

① 根据湖北省档案馆相关资料整理。

续表

部门	对口帮扶村	主要措施及成效
省乡镇企业管理局	京山县三阳镇三阳村	1998年三阳村实现社会总产值1566万元，农民人均纯收入2620元，较1993年分别增长140%和227%；砖木和砖混结构住房比重由1993年的54.8%提高到1998年的81%；电视机普及率由1993年的78.6%提高到1998年的99%；劳动力平均受教育程度达到小康水平，卫生水普及率、通电农户比例达到100%
省电子工业局、省委党校	云梦县伍洛镇中丁村	兴办工艺品厂，村中在厂工人获得收入，同时壮大集体经济，1997年创利近3万元。农民温饱有余，生活水平提高较快，1998年农民人均纯收入达到2820元，超过小康标准。精神文明建设独具特色，成效显著，是全镇行政村中考入各类大中专院校人数最多的村，村级文化设施全镇一流
中国银行湖北省分行、湖北省科协	竹溪县水坪镇水坪街村	开办全县第一家中外合作企业——中港合作竹溪宏威板石有限公司，实现全县三资企业零的突破；新办两个木材加工厂；扩建养猪基地，达到户均2头猪。1994—1995年，农民年人均纯收入增收200元，1995年达到936元，村组积累62万元

四 农村达到总体小康水平测度

《湖北小康监测评价方案》中提出，农村达到总体小康标准要求农民人均纯收入（按1990年价格计算）大于或等于1200元，农村恩格尔系数小于或等于50%。

从农民人均纯收入来看，虽然2000年湖北农民人均纯收入达到2268.5元，是1990年的3.38倍，名义年均增长12.96%。但扣除价格因素后，2000年农民人均纯收入为1088.71元（按1990年的不变价计算），年均实际增长只有4.96%。整体来看，可以将1990—2000年农民纯收入增长分为三个阶段：1990—1993年为第一阶段，这一阶段的特点是名义增长较慢，年均增长5.30%；实际增长为负增长，年均增长-4.12%，这其中的重要原因是受1993年CPI指数高达113.2%的影响。1994—1997年为第二阶段，该阶段的特征是名义增长较快，年均增速高达28.00%，但持续的通货膨胀比较明显,特别是1994年和1995年,这一阶段实际年均增长17.30%。1998—2000年为第三阶段,此阶段的特征是名义增长较慢,年均增长仅2.57%,但1998—2000年连续三年的通货紧缩又导致实际增长(4.49%)大于名义增长(见图3—3)。

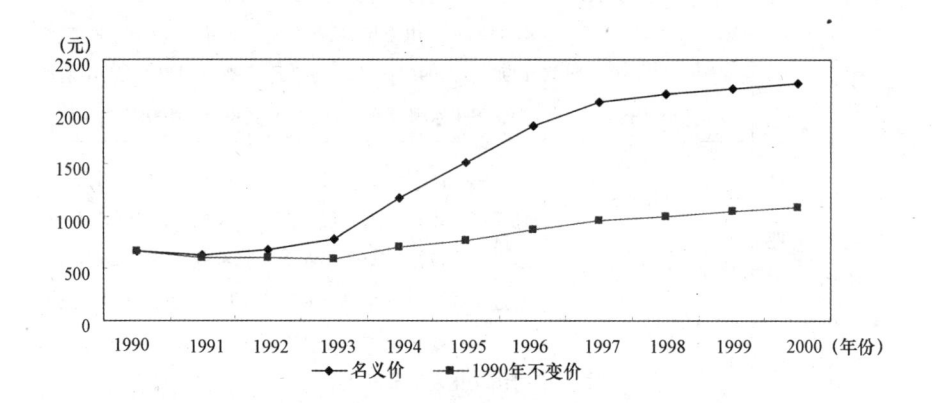

图3—3　1990—2000年湖北省农民人均纯收入增长情况

按照农民人均纯收入小康水平标准,2000年湖北农村没有达到总体小康水平。直到2003年,湖北农民人均纯收入才突破1200元,为1208.81元(按1990年的不变价),才达到总体小康水平标准。

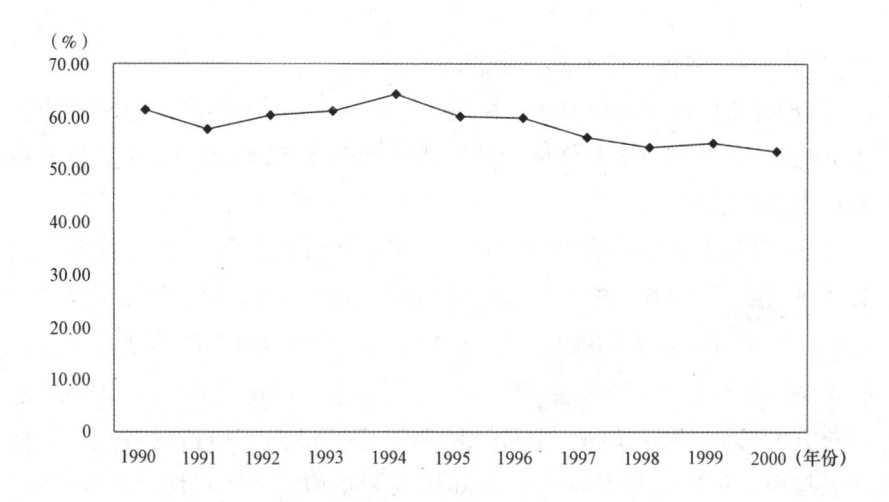

图3—4　1990—2000年湖北省农村恩格尔系数变化情况

从农村恩格尔系数分析，2000年湖北农村恩格尔系数为53.18%，较1990年减少7.96个百分点。1990—2000年农村恩格尔系数变化可以分为两个阶段：第一阶段是1990—1994年，农村恩格尔系数在60%左右来回浮动，整体反而上升了3.01个百分点。1995—2000年为第二个阶段，农村恩格尔系数持续下降，但直到2000年都没有达到总体小康标准（见图3—4）。因此，从农村恩格尔系数来看，直到2002年湖北农村恩格尔系数才首次低于50%，为49.98%。

基于以上的分析，我们判断到2003年湖北农村达到总体小康水平，比预期晚三年。

第三节　湖北农村全面建设小康社会阶段

客观地讲，1996—2001年，是湖北农村经济发展最困难的时期之一。1996—1999年，长江连年发生特大洪水；1999—2001年鄂西北持续三年的大旱，自然灾害使湖北农业遭受了巨大的打击。同一时期农产品价格持续下滑，1997—2001年累计下降近三成。粮价倒挂，财政不堪重负，1998年湖北全省粮食企业亏损高达119亿元。这一时期，农民离土离乡外出打工，农村土地抛荒的现象屡见不鲜。在自然灾害以及积累的深层次体制性障碍等多种因素的共同影响下，这段时期湖北农业发展迟缓甚至停滞，农民收入增长较慢，直接影响到农村小康发展进程。

20世纪末，湖北农村实现了由温饱到小康的第一个跨越。进入21世纪，湖北农村步入了由小康到现代化的发展轨道，努力加快实现第二个跨越。21世纪，中国提出了"新三步走"的战略部署，湖北农村也进入了全面建设小康社会的发展阶段。面对农村经济发展的各种问题和困难，湖北稳步推进农村税费改革，积极建设社会主义新农村，大力培育农业新型经营主体，有力地促进了农村全面建设小康社会发展水平的提高。

一 农村税费改革的分步实施

农村税费改革的最终目的是减轻农民负担。湖北农村税费改革起于2002年，2003年全面铺开，整体上可以分为两个阶段。第一阶段的重点是取消农业税和加大农业补贴等惠农政策支持力度，直接减轻农民负担；第二阶段是以政府机构为重点的乡镇综合配套改革，重点解决农村在取消农业税后相关领域的体制机制问题。农村税费改革不仅仅在于废除了几千年的"皇粮国税"，更重要的是引发了整个农村的"第二次飞跃"。

（一）农业税取消与农业补贴

税费改革以前，湖北农村税费给农民带来了沉重的负担问题。"头税轻、二税重、收费是个无底洞"，这是当时农民负担的真实写照。当时，《农民承担费用和劳务管理条例》规定："农民承担的费用和劳务，是指农民除缴纳税金，完成国家农产品定购任务外，依照法律、法规所承担的村提留、乡统筹费、劳务以及其他费用。"根据这一规定，当时的农民负担可分为合理负担和不合理负担两大类（详见表3—7）。

表3—7　　　　　　　　　农民负担构成情况

类型		具体内容
合理负担	涉农赋税	农业税、农业特产税、牲畜屠宰税等
	村提留	指由农村集体经济组织依法提取的公积金、公益金、管理费"三项提留"
	乡统筹	指由乡镇政府依法收取的用于民办教师、计划生育、民兵训练、交通建勤、民政优抚"五项统筹"
	承担的劳务	农民对集体承担的劳务，包括防汛、公路建设、修缮校舍等义务工；农田水利基本建设、植树造林等积累工
	共同生产费用	乡、村两级生产服务性收费
不合理负担		主要包括乱收费、乱集资、乱摊派、乱罚款和合理负担搭车加码的部分以及工农业产品的剪刀差造成的隐性负担

早在1983年，针对农村集体提留占承包收入比例较高（一些地方高达百分之十几甚至百分之二十），各种公用工（或称统调工、非承包工）

使用范围缺乏必要的控制等造成农民负担加重的问题，湖北省出台了《关于减轻农民负担问题的若干规定（试行）》等系列政策规定，合理确定了集体提留的项目、用途、数额和分摊办法，恰当安排了各种公用工。这虽然在一定程度上减轻了农民负担，但问题并没有得到根本性的解决。

据统计，1992年湖北省农民资金负担总额24.7亿元，人均负担61.78元，其中"三提五统"人均24.94元。1998年和1999年，全省农民负担总水平在200元/亩以上，有的高达400元/亩①。这意味着谁承包经营了土地，谁就得承担沉重的农业税费。沉重的负担导致土地成为农民的包袱，农民在土地进行农业生产的净收益不断减少，甚至为负数。在利益驱动下，多数农民纷纷弃田抛荒、外出打工，成为他们的理性选择。曾经作为农民"命根子"的土地，当时却成了他们急于甩掉的"烫手山芋"。2000年春耕时，监利县棋盘乡一半以上的耕地无人翻耕下种。时任棋盘乡党委书记李昌平慨然上书朱镕基总理，反映湖北农村的突出问题，道出"农民真苦、农村真穷、农业真危险"。

2002年，湖北省抓住被列为全国农村税费改革第一批试点省份的契机，全面启动农村税费改革。当年税费改革后的"两税两附加"（农业税及附加、农业特产税及附加）总额为32.75亿元，较改革前1999年包括农业税、农业特产税、屠宰税、乡统筹、村提留和教育集资在内的政策内"六项"负担总额55.22亿元减少了40.69%。

2004年，湖北停征农业特产税，农业税税率降低3个百分点。当年农民承担的农业税及附加总额为18亿元，比改革后的新农业税进一步减少13.6亿元，农民政策内负担总额比改革前下降了67.22%，农民各项负担总额（含"一事一议"等）人均降低到70元。2005年全省全面取消农业税，农民的负担进一步减轻（见图3—5）。

在农村税费改革深入的同时，国家也加大对农业投入的力度，出台了以农业补贴为主要内容的一系列强农惠农政策。我国的农业补贴政策始于20世纪50年代末，自2004年全面实施粮食直补、良种补贴、农资

---

① 杨孔平、陈樱：《推动农村"第二次飞跃"——湖北农村税费改革十周年回眸》，《农村经营管理》2013年第3期。

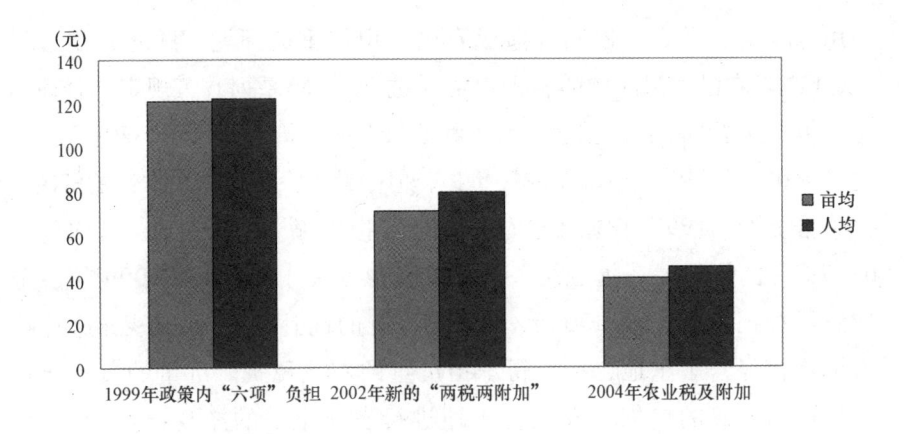

图 3—5　湖北省农村税费改革减轻农民负担

综合补贴、农机购置补贴政策以来，农业投入政策体系不断完善，为改善农业基础条件、保障农产品有效供给、维护农产品价格稳定、提高农民生活水平等创造了良好的发展环境。

湖北在取消农业税和除烟叶之外的农业特产税的基础上，扩大对种粮农户的直接补贴范围，提高补贴水平，农民得到明显实惠。2004—2010年，湖北实施了"四项"补贴、农业生产技术类补贴、养殖业补贴、生态资源保护补贴、农业保险补贴、化肥淡季商业储备贴息等政策（具体情况见表3—8）。与此同时，2004年针对小麦、早籼稻、中晚稻等重点粮食品种实施最低收购价支持政策；2008年实行油菜籽临时收储价格支持政策。

在取消农业税和农业补贴强农惠民政策的双重影响下，大大提升了农民的恋土情结，由原来的"谁得到了土地，谁就得承担负责"转变为"谁得到了土地，谁就得到了财富"，农民承包经营一亩地可以获得各种惠农补贴100多元。据统计，2010年湖北发放给农民的粮食直补、农资综合补贴、良种补贴和农机购置补贴"四项"补贴达54.12亿元，是2004年的6倍，年均增长34.8%（详见表3—9）。

表3—8　　　　2004—2010年湖北省主要农业补贴汇总情况

补贴名目		设立时间（年）	政策目标	补贴范围
四项补贴①	良种补贴	2003	支持农民积极使用优良作物种子，提高良种覆盖率，增加主要农产品特别是粮食的产量，改善产品品质	对水稻、小麦、玉米、油菜和棉花按实际种植面积核实，对在农业生产中使用农作物良种的农民进行补贴
	粮食直补	2004	保护种粮农民收益，促进粮食生产，弥补化肥、柴油等农资预计全年价格变动对农民种粮的可能增支影响	全省各地按照土地二轮延包面积中农民实际种粮面积，对所有种粮农民给予补贴，补贴品种为稻谷、小麦、玉米
	农资综合补贴	2006		
	农机购置补贴	2004	充分调动和保护农民购买使用农机的积极性，促进农机装备结构优化、农机化作业能力和水平提升，切实保障主要农产品有效供给	补贴范围为十大类34小类81个品目。各县（市、区）在补贴资金额度内，对水稻插秧机、油菜直播机、粮食烘干机和秸秆综合利用机械等重点支持品种实行敞开补贴。对血防疫区"以机代牛"机具购置予以优先支持
农业生产技术类补贴	测土配方施肥补助	2005	提高肥料利用率、减少肥料浪费、保护农业生态环境、改善耕地养分状况，实现农业可持续发展	根据农业部、财政部项目资金补贴原则和湖北测土配方施肥技术普及目标任务，结合上年度项目检查验收、绩效考评结果，确定当年度测土配方施肥项目单位
	土壤有机质提升补助	2006	增加土壤有机质含量，减少废弃物污染，降低农业生产成本，改善农业生态环境	在江夏等30个县（市、区）实施秸秆还田腐熟技术模式补贴；在蔡甸等5个县（市、区）实施绿肥示范种植技术模式补贴；在恩施市等5个县（市、区）实施综合地力培肥补贴

① 从2016年起，全国全面推开农业"三项补贴"改革，将种粮农民直接补贴、农资综合补贴和农作物良种补贴合并为农业支持保护补贴，重点是支持耕地地力保护和推进粮食适度规模经营。

续表

补贴名目		设立时间（年）	政策目标	补贴范围
农业生产技术类补贴	农民培训补助	2004	培养一支结构合理、数量充足、素质优良的现代农业劳动者队伍，强化现代农业发展和新农村建设的人才支撑	国家培训种植业生产服务人员等7大类；省培训主要开展县乡公益性农技推广人员知识更新培训和农户实用技术培训
养殖业补贴	动物防疫补贴	2004	促进畜牧业健康发展，增加农民收入	重大动物疫病强制免疫补助；畜禽疫病扑杀补助；基层动物防疫工作补助；养殖环节病死猪无害化处理补助；生猪定点屠宰环节病害猪无害化处理补贴
	能繁母猪补贴	2007	保护生猪生产能力，提高生猪出栏率，稳定生猪生产，保障猪肉市场供应	25个能繁母猪存栏量在2万头以上、生猪人工授精覆盖率在50%以上的县（市、区）
生态资源保护补贴	退耕还林还草补贴	2002	保护退耕还林者的合法权益，巩固退耕还林成果，改善生态环境	新一轮退耕还林还草严格限定在三类地块：一是25度以上非基本农田坡耕地；二是三峡库区、丹江口水库及上游县市15度至25度非基本农田坡耕地；三是其他县市重要水源地15度至25度非基本农田坡耕地
	农村沼气推广补助	2003	解决农民生活用能、缓解国家能源压力，防止乱砍滥伐、保护生态环境	新建农村户用沼气
	渔业成品油价格补助	2006	保障渔业生产者合法权益，确保国家成品油价格和税费改革顺利实施	省内依法从事捕捞及水产养殖并使用机动渔船的渔民和渔业企业

补贴名目		设立时间（年）	政策目标	补贴范围
生态资源保护补贴	化肥淡季商业储备贴息	2005	缓解化肥常年生产、季节使用的矛盾，促进化肥企业均衡生产，满足用肥旺季农业生产需要	按农业生产区域用肥需求配置，主要安排尿素、磷酸二铵等高浓度化肥
	农业保险补贴	2007	增强农业、农村和农民抵御自然灾害和意外事故风险的能力，构建全省农业支持保护体系	能繁母猪保险（2007）、水稻保险（2008）、奶牛保险（2008）、"两属两户"农房保险（2008）、油菜（2010）、棉花（2010），水稻、能繁母猪、奶牛、"两属两户"农房保险等四个险种实现全覆盖

表3—9　2004—2010年湖北省农业"四项"补贴资金规模与增速

项目	年份	2004	2005	2006	2007	2008	2009	2010
合计		9.02	11.03	17.41	25.77	43.35	49.56	54.12
粮食直补	资金（亿元）	5.66	6.36	7.07	7.07	7.07	7.07	7.07
	增速（%）	—	12.37	11.16	0.00	0.00	0.00	0.00
农资综合补贴	资金（亿元）	—	—	5.18	11.03	27.42	27.42	27.42
	增速（%）	—	—	—	112.93	148.59	0.00	0.00
良种补贴	资金（亿元）	3.36	4.48	4.81	6.64	6.83	8.94	12.23
	增速（%）	—	33.33	7.37	38.05	2.86	30.89	36.80
农机购置补贴	资金（亿元）	—	0.19	0.35	1.03	2.03	6.13	7.4
	增速（%）	—	—	84.21	194.29	97.09	201.97	20.72

湖北农村税费改革初期按照"减轻、规范、稳定"的要求，从正税清费、治乱减负，到全部免征农业税，为全面深化农村改革、加快农村

发展提供了契机。免征农业税，标志着湖北农村税费改革第一阶段的任务基本完成[①]。2002—2005 年，湖北农民负担大幅度减轻，生产积极性普遍高涨，收入大幅度提高；农村上层建筑得到了有效调整与改革；干群关系明显改善，农村社会和谐稳定。

（二）乡镇综合配套改革

农村税费改革第一阶段以减负为突破口，主要任务是通过取消农业税来减轻农民负担，这有利于农民收入的增加。但农村导致农民负担加重的体制性、机制性因素依然存在，有的地方乡镇旧债难以化解，新债仍在继续增加；县乡政府机构臃肿，人浮于事；农村公益事业特别是义务教育发展的资金欠缺等问题依然存在，这都可能导致农民负担加重出现反复和反弹。农村税费改革成功的关键在于乡镇综合配套改革。为进一步巩固农村税费改革第一阶段成果，从根本上减轻农民负担，建立与税费改革相适应的农村管理体制和运行机制，加强农村基层政权建设和制度建设，湖北从新的农村公共管理体制、市场经济运行机制和公共事业发展等方面入手，深入生产关系和上层建筑领域改革，农村税费进入了乡镇综合配套改革阶段。这一阶段改革的主要任务是建立精干高效的基层行政管理体制和覆盖城乡的公共财政制度，主要内容包括乡镇行政机关改革和乡镇事业单位改革两个方面。

乡镇行政机关改革主要是规范乡镇机构设置，精简机构、人员，积极推进基层民主政治建设，不断完善县、乡财政体制，着力解决一系列属于政府应该承担的财政保障问题。实际过程中，重点是加强财政体制改革。一是调整财政支出结构。加大政府在农村社会事业和基础设施建设方面的投入，为农村提供更多的公共产品和服务。不应该由农民负担的公共支出，要逐步列入财政支出范围。二是完善县对乡的财政体制。合理确定县、乡财政支出范围和顺序，按照"区别对待、分类指导"的原则，积极推广"乡财乡用县管"的管理模式。三是完善县、乡财政管理制度。将县、乡政府性资金全部纳入预算管理，推行"收支两条线"管理。进一步整合财政资源，统筹安排使用县、乡政府财政性资金。

[①] 俞正声：《巩固农村税费改革成果，全面推进农村综合配套改革》，《财政与发展》2005年第 8 期。

乡镇事业单位机构编制性质很复杂，人员膨胀的问题十分突出，改革难度大，既是乡镇综合配套改革的重点，也是改革的难点。乡镇事业机构（俗称"七站八所"）是兴办农村公益事业、提供农村公共服务的主体，其基本特征是由政府主办并主管、经费依靠财政拨款、人员列入国家编制、活动遵循国家计划、业务脱离经济主体①。乡镇事业机构涉及范围广，与农民的生产和生活息息相关，包括农技、农机、种子、水利、水产、林业、文化、广播、财政、经管、土管、公安、司法、工商、人事等部门。乡镇事业单位改革主要是转变经费管理和单位用人机制，稳步推进乡镇事业单位转制和人员分流工作，建立养老保险、"以钱养事"、公益性服务考评机制。在具体改革实践过程中，对事业单位实行分类管理，公益性事业由财政保障经费，经营性事业逐步走向市场；服务人员一般不采取公务员的管理方式，实行合同聘用、动态管理；而对于分流人员，符合条件的建立养老保险制度，慎重实行买断分流；事业单位转制后，普遍推行"以钱养事"的办法，实行政府购买、合同服务。

湖北 96 个县（市、区）的 1068 个乡镇（办）都开展了乡镇综合配套改革。改革后，全省乡镇内设机构减少了 58.5%，领导干部减少了 44%，精减分流人员 36568 人。乡镇事业站所改革中，湖北有 77411 人退出事业编制，其中 46.1% 的人自愿置换身份。2005 年省财政筹措 12.6 亿元用于支持建立养老保险制度，在编在岗人员有 101049 人参加了社会养老保险，参保率达 97.3%。2006 年省财政按农业人口人均 5 元标准，新增 2 亿元对农村公益服务"以钱养事"制度给予支持。通过乡镇综合配套改革，从体制上开始消除机构臃肿的弊端；更新了干部职工的思想观念；初步转变了政府职能，提高了政府工作效率；减轻了财政供养人员支出压力；提高了农村社会化服务水平②。

---

① 袁方成、汪志强：《"以钱养事"：农村公共服务的创新机制——湖北咸安乡镇站所改革经验探索》，《长江论坛》2006 年第 6 期。

② 安向荣：《湖北改革开放的历史进程》，《政策》2008 年第 12 期。

专栏 3—1

咸安乡镇"七站八所"改革探索①

一、背景

作为湖北省省级38个贫困县区之一，改革前的咸安区面临着严峻的形势：1999年农民负担总额高达4473万元，人均160.7元，远高于全省的平均水平。2002年区级财政收入1.2亿元，可用财力不到6000万元，乡镇财政缺口已接近1000万元，而乡镇债务总额高达22600万元。咸安乡镇事业站所种类繁多，管理混乱，经费拨付严重不足，主要靠向农民收费维持运转。例如给农民办理宅基地和房产证一项，乡镇国土所每证收取5—8元。乡镇站所组织的急剧扩张、机构臃肿与脆弱的财政基础之间的矛盾，刺激了农村公共服务的供需矛盾。而中央政府推行的农村税费改革，则进一步加剧了农村公共服务供需矛盾。2003年农村税费改革后，咸安区核定税费1237万元，实际征收600多万元，虽然上级财政转移支付1300万元，但缺口仍高达3000万元。区财政和乡级政府拨付事业站所的经费不到320万元，大多数乡镇事业站所人员的人头经费严重不足，运转已经不易。农民"减负"后基层财政"空心化"的发展趋势，使进一步的改革势在必行。

二、实践探索

咸安自2000年以来在推行几项改革的基础上，开始对以乡镇站所为主体的农村公共服务体系进行改革，推行以乡镇"七站八所"转制、组建农村服务实体和建立"以钱养事"市场化服务机制的新型农村公共服务体系为主要内容的乡镇站所改革。咸安对乡镇农技站、水利站、农机站等9类102个直属站所进行"收章、摘牌、改制、人员整体分流"的改革，撤销这些乡镇事业站所组织，将其全部转制为企业或中介服务机构，全区共设立了企业或中介服务机构51个。同时，原乡镇站所职工退出事业编制，终止财政供养，全部买断事业单位身份，从"单位人"转变为"社会人"。咸安各乡镇站所原来承担的农业技术推广、农机泵站维

---

① 根据宋亚平著作《咸安政改——那场轰动全国备受争议的改革自述》和袁方成、汪志强论文《"以钱养事"：农村公共服务的创新机制——湖北咸安乡镇站所改革经验探索》整理。

修、森林防火、小型水利工程管理、计划生育医疗服务、公益性群众性文化体育活动的组织、广播电视接收差转、农村财务代管、城镇市容市貌维护管理和园林绿化等公共管理、公益服务职能分别收归乡镇党政综合办公室、经济发展办公室和社会事务办公室。对于农业、畜牧、水利、计生医技、文化体育等农村公益性服务事项，政府全部以立项合同的形式发包给具备资质的服务人员或服务组织，实行动态管理。

三、运作机制流程

咸安改革中推行"以钱养事"这一新型公共服务运作机制，其流程包括"项目量化、公开招标、合同管理、农民签单、政府埋单"。

——项目量化。明确基层政府的服务职责，以"事"定支，划分农村公益性服务的种类、目标任务和责任要求，核算项目支出的数额；针对不同的公益服务事业项目，采取不同的量化测算办法，实行有偿劳务服务。项目一律按工作量计酬，将经费纳入财政预算。

——公开招标。公益事业项目通过量化确定标的之后，政府通过市场运作，将社会公益性事务面向社会进行公开招标。按照市场经济的规则要求，咸安推行服务项目供需见面、双向选择。

——合同管理。由乡镇政府与中标的经济实体签订服务承包合同，乡镇政府和农村服务实体双方以合同契约形式明确责权利，实行合同管理，对服务项目、内容、范围、标准、报酬、考核办法、奖惩兑现及双方责任义务进行约定。所有服务合同一年一签，一年一兑现。

——农民签单。为保障服务真正到位，建立服务考核评估体系，中标者进村入户开展服务的情况必须要通过农民的签字来确认。农民签字，表明服务到位，履行了合同，否则便视同未履行合同。

——政府埋单。对农民经过签字生效并经政府考核通过的，政府根据合同协议，按实施情况和考核结果给予相应的经济报酬，同时视合同完成情况确定奖惩。

二 社会主义新农村的系统推进

在20世纪中国提出"小康社会"概念时，就把社会主义新农村作为小康社会建设的重要内容之一。党的十六届五中全会提出按照"生产发展、生活宽裕、乡风文明、村容整洁、管理民主"方针，建设社会主义新农村。《湖北省"十一五"社会主义新农村建设规划实施纲要》提出了统筹城乡发展，稳步推进湖北社会主义新农村建设的主要任务：一是以增加农民收入为目标，大力发展现代农业，促进农村经济发展；二是以"六改五通"①为重点，着力推进农村基础设施建设；三是大力发展教育、卫生、文化、体育等农村社会事业，提升农村公共服务水平；四是大力加强农村基层组织、党风廉政、民主法制和精神文明建设，形成乡村治理新机制和乡风民俗新风尚。

自 2006 年以来，湖北从仙洪新农村建设试验区、鄂州城乡一体化试点、脱贫奔小康试点县、88 个新农村建设试点乡镇、竹房城镇带试点、荆门"中国农谷"试验区、大别山革命老区经济社会发展试验区以及武陵山少数民族经济社会发展试验区 8 个层面分步推进新农村建设，覆盖了全省 60% 的乡镇，加上市（州）、县各级政府开展的各类试点，形成了全方位推进新农村建设的格局。

湖北省社会主义新农村建设取得明显成效。一是通过实施高标准农田建设、农田水利设施建设、培育新型农业经营主体，有效提升了农业综合生产能力。二是始终把增加农民收入作为新农村建设的出发点和落脚点，通过农业经营、外出务工、政策补贴、财产性转移等多种途径，实现农民增收连年加快。三是推进垃圾处理、污水治理、卫生改厕、村道硬化、村庄绿化等农村基础设施建设，全省乡镇、村公路通畅率分别达到 100%、99.85%，农村饮水安全普及率超过 82%，改善了农民生产生活条件，提高了农民的幸福指数。四是通过推进教育、卫生、社会保障等公共服务向农村延伸，逐步构成了城乡一体的公共服务体系。城乡义务教育均衡发展，实现了真正的农村义务教育，免除学杂费、课本费，寄宿给补助，困难给救助。"新农合"参合率、养老保险参保率分别达到 99.7%、99.6%，并且标准不断提高，还建立了大病救助制度，农民看病难、看病贵的问题得到有效改善。五是通过新农村建设带动了农村基层组织和干部队伍建设的强化，推动了基层民主进程和精神文明建设，维护了农村社会和谐稳定。各地农村建设了一大批具有本土特色的文化

---

① 六改五通：改路、改水、改厕、改厨、改圈、改垃圾堆放；通路、通电、通水、通沼气、通信。

活动场所，提升了农民群众的精神文明水平。

三 新型农业经营体系的初步构建

以家庭承包经营为基础、统分结合的双层经营体制，重点是处理好农民与集体的关系；改革农村税费制度，多予少取放活，重点是处理好农民与国家的关系；而构建新型农业经营体系，建立健全城乡发展一体化制度，重点则是处理好工农城乡关系。构建现代农业经营体系是深入推进农业供给侧结构性改革，加快培育农业农村发展新动能的必然要求，也是实现农业现代化的关键。

（一）进一步明晰农村土地产权关系

改革开放初期的家庭联产承包责任制，将土地所有权和承包经营权分开，所有权归集体，承包经营权归农户，建立了统分结合的农村生产经营制度。而随着湖北农村土地流转不断发展，顺应农民保留土地承包权、流转土地经营权的意愿，把农民土地承包经营权进一步分为承包权和经营权，实行农村土地"三权分置"，农村土地产权关系进一步明晰。

2011年11月，武汉市被确立为全国第一批农村改革试验区，承担农村产权制度改革的试验任务，在农村确权、产权市场体系建设、"三权分置"等方面进行重大探索。2013年，湖北在通城县石南镇、鄂州市泽林镇开展农村土地承包经营权确权登记颁证试点，2014年全省每个市（州）选择1个县（市、区）开展试点，2015年全省全面推进确权登记颁证。农村土地承包经营权确权登记颁证的任务主要是查清承包地块面积和四至等情况，建立归属清晰、权能完整、流转顺畅、保护严格的农村集体产权制度，保护农民的财产权益。到2016年年底，湖北农村土地承包经营权确权登记颁证工作基本完成；全省统一联网的农村产权流转交易市场体系初步建立。

（二）培育农业新型经营主体

在农业生产效益低下和新型城镇化进程加快的双重作用下，大量农村劳动力涌入城市，农村从事农业生产的主要是由妇女、儿童、老人组成的"38、61、99"部队。"明天谁来种地"的问题成为农村关注的焦点。自2004年起，中央、湖北省委"一号文件"从不同层面对新型农业经营主体给予了重点支持，支持范围逐年扩大，支持力度逐年加强。在市场配置资源起决定性作用的背景下，需要大力培育一批包括专业大户、家庭农场、农民专业合作社、农业企业在内的新型农业经营主体和新型职业农民来发展多种形式的农业适度规模经营。

壮大农业龙头企业。在2009年以前，湖北的农产品加工业从总体上看发展相对滞后，农产品加工业产值与农业产值之比低于全国平均水平。2009年年底，湖北大力实施农产品加工业"四个一批"①工程的战略决策，大力提升农业产业化水平。湖北省主营业务收入过100亿元的企业有6家，过50亿元的企业12家，过亿元的企业2652家。2016年湖北农产品加工业主营业务收入达1.4万亿元，农产品加工产值与农业产值之比达2.5:1。湖北龙头企业吸纳农民工就业约110万人，流转土地自建优质专用标准化原料基地14万公顷，辐射带动农户超过1000万户次，订单面积470多万公顷。农户参与产业化经营增收约390亿元，其中工资性收入130亿元，农民户均增收约3350元。

规范农民专业合作社。在一系列政策扶持下，湖北农民专业合作社得到了空前的发展，总量快速增长。从2011年开始，湖北农民专业合作社的数量每年以万为单位增长，截至2016年年底，全省在工商部门注册的农民专业合作社达8.2家，较前一年增长16.28%。2007年《中华人民共和国农民专业合作社法》颁布实施后，重点从产权结构、治理结构、合作内容、盈余分配和财务管理5个方面强化规范化建设，全省合作社建设规范化程度有所提高。

加快家庭农场发展。早在2009年10月，武汉市在江夏、黄陂等5个远城区就试点培育5个家庭农场，经过一年试点，农场总收入达到54.6万元，亩均纯收入1.01万元，人均纯收入1.98万元。据统计，截至2012年年末，全省家庭农场经营耕地面积250.2万亩，其中养殖业和种植业经营面积占90%以上，经营规模500亩以上的有705个。自2013年中央"一号文件"首次提出将家庭农场作为新型农业经营主体的重要组成部分后，湖北家庭农场呈加快发展态势。截至2016年年底，全省在工商部门注册的家庭农场为2.9万个，较前一年增长13.15%。

---

① 即打造一批在全国同行业有竞争力的农产品加工龙头企业、一批在全国有影响力的知名品牌、一批销售收入过50亿元的农产品加工园区和一批农产品加工销售收入过100亿元的县市。

新型职业农民不断涌现。近年来,越来越多的农民工、大中专毕业生和退伍军人开展返乡创业。这些新农民拥有互联网思维,创新性发展农村电商,将各种文化创意引入农业生产中,给传统的农业产业发展注入了崭新的生机和活力。自2012年起,中央"一号文件"连续6年强调"培育新型职业农民",这是解决好"谁来种地、怎么种地"问题的关键。培育新型职业农民,有利于提升农业从业人员素质,打造现代农业发展的主力军。2016年,湖北已累计系统培育新型职业农民10万余人。

四 农村全面建设小康水平测度

根据2003年国家统计局农调总队与中央研究室农村局制定的《农村全面建设小康社会进程监测评估体系》,到2010年农民人均纯收入达到6000元、农村恩格尔系数下降到40%两个标准,对湖北省农村全面建设小康水平进行测度评估。

从2000—2010年湖北农民人均纯收入情况来看,2010年农民人均纯收入达到5832.27元,较2000年增长了1.57倍,年均名义增长速度为9.90%,扣除物价影响后,年均实际增长6.89%。这十年较20世纪最后十年增速整体较慢但也比较平稳。其中,2000—2003年,全省农民人均纯收入增长较慢,年均名义增长4.20%,实际增长3.55%。2004年后,在农业税费改革和实行农业补贴政策的双重影响下,全省农民人均纯收入增长加速,年均名义增长14.44%,实际增长9.98%(见图3—6)。

根据《农村全面建设小康社会进程监测评估体系》的标准,湖北2010年没有达到全面建设小康社会的水平,但在2011年农民人均纯收入提高到6897.92元,达到了全面建设小康水平标准。

从这十年湖北农村恩格尔系数变化情况来分析,2010年湖北农村恩格尔系数为43.1%,十年间下降了10.08个百分点。2000—2004年,农村恩格尔系数呈现先减后增,在50%的水平波动;2005年后,农村恩格尔系数出现不断下降的趋势,共下降了8.43个百分点。但到2010年,湖北农村恩格尔系数仍没有达到《农村全面建设小康社会进程监测评估体系》的标准(见图3—7)。2011年,农村恩格尔系数下降到了39.00%,达到全面建设小康水平的标准。

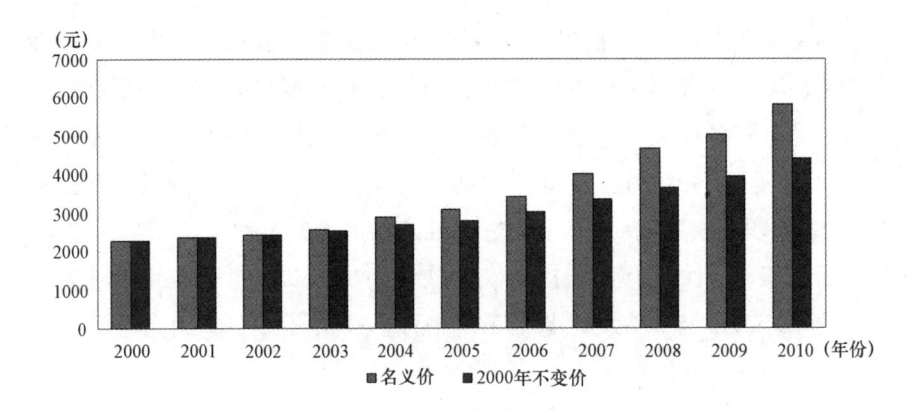

图 3—6 2000—2010 年湖北省农民人均纯收入增长情况

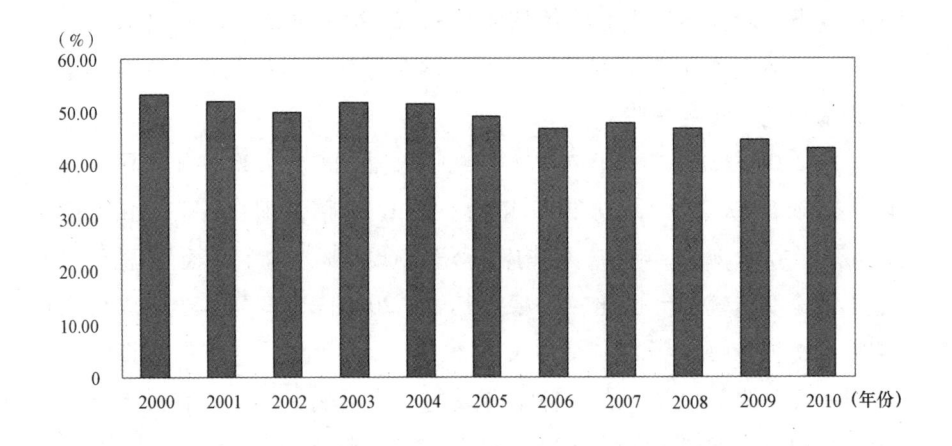

图 3—7 2000—2010 年湖北省农村恩格尔系数变化情况

综合来看，湖北农村在 2011 年达到全面建设小康社会水平。

第四节　湖北农村经济社会发展取得重大成就

改革开放以来，湖北农村小康社会经历了不同的发展阶段。在此过程中，湖北高度重视"三农"工作，全省农村经济社会发展取得了重大成就。

一是农业综合生产能力增强。2017 年，湖北粮食总产量达到 519.94 亿斤，同比增长 1.79%，居历史第三高位。水产品产量达到 465 万吨，连续 22 年居全国第一位。蔬菜、水果、茶叶等"菜篮子"产品产量稳、效益增，生猪出栏 4250 万头，同比增长 0.6%。农业物质技术装备条件明显改善，主要农作物耕种收综合机械化水平、农业科技进步贡献率分别达 68% 和 57.7%，分别较上年提高 1.4 个百分点和 0.7 个百分点。农田水利建设取得显著成效，2016 年全省灌溉耕地面积 3187.85 千公顷，其中有喷灌、滴灌、渗灌设施的耕地面积 290.02 千公顷。

二是农村基础设施和公共服务不断完善。2016 年，全省在乡镇地域范围内有高速公路出入口的村占 29.6%，99.9% 的村通公路，90.0% 的村安装了有线电视，95.5% 的村通宽带互联网，26.7% 的村有电子商务配送站点。城市基础设施和公共服务快速向农村延伸，农村网格化建设加快推进，农村公共服务"最后一公里"问题得到缓解。拥有幼儿园（含托儿所）、小学、医疗卫生机构的乡镇占比均在 99.6% 以上，98.8% 的乡镇有图书馆、文化站，80.8% 的乡镇有商品交易市场。拥有体育健身场所、卫生室的村占比分别达到 54.3% 和 84.3%。新型农村合作医疗参合率达到 99.7%，基本实现城乡居民社会养老保险全覆盖。

三是农民生活水平不断提升。2017 年农村居民人均可支配收入达到 13812 元，同比增长 8.5%，农民收入增速高于全省 GDP 增速。家庭经营收入、工资性收入和转移性净收入分别达到 5964 元、4390 元和 3293 元，对收入增长的贡献率分别达到 39.5%、33.7%、26.1%。2016 年年末，拥有钢混、砖混、砖（石）木结构住房与使用经过净化处理的自来水的农户占比分别为 94.7%、56.0%，平均每百户拥有小汽车 20.2 辆，空调 62.8 台，电脑 31.9 台。

四是农村生态资源环境显著改善。稻田综合种养等高效模式快速推广，农作物秸秆综合利用以多种方式开展，资源化利用水平不断提高，农业资源利用率有效提高。2016 年，全省再生稻种植、"稻虾共（连）作"等稻渔综合种养总面积分别达到 169 万亩和 381.18 万亩。垃圾收集处理、生活污水处理、规模化畜禽养殖污染治理等农村环境连片整治工程取得进展，农业面源污染治理成效显著，农村生态环境明显改善。2016 年，77.2% 的农村实现生活垃圾集中处理或部分集中处理，14.8% 的农村生活污水实现集中处理或部分集中处理，61.6% 的农村完成或部分完成改厕。

五是农村综合改革激发新活力。农村土地"三权分置"、农村集体产权制度加快推进，农村土地承包经营权确权登记颁证工作基本完成。2017年，全省承包地流转面积1998万亩，流转比例达到44.1%，较上一年提高了4.6个百分点。农村电商、休闲旅游等新型业态加快发展，农村一二三产业融合发展不断深入。积极开展农民专业合作社融资担保、信用合作试点，农村金融体制机制改革创新不断推进。

第四章

农村是全面建成小康社会的"短板"及内因剖析

全面小康不仅是较高标准的小康，而且还是发展均衡的小康。改革开放以来，虽然湖北农村经济社会各方面得到快速发展，成就明显，但农村面貌的巨大变化并没有改变全面建成小康社会的重点和难点仍在农村的状况。客观地讲，这是由于农业发展基础差，承受自然和市场双重风险；农村人口多，仍占全省人口的60%左右，是全省最大的社会群体；农民尤其是山区贫困群众生活水平低，脱贫致富难度大等基本省情决定的，且在短期内难以改变。这些情况也是农村成为全面建成小康社会"短板"的现实原因、直接原因、内部原因。全面建成小康社会，关键在于缩小城乡差距，补齐农村这块短板，这也是全面建成小康社会的重点、难点之所在。

第一节 湖北全面建成小康社会统计监测情况

党的十八大在全面建设小康社会的基础上，提出了到2020年全面建成小康社会。全面建成小康是对全面建设小康的进一步延续发展，是经济、政治、文化、社会、生态文明全面发展的小康社会，是为实现社会主义现代化建设宏伟目标和中华民族伟大复兴奠定基础的小康社会。湖北省按照"建成支点、走在前列"的总要求，提出了全面建成小康社会要在发展平衡性、协调性、可持续性明显增强基础上实现两个"倍增"：即地区生产总值和城乡居民人均可支配收入比2010年翻一番。

一 全面建成小康的发展现状

根据2013年国家统计局《全面建成小康社会统计监测指标体系》中有关经济发展、民主法制、文化建设、人民生活、资源环境5个方面35项指标,湖北对2016年全面建成小康社会进程进行了统计监测。

(一) 小康发展水平持续增长

随着经济社会综合实力提高,湖北全面建成小康社会的总体水平呈现逐年上升、稳中提速的态势。2016年,湖北全省小康指数达到91.69%,继续保持增长态势。经济发展、民主法制、文化建设、人民生活、资源环境五类指数分别为94.06%、87.78%、83.70%、94.41%和93.12%,呈现全面增长态势,且增长幅度较2015年略有提高(见图4—1)。

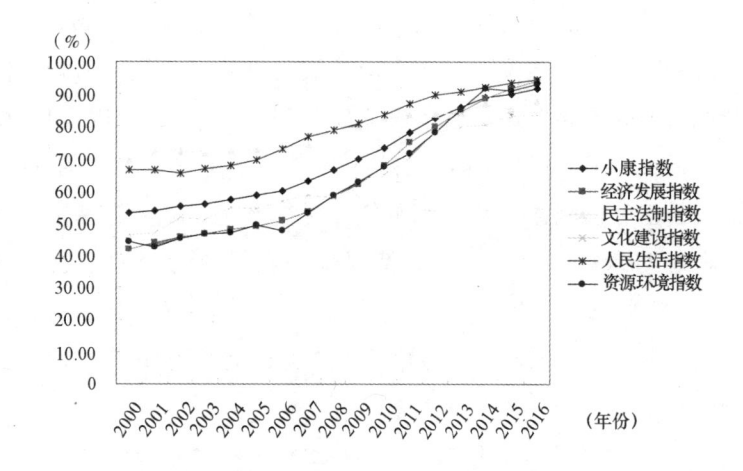

图4—1 2000—2016年湖北省小康指数及分类指数

资料来源:《湖北全面建成小康社会监测报告(2016)》《建成支点 走在前列——湖北发展战略实施监测报告(2017)》。

(二) 2010年以来小康发展提速

从增长情况来看,2016年小康指数较2000年提高了38.62个百分点,年均提高2.41个百分点。五类指数与2000年相比发展由快到慢依次为经济发展,提高52.34个百分点;资源环境,提高49.07个百分点;文化建设,提高37.54个百分点;人民生活,提高28.04个百分点;民主法制,提高18.12个百分点。十六年来,湖北省经济发展指数起点最低,2000年为41.72%,但发展速度最快,年均提高3.27个百分点;民主法制指数起点最高,2000年为69.66%,但发展速度最慢,年均提高1.13个百分点。

以2010年为分界点,将湖北小康指数分为两个阶段。2000—2010年为第一阶段,这一阶段小康指数提高20.26个百分点,年均提高2.03个百分点。经济发展、民主法制、文化建设、人民生活、资源环境分类指数年均分别提高2.59个、1.24个、1.88个、1.71个、2.34个百分点。2011—2016年为第二阶段,这一时期小康指数提高18.36个百分点,年均提高3.06个百分点,五大分类指数年均分别提高4.40个、0.96个、3.12个、1.83个、4.28个百分点。对比来看,除民主法制指数外,湖北小康指数和其他四类指数第二阶段较第一阶段发展更快,其中资源环境指数和经济发展指数年均增长都提高了近2个百分点(见表4—1)。

表4—1　　2000—2016年湖北省小康指数及分类指数增长情况　　(单位:%)

增长情况	小康指数	经济发展指数	民主法制指数	文化建设指数	人民生活指数	资源环境指数
2000—2010年增长	20.26	25.92	12.38	18.80	17.07	23.42
其中,年均增长	2.03	2.59	1.24	1.88	1.71	2.34
2011—2016年增长	18.36	26.42	5.74	18.74	10.97	25.65
其中,年均增长	3.06	4.40	0.96	3.12	1.83	4.28
2000—2016年增长	38.62	52.34	18.12	37.54	28.04	49.07
其中,年均增长	2.41	3.27	1.13	2.35	1.75	3.07

(三)近七成的指标完成进度超过90%

从具体监测指标来看,2016年有33项指标评价值上升,人均公共文化财政支出、有线广播电视入户率2项指标评价值下降。从完成情况来看,共有26项指标完成超过90%,占监测指标总数的74.29%,其中有12项指标完成进度达到或超过100%;R&D经费支出占GDP比重、城乡居民人均收入、每万人口拥有律师数、文化产业增加值占GDP比重4项指标完成进度低于80%,这些指标关注度高且改善难度较大(见表4—2)。

表4—2　　　　2016年湖北省小康监测指标完成进度情况

进度分类	指标名称	数量（项）	占比（%）
进度超过100%的指标	每万人口发明专利拥有量、工业劳动生产率、农业劳动生产率、失业率、恩格尔系数、城乡居民收入比、城乡居民家庭住房面积达标率、平均预期寿命、每千人口拥有执业医师数、农村卫生厕所普及率、单位GDP能耗、城市生活垃圾无害化处理率	12	34.29
进度在90%—100%的指标	第三产业增加值占GDP比重、互联网普及率、城镇人口比重、基层民主参选率、社会安全指数、人均公共文化财政支出、"三馆一站"覆盖率、公共交通服务指数、平均受教育年限、基本社会保险覆盖率、农村自来水普及率、单位GDP水耗、单位GDP建设用地占用面积、居民消费支出占GDP比重	14	40.00
进度在80%—90%的指标	主要污染物排放强度、城乡居民文化娱乐服务支出占家庭消费支出比重、人均GDP、环境质量指数、有线广播电视入户率	5	14.29
进度在80%以下的指标	R&D经费支出占GDP比重、城乡居民人均收入、每万人口拥有律师数、文化产业增加值占GDP比重	4	11.43

（四）重要指标拉动作用增加，贡献率上升

在监测指标体系中人均GDP、城乡居民人均收入、主要污染物排放强度指数、社会安全指数和环境质量指数的权数最大，均为4。这五个权重最大的指标，拉动作用增强，贡献率上升。2016年，人均GDP、社会安全指数、城乡居民人均收入、环境质量和主要污染物排放强度指数、指数分别较2015年增长6.64个、4.5个、5.03个、3.97个、4.87个百分点，均高于当年小康指数的增幅（1.62个百分点）。除城乡居民人均收入指标外，其他4项指数2016年的幅度均高于2015年（见表4—3）。

表4—3　2014—2016年湖北省小康监测重要指标评价值及增长情况（单位:%）

年份	人均GDP	社会安全指数	城乡居民人均收入	环境质量指数	主要污染物排放强度指数	小康指数
2014	72.52	94.07	65.45	91.55	80.48	88.93
2015	78.58	87	70.89	79.15	84.86	90.07
2015年增幅	6.06	-7.07	5.44	-12.4	4.38	1.14
2016	85.22	91.5	75.92	83.12	89.73	91.69
2016年增幅	6.64	4.5	5.03	3.97	4.87	1.62

二　统计监测中存在的问题

（一）发展不够，人均GDP和居民收入偏低

发展不够是湖北的最大实际，也是湖北全面建成小康社会的关键问题。在全面建成小康社会监测体系中，最重要的人均GDP和城乡居民人均收入两个指标发展较慢。

一是人均GDP偏低。2016年，湖北人均GDP为49429元（2010年不变价），完成了全面建成小康目标值的85.22%，处于经济发展类指标值中倒数第二位。从省际比较来看，虽然从2012年开始，湖北人均GDP开始高于全国水平，扭转了人均GDP长期以来低于全国的状况，但较天津、北京、上海等直辖市和江苏、浙江、福建等东部沿海发达省份差距还很大。2016年湖北人均GDP为55191元（当年价），全国共有9个省份人均GDP达到了1万美元以上，湖北较人均GDP最高的天津低了60422元（见图4—2）。

二是城乡居民人均收入偏低。2016年湖北省城乡居民人均收入按2010年不变价格计算为18980元，仅完成了全面建成小康目标值的75.92%，在人民生活类指标中处于最后一位。与发达省份比，湖北城乡居民人均收入相对较少。2016年湖北城乡居民人均收入按当年价格计算为21787元，仅为上海（54305元）的四成，分别较西部地区的内蒙古、东北地区的辽宁少了2340元、4253元（见表4—4）。

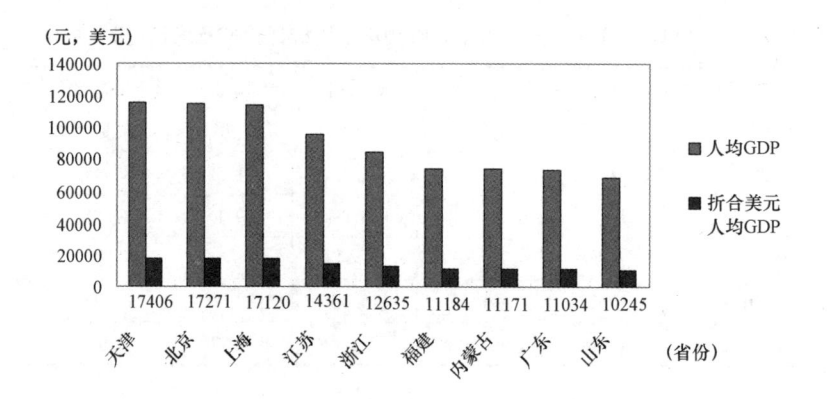

图 4—2　2016 年全国人均 GDP 过万美元的省份

表 4—4　　　　　2016 年城乡居民人均收入前十的省份　　　（单位：元）

省份	城乡居民人均收入	排名
上海	54305	1
北京	52530	2
浙江	38529	3
天津	34074	4
江苏	32070	5
广东	30296	6
福建	27608	7
辽宁	26040	8
山东	24685	9
内蒙古	24127	10

（二）结构不优，科技和文化发展潜力挖掘不够

一是科技投入强度不够，R&D 经费支出占 GDP 比重偏低。2016 年，湖北省 R&D 经费支出为 600 亿元，占 GDP 比重为 1.92%，只完成了全面建成小康目标值的 76.80%，处于经济发展类指标值中最后一位（见表 4—5）。虽然湖北是科技资源大省，但科教优势未能转化为经济发展优势，企业技术创新能力薄弱，特别是中小企业创新意识不强，研发投入不足，企业产品主要集中在中低端，科技创新在产品价值中的作用没有得到充分体现。

表4—5 2014—2016年湖北省R&D经费支出及投入强度与相关地区比较

地区	2014年		2015年		2016年	
	经费总支出（亿元）	投入强度（%）	经费总支出（亿元）	投入强度（%）	经费总支出（亿元）	投入强度（%）
全国	13015.60	2.05	14169.90	2.07	15676.70	2.11
湖北	510.90	1.87	561.70	1.90	600.00	1.92
湖南	367.90	1.36	412.70	1.43	468.80	1.50
山西	153.10	0.97	132.50	1.04	132.60	1.03
安徽	393.60	1.89	431.80	1.96	475.10	1.97
河南	400.00	1.14	435.00	1.18	494.20	1.23
江西	153.10	0.97	173.20	1.04	207.30	1.13
江苏	1652.80	2.54	1801.20	2.57	2026.90	2.66
浙江	907.90	2.26	1011.20	2.36	1130.60	2.43
山东	1304.10	2.19	1427.20	2.27	1566.10	2.34
广东	1605.40	2.37	1798.20	2.47	2035.10	2.56

资料来源：2014—2016年全国科技经费投入统计公报。

2014—2016年，湖北R&D经费支出占GDP比重均低于全国平均水平0.18个、0.17个、0.19个百分点，也明显低于江苏、浙江、山东、广东等东部发达省份，在中部地区低于安徽省。

二是文化软实力发展不够，文化产业增加值占GDP比重偏低。文化建设是湖北全面建成小康社会的第一短板，2010年以来文化建设指数在五大分类指数中一直处于最后一位。2016年，湖北文化及相关产业增加值占GDP的比重仅为2.93%，较2015年仅提高0.04个百分点，只完成了全面建成小康目标值的58.60%，是全面建成小康监测的所有指标中实现程度倒数第一的指标。湖北文化及相关产业增加值占GDP比重在中部地区低于山西和湖南。与全国平均水平相比，2016年全国文化及相关产业增加值为30785亿元，占GDP的比重为4.14%，比上年提高0.17个百分点，湖北文化及相关产业增加值占GDP比重在绝对量和增长幅度上均低于全国平均水平。2016年小康监测指标中仅有有线广播电视入户率、人均公共文化财政支出两项指标出现了下降。这两项指标都是文化建设领域的指标，评价值较上年分别下降了0.67个、0.52个百分点。

（三）经济与政治、环境可持续发展难度大

一是民主法制建设有待加强，每万人拥有律师数偏少。在民主法制方面，2016年湖北每万人拥有律师数为1.47人，仅完成了全面建成小康目标值的74.35%，在全面小康社会监测指标中排列倒数第二位。未来要进一步加强民主法制建设，特别是要增加律师数量。小康目标值每万人拥有律师数要求超过2.3人，如果按照目前人口测算，全省律师人数要达到1.4万人以上才能顺利实现目标。

二是节能降耗与环境保护压力大，环境质量指数和主要污染物排放强度偏低。从资源环境的监测数据来看，2016年环境质量指数和主要污染物排放强度指数的评价值分别为83.12%和89.73%，处于较低水平。湖北是重工业基地，产业结构偏重，高耗能、高污染行业比重高，产业转型升级任务重，未来湖北要在保持经济年均增长8.5%的同时，减少污染物排放强度，提高环境质量难度很大。

（四）发展不平衡，农村和边远山区进程慢

湖北全面建成小康社会存在区域发展不平衡的问题，各市（州、区）发展差距大，多数市（州、区）低于全省平均水平。2015年① 17个市（州、区）中有15个小康指数低于全省平均水平，仅有武汉市和宜昌市小康指数高于全省平均水平；小康指数在80%—90%的有8个；小康指数在70%—80%的有7个。从全省76个县市区的小康监测来看，2015年小康指数排名前两位的是黄州区（91.19%）和远安县（90.56%），而排名最后两位是郧西县（67.70%）和随县（66.88%），全省县市小康指数相差超过20%。

广大农村和边远山区全面建成小康进程发展落后，特别是贫困县市实现程度远远落后于全省平均水平。全国贫困发生率从2012年年底的10.2%下降到2016年年底的4.5%，但2016年湖北贫困发生率仍然高达7.29%。湖北省内有大别山、武陵山、幕阜山、秦巴山四大集中连片贫困地区，这些地区的常住人口只有全省的23%，但建档立卡贫困人口占全省的60%。如何帮助这些地区稳定脱贫致富，与全省同步实现全面建

---

① 2016年，湖北各市（州、区）参照国家统计局新修订的《全国全面建成小康社会统计指标体系》进行了适当调整，为保持数据一致可比性，各市（州、区）小康指数以2015年数据为例，全省76个县市区的小康指数也以2015年数据为例。

成小康社会的任务还很艰巨。因此，农村是湖北全面建成小康社会的"短板"之所在，而贫困地区更是"短板"中的"短板"。

第二节　相对薄弱的农村经济基础

农业作为农村经济主要产业，是国民经济的基础产业，为第二、第三产业的发展提供了原料和积累，在国家和城市的发展中起到了无法替代的作用。然而，由于农村生产要素流失缺位、农村经济生产方式调整滞后等原因，造成湖北农村经济基础较为薄弱。

一　农村生产要素流失缺位

生产力是社会发展的根本动力，农村生产力水平低下是农村经济落后的根本原因。农村地区只有大力发展生产力，才能逐步缩小城乡差距，进而如期实现农村全面建成小康社会的目标。然而土地、劳动力、资金作为最重要的生产要素，存在着明显的"城市化"倾向：一是农村青壮年劳动力大规模向城镇和非农产业转移，农村劳动力呈现出年龄、性别、素质等结构性矛盾和农业用工季节性短缺问题，特别是农村实用型人才"青黄不接"，基层农技服务部门后继乏人问题较为严重。二是新型城镇化过程中，农村土地非粮化、非农化现象仍然存在，失地农民没有充分享受土地增值后的权益。三是金融和社会资本对农业的投资力度在短期内难有根本提升，资金普遍存在"好城恶乡"的倾向，大量资金从农村流向城市。这些问题都导致农村生产要素明显不足，甚至缺失。

（一）农村劳动力生产率低下

农民是促进农业生产力提升，推动农村经济社会发展的主力军，其综合素质水平的高低决定着农村发展的快慢。但是目前湖北农村劳动力状况不容乐观。

1. 农业劳动力综合素质水平不高

美国发展经济学家舒尔茨于1964年在《改造传统农业》中指出，农民的劳动生产率与其技能、知识水平之间，是一种显著的正相关关系。他认为提高农业生产率水平，就要提高农民的技能与知识水平，对农民进行人力资本投资，从而提高农业的人力资本存量，人力资本将成为农业经济增长的主要原动力。美国学者加尔布雷思在《好社会：人道的记事本》中写道："在当今世界上，没有任何一国受过良好教育的人民是贫穷的，也没有任何一国愚昧无知的人民是不贫穷的。在民智开启的地方，经济发展自然水到渠成。"①

整体来看，湖北农业发展还是传统经验型的，农民综合素质偏低会严重影响现代农业的发展和全面建成小康社会进程。目前，从事农业生产的农户以传统的种植养殖为主，他们受教育程度整体偏低，大都是初中及以下文化水平，思想观念落后，传统小农经济意识较浓，农技知识欠缺，劳动技能低下。在湖北县市调研中发现，从事农业的劳动力老龄化趋势明显，大多在50—70岁，年龄越大具备科学素质的比例越低。

虽然，政府实施的新型农民职业培育、农技入户等一系列强农政策在一定程度上提升了农民素质。但总体来看，农业科技人员不仅数量少，知识更新培训更少，不能适应农业科技快速发展的需要，加上缺乏农村管理和农业技术推广与传播的基本知识和经验，无法为农民提供科技培训平台，农民接受科技培训教育的机会更少。一些职业技术学校只开设在市县地区，距离农村地区遥远，农民学习职业技术的成本过高，只得被迫放弃。还有的职业技术学校根本不面向农民招生，导致农民想学却受到身份条件限制，无法提升自身职业素质②。

与此同时，受农业比较效益低下，农村发展环境和潜力有限等因素影响，以农民工、退伍军人、高校毕业生为主的返乡创业人员数量有限，而城镇高素质劳动力几乎不会往农村地区转移，这也造成了农村劳动力素质总体上处于下降趋势。

2. 大量优质农村劳动力外流

在经济发展过程中，农村劳动力向城镇转移是正常现象，这是新型城镇化的必然趋势，二元结构等相关理论中也有说明。然而，过分注重城市、非农产业化发展，而忽视城市与农村、非农产业与农业的协调发

---

① 转引自张妮妮、张丽霞《全面建成小康社会视阈下农村人力资源开发的价值分析》，《黑河学刊》2017年第1期。

② 薛子超：《我国全面建成小康社会过程中农村生产力现状研究》，硕士学位论文，哈尔滨商业大学，2016年，第13页。

展,就会导致农村经济经济基础进一步弱化,二元结构以及由此带来的矛盾更加突出。

结合调研和全省统计数据①来看,近年来湖北农村每年外出从业的农村劳动力在 1100 万人以上,人均劳务经济收入约 2.5 万元/年。他们从性别来看,六成是男性;从年龄来看,大部分都是青年劳动力,50 岁以下的占 85% 以上。

农村劳动力流动过程中的盲目性问题比较普遍,七成的外出从业人员都是自发或是由亲戚介绍外出,政府、中介或是企业招收的人员只有三成。从流动区域来看,出于对经济发达地区的向往,湖北全省近 58% 的农村劳动力流出到省外,且大部分是流出到东部或沿海发达省份。劳动力盲目地向某一地区集中,造成该地区的劳动力市场饱和,甚至供过于求,因此也产生大量农民工失业的问题,然而在县城和中小城市对农民工吸纳能力不够,则出现企业招不到人的现象。例如,前几年沿海地区受国际经济下行趋势的影响,许多工厂倒闭,出现了大量农民工回乡反流现象。从就业结构来看,从事职业的目标不明确,很多都是依靠早期外流人员或是亲戚熟人介绍寻求职业发展,往往集中在建筑工地、工厂车间、餐饮、快递等劳动密集型行业,从事具有一定技术含量职业的人较少。

外流的农村劳动力职业素质水平不高。湖北省农村外出从业人员的整体文化程度不高,高中及以上学历只有 30% 左右,近六成只有初中文化程度。与此同时,他们参加过相关职业技能培训的比例只有 28%,持有相关职业技术资格证书的只有 13%。劳动力转出地区的职业教育滞后、欠缺,一些政府组织相关职业培训以传统生产技能、安全教育等为主,针对职业技能和职业素养方面的培训相当欠缺。

较低的文化水平和职业技能,使得农村外出从业人员的待遇水平差。一是经济收入低。湖北超过六成的农村外流人员每月收入在 1000—3000 元,只有 28% 的月收入在 3000 元以上。二是从业环境差。农村外出务工人员有不少从事高危、有害行业,容易造成致残、致伤、致亡,而相应享受劳保补贴的人数比例低,只有 10% 左右,而且雇主拖欠工资的现象

---

① 数据来源:2015—2017 年《湖北农村统计年鉴》。

时有发生。三是社会保障不充分。只有40%的人员与雇主签订了劳动合同。大部分企业不愿意为农民工购买社会保险，即使政府部门强制要求企业为其购买社会保险，企业则相应地从发放的工资中扣除部分缴纳。这样农民工不仅拿到手的收入比之前减少了，而且自己还要拿出部分现金用于缴社保，加上缴纳的社保不能随时变现，他们出于理性的考虑，会主动要求企业不购买社保。湖北省农村外出人员参与失业保险和工伤保险的比例分别只有6.6%和17.8%。

由上可知，农业劳动力综合素质偏低和青壮年劳动力的外流，造成了农村劳动力生产效率的低下。从改革开放到20世纪90年代，全省农村劳动力外流不多，大部门农村劳动力从事农业生产，或是"离土不离乡"在乡镇企业工作。这一时期，工业劳动者（不包括乡镇办企业劳动力）和农业劳动者之比在1:8.2—1:6，农业劳动力的生产效率较低。20世纪90年代以后，农村出现了大量的青壮年农民"离土又离乡"外出打工。这一时期，农业增加值占比从35%下降到11%，而乡村劳动力从事农林牧渔业生产的劳动力仍然还有37%左右，农业劳动生产率进一步降低。

（二）农村土地资源有限

如果说劳动是财富之父，那么土地则是财富之母。在中国几千年的历史中，土地始终是农民赖以生存发展最重要、最关键的资源。改革开放以来中国农村的重大变革也是从土地改革开始的。由于土地面积在一定时期内是固定不变的，湖北存在人多地少的情况，农村土地资源有限，所承载的人口压力过大。

1. 耕地保护压力大

湖北省耕地资源呈现出人均耕地少、耕地质量总体不高、耕地后备资源不足的特点，耕地保护压力大。湖北保障粮食安全责任重大，到2020年湖北省耕地保有量不低于6947万亩，其中基本农田面积5749.95万亩，占耕地面积的82.77%。根据第二次全国土地利用调查数据，湖北省耕地总面积7984.50万亩，人均耕地1.30亩，比全国平均水平少0.22亩。同时，湖北省耕地后备资源严重不足，实际可供开发的耕地资源只有150万亩。自然条件较差的山区，耕地开发成本高，依赖大规模开发后备资源补充建设占用耕地的模式已难以为继。此外，全省耕地质量下降，存在养分失衡、土壤肥力总体下降、水土流失面积大等一系列问题。据调查，全省80%的耕地土壤有机质严重缺乏，31%的国土面积存在严重水土流失。

虽然，湖北省通过低效闲置用地挖掘潜力，耕地占补平衡等手段有效增加农村土地资源，但随着人口增长和新型城镇化的推进，使得发展用地需求在不断增加，造成了农村耕地资源不断减少。近三十年来，湖北耕地面积共减少了1400万亩，除去用于农村集体建设和农民宅基地等方面，国家各类基建占地达到260万亩。

2. 土地利用率不高

土地资源的有限，要求我们对土地资源进行可持续、高效益地利用，但现实的情况是农村土地资源遭到了严重破坏。一方面，许多农村地区还是传统粗放式的农业生产经营方式，为追求短期的土地收益，在缺少合理有效的科学技术指导下，简单地依靠增加农药和化肥投入来提高产量，认为投入越多产出越多，不考虑耕地承受能力，从而造成了土壤质量下降。另一方面，一些从城镇转移出的高污染企业为了躲避监管而将工厂设在农村地区，大量的工业废液、废渣等排放，导致农村土地污染加剧。

同时，湖北省农村集体建设用地集约水平相对较低，粗放利用状况较突出，农村宅基地闲置较多。据统计，仅黄冈市在近十年间，农村人口下降了60万人，而农村用地反增832公顷。襄阳市农村人均建设用地为290平方米，远高于国家规定的人均建设用地最高限额标准。

（三）农村资金支撑能力较弱

资金是经济发展运行中的"血液"，但在农村经济发展中资金没有发挥应有的支撑作用。一方面，农村财政体系和农业投入机制不合理，导致现有财政支农资金效率不高；另一方面，农村金融供给不足和缺位，使得农村仍处于金融服务的边缘和末梢。

1. 财政支农资金效率不高

世界各国财政对农业的支持比较普遍，日本、以色列等国农业财政支出力度较大，相当于农业增加值的45%—95%；美国、英国、加拿大、澳大利亚等发达国家对农业的财政支出占农业增加值的比例在25%以上；

即使像印度这样的发展中国家财政支农比例也在10%左右[①]。

在中国分税制体制下，处于广大农村的县、乡政府税收来源缺乏，自有财政紧张，政府对农业的支持主要来源于中央和省级财政。湖北省财政用于农业的支出，包括支援农村生产支出、农林水利事业费、农业综合开发三项[②]。前两项是主要的支出项目，其合计的比重一般超过财政对农业支出总额的80%。虽然，政府对农村、农村资金支持总量在增长，但资金的使用效率整体不高。2013年以来，湖北用于农林水利事业费支出保持年均近15%的速度增长，占财政支出比重和占农业总产值的比重都只在10%左右。

一是政策目标瞄准不够。中国在财政支农政策制定过程中，采用的是以政府为主导的"自上而下"的方式，这容易产生支农脱离农业、农村发展实际。支农政策注重"大而全"，目标瞄准不够，导致政策执行偏差，政策效应下降。以农业补贴为例，大多数惠农补贴覆盖量大面广、资金高度分散，造成农业补贴标准较低、投入总量不足，且部分补贴资金呈下降趋势。由于土地经营的细碎化使得"撒胡椒面"式的补贴政策对增加农民收入并无太大影响，对农民生产支出补偿有限，农业生产刺激效应不明显，农民积极性不高。加之农业生产资料价格的快速上涨，抵消了农业补贴政策给农民带来的部分收益，使得补贴激励效果并不显著。

二是农业投入缺乏协同机制。现行的财政支农管理体制是按政府机构的设置和职能划分，涉及发改、财政、国土、扶贫、农业、林业、水利、农机、水产、畜牧等多个部门，职能部门多头管理，呈现纵横交错的"网状"运行格局。比如，农业基本建设投资，主要由发改系统单独管理或发改与农业主管部门共同管理；农业科研费用，主要由财政部门和科技部门或者科技部门与农业主管部门共同管理；支援农村生产支出、农林水利等部门事业费、农业综合开发资金，由财政部门或财政部门与农业主管部门共同管理；农产品补贴，由财政部门或财政部门与流通主

---

① 杜强、谭德林、周小红：《我国财政支农政策存在的问题及对策》，《北京农业职业学院学报》2009年第2期。

② 从2003年开始湖北省对财政支农支出进行了重新分类。

管部门共同管理。由于部门间职能交叉、政策要求各异、信息沟通不畅，导致各部门之间在项目选择、资金投向、资金分配上很难协调一致，从而影响资金使用效果。

三是农业投入资金跟踪机制不健全。支农政策实施过程中，政府注重资金、项目的投入发放到位，而监管职能作用发挥不够。对于项目资金的使用没有跟踪检查，无法有效监管项目、资金用途，加上补贴资金多以现金形式发放，使得农业投入政策的初衷在实施过程中被异化。财政支农资金管理中"重分配、轻监管；重申报、轻实施；重建设、轻验收"的现象仍然大量存在，导致一些农业投入资金使用效果不明显。农业投入资金使用过程中程序长、环节多、成本高，绩效考评和问责机制薄弱甚至欠缺的情况也仍未得到明显改观。

四是农业投入资金配套制度失灵。财政支农具有明显的公共产品性质，主要应该由中央政府承担。然而在实际过程中，中央或省级政府为了保证财政资金的到位和实际效果，要求下级政府根据自己的财政情况，提供相应的配套资金。由于地方县级政府间财力不均等，配套资金成为一些地方财政难以承受之重，"配套制"往往流于形式，未能较好地发挥支农、补农、建农的乘数作用和联动效应，呈现"制度失灵"的典型症候。在农业综合开发投入中，虽然中央财政投入占比呈现逐步增长的趋势，但是地方自筹配套资金部分所占比重依然过大。地方财政财权与事权不匹配，阻碍了农业投入力度的加大和农业投入政策效应的发挥。

2. 农村金融边缘化趋势明显

发展现代农业需要农村金融的支撑。由于涉农贷款相较于普通商业贷款，面临更大的市场风险、自然风险和信用风险，农村金融的风险大、成本高，造成信贷资金和社会资金脱离农业农村，导致边缘化趋势日益明显。具体表现为以下几方面。

一是农村金融资金供给不足。1978—1988年，湖北省国家银行贷款主要用于支持工业、内贸、外贸等领域发展，三者年末余额总和占总贷款比重为70%—85%，用于支持农业农村领域的比重较小。2000—2009年，湖北金融机构用于支持农村发展的贷款资金仍然少，农业贷款余额和乡镇企业贷款余额之和占各项贷款余额的比重处于4.1%—6.2%的较低水平。目前，农民大多选择将闲置的资金存放在银行，而到银行贷款的较少，湖北省县域银行存贷比①在40%左右，最低的仅为11.3%。金融机构吸收的农村资金并没有有效地服务于"三农"。除农村信用社外，其他金融机构吸收的存款绝大部分都流向了大中城市，投向了非农领域，没有真正反哺于"三农"，部分地区甚至出现农村资金被城市"虹吸"的现象。

二是担保体系不健全、抵押物少。受法律、法规限制，农民贷款缺少抵押品，虽然部分地区在试点农村土地承包经营权、农村宅基地使用权、林权等抵押，但一旦出现违约，很难变现处置。县域中小企业信用担保公司等其他担保金融机构普遍存在着注册资本少、担保比例低、信用等级差、担保费用高等问题。虽然有些农村地区不断创新抵押形式，但相比城市大企业，仍存在着抵押种类少、限制条件多，在办理抵押手续时费用高等问题。

三是农业保险发展滞后。目前，湖北省农业保险发展仍处于起步探索阶段，覆盖范围小，受保品种少，赔付额度低、保障程度弱。农户购买农业保险的比例低，品种主要限于水稻等种植业保险，受灾后得到的补偿太少。农业投资项目缺乏有效的风险转移渠道、机制，一旦遇到自然灾害或市场波动，首先受冲击的是农户和涉农企业，随后很快地转移到金融机构，导致商业保险公司不愿意提供农业保险。

四是农村金融环境有待优化。一方面，金融机构服务效率比较低下。县域农村中小企业和农民大户申请相对较高的贷款时，一般都要经过评级、授信、报批等多个程序以及县行、市行、省行三级报批。审批的多层级、多环节既增加融了资成本，又延长了贷款审批时间。另一方面，农村信用体系不完善。目前，农村征信平台缺失；个人小额信用贷款业务缺乏有效支撑，尤其是选择信用贷、担保贷的贷款方，其自身的违约经济成本低；农户和农业企业的诚信意识比较淡薄；保障债权人的法制法规不够完善，各种经济纠纷容易发生。

二 农村经济生产方式调整滞后

虽然2018年中央发布了改革开放以来第20个、21世纪以来连续第

---

① 银行存贷比=银行贷款总额/存款总额。

15个"一号文件",但农村经济生产方式优化调整仍然不够,在农业生产方式、新型农业经营主体和农村社会化服务体系方面仍然存在着不少问题。这也在一定程度上造成了生产关系对生产力的阻碍。

(一) 生产经营方式亟须转变

以家庭承包经营为基础、统分结合的双层经营体制存在"分有余而统不足"的问题。传统的粗放经营方式仍然存在,导致了农村生产经营方式在适度规模化、集约化、绿色化、循环化方面发展不足。

1. 适度规模经营发展较慢

现阶段,农村土地分散经营是影响农业发展的最典型因素之一。改革开放后,实施的家庭承包责任制虽然大幅度提高了农民的生产积极性,但也带来了人为地将完整土地分割为细碎状、条块化的弊端。随着市场经济的发展,传统的小农经营方式越来越显现出它的局限性。千千万万分散的小农户"单打独斗",容易引发小农经济之间的恶性竞争,参与市场经济竞争能力不强,获取市场信息能力较弱,把握市场机会不准,在农业生产经营过程中较难及时、正确地做出决策。传统的小农生产经营方式使农村土地的规模经营效率得不到充分发挥,难以有效实现农业生产适度规模化、集约化经营,不利于农村经济发展。

2016年,全国农村流转土地面积超过35%,流转出土地的农户占30.8%,促进了土地规模经营的发展。然而经营面积在50亩以上的新型主体只有350万个,经营总面积为3.5亿亩,平均每个新主体经营100亩,这与那些国外动辄两三万亩耕地的家庭农场仍难以竞争①。湖北同样也存在人多地少,农业经营规模细小,农户土地承包经营权流转机制不完善造成流转不规范等问题。2016年全省家庭承包耕地流转面积达1780万亩,流转比例为39.5%,与发达国家和地区相比,特别是与通过发展适度规模经营走现代化农业之路的地区还有很大差距。

2. 粗放式经营仍然存在

整体来看,湖北农业生产仍然是传统生产方式和现代生产方式并存,有的地方依旧以传统耕作生产为主,粗放式经营仍然存在。在小农分散

---

① 陈锡文:《中国农村流转土地面积已超过35%》,2017年3月9日,中国经济网(http://www.ce.cn/xwzx/gnsz/gdxw/201703/09/t20170309_20871261.shtml)。

经营方式下，农民主要通过劳动力、农业生产资料投入来提高土地生产率。然而，随着农村青壮年劳动力外出务工，农村从事农业生产的劳动能力较弱，他们只有选择提高资源投入强度，长期无节制地毁林、毁草开荒，围湖、填河造地，耕地后备资源遭到严重破坏。虽然短期来看，这些传统的粗放式经营增加了农业产出，提升了土地产出率，但与此同时，农业面源污染、土壤退化、水土流失等一系列严重后果也随之产生，导致了农村生产、生活环境的不断恶化。环境保护部、国土资源部2014年发布的公报显示，全国16%的土壤面积遭污染，其中农用耕地污染面积占比达19.4%。生态环境的恶化也导致了一系列的食品安全问题，如土壤中汞、镉、铅等重金属及其他有毒、有害物质超标，出现农产品"中毒"，各地的"镉"大米、苏丹红、膨大剂、瘦肉精等农产品质量安全事件屡见不鲜。

湖北也存在着粗放式的农业增长问题，化肥、农药、农膜投入强度仍然较大。2016年，湖北每亩耕地施用化肥（折纯量）为63.48千克，较2000年增长了26.5%，远超过发达国家为防止化肥污染而设置的15千克/亩的安全上限。农药使用量由2005年的11.02万吨增长到2016年的11.74万吨，其中2010年高达14万吨。农业生产过程中的农药、化肥更多的是造成了对水、土壤和空气的污染。每年投入使用的农药、化肥真正能够作用于农作物的只有1/3，化肥利用率、主要农作物农药利用率均只有35%左右。农用塑料薄膜使用量由2005年的5.46万吨增长到2016年的6.73万吨，其中2015年高达7.13万吨。有研究表明，使用地膜1年的地块，每亩残留地膜片约2.17千克，会造成作物减产6.43%。

湖北省农业发展已处于资源和环境双重约束趋紧的阶段，粗放式的农业经营方式对农业生产、农村生活环境造成了严重影响。长期依靠拼资源、拼投入的农业生产导致农业资源过度开发，生态环境不堪重负。农村畜禽养殖废弃物年排放量、农膜年残留量过高，农药化肥利用率不高，耕地数量减少、质量总体下降的趋势未得到根本性转变。

（二）新型农业经营主体没有发挥应有作用

以种养大户、家庭农场、农民专业合作社、龙头企业为主的新型农业经营主体是构建现代农业经营体系的根本。但新型农业经营主体特别是农民专业合作社、龙头企业在发展农村经济、带动农民增收、提升农业产业化水平方面没有发挥应有作用。

1. 合作社组织带动农民能力不强

湖北农民专业合作社虽然数量多且增长快，但发展质量仍有待提高，一些应政策而生的农民专业合作社并没有发挥应有的作用，"空壳子""虚架子"的现象普遍存在。

多数农民专业合作社总体发展水平不高，经济实力不强，规模普遍偏小，辐射带动农民能力不强。目前，湖北农民专业合作社注册资本金较少，超过一半的出资额在100万元以下；成员较少，湖北省农民专业合作社平均成员只有不到14人，近七成的合作社成员在50人以下。农民专业合作社涉及的行业比较单一且比较低级，主要从事的行业大多数集中在蔬菜、瓜果种植、种苗培育、肉牛羊、生猪饲养和信息服务、技术咨询及初级产品包装、销售等领域，而真正能进行精深加工、能提高农产品附加值的很少。

农民专业合作社内部运行机制仍然还存在管理机构不健全、制度不完善等问题：有的农民专业合作社社员代表大会、监事会机构不健全或流于形式，在日常管理中没有发挥作用；不少农民专业合作社与成员利益关系连接不紧，没有形成稳定的返利机制，成员享受不到盈余返还。

同时，农民专业合作社中经营管理人才匮乏，真正懂技术、善经营、会管理的优秀带头人很少；了解农民专业合作社相关专业知识，具有"利益共享，风险共担"意识的农民社员也很少。

2. 龙头企业与农户利益联结机制不健全

自湖北实施"四个一批"工程以来，农业产业化水平得到了明显提升，规模以上农产品加工企业超过5000家，其中过亿元的就有2670家。近几年，农产品加工业主营业务收入连续在全国排名保持前5位，成为湖北省内第一大产业。但与此同时，农业企业特别是农业产业化龙头企业与农民专业合作社、农民之间的利益联结机制不健全。

湖北对新型农业经营主体的项目支持力度很大。近年来，多家农业产业化龙头企业从政府的项目支持中已累计获得资金超过亿元。大型农业龙头企业在项目信息来源、经济实力、人员素质等方面占有优势，相比农民专业合作社和家庭农场来说，更容易获得项目支持。而且，大型农业龙头企业往往一次性获得的支持资金也较多，有的项目资金额度高达几千万元，甚至是得到多部门扶持。但与此同时，龙头企业将项目资金主要用来自身生产经营能力的建设和发展，在带动农民增收和提升农业整体效益方面能力较弱，甚至被忽视。这其中也不乏一些重点农业产业化龙头企业打着"项目带动农民增收"的幌子，套取国家项目资金。

从湖北全省来看，带动农民、农业、农村发展的农业企业不多。企业与农民之间的利益联结松散，合作方式简单，大多采取订单式农业、流转承包地，真正采取股份制或股份合作制将农民的利益与企业利益紧密联结在一起的，所占比例极少。一般的情况是，农民将自己的土地流转给企业，每年得到固定的土地流转费，或是在企业打工获得务工收入，想要在企业生产经营利润中分到一杯羹，恐怕很难。

（三）农村社会化服务支撑不够

在农村全面建成小康社会时期，传统农业向现代农业转变过程中亟须完善的农村社会化服务体系作支撑。然而，湖北农村社会化服务水平仍然较低，服务质量仍然不高，还不能有效满足农村全方位、多层次的服务需求，并与现实形成了一定反差，突出表现在：社会化服务水平与农民客观需求存在现实反差、服务体系部门化与公共服务职能弱化存在现实反差、服务主体可利用资源丰富与服务手段落后存在现实反差和农业市场化进程加快与服务主体发育缓慢存在现实反差四个方面[①]。湖北通过乡镇综合配套改革和推行"以钱养事"机制，农村社会化服务取得了一定成效，但也存在工作经费紧张、服务人员短缺、服务手段落后等诸多问题。

1. 服务机构经费不足

湖北在推行"以钱养事"改革过程中，对乡镇农技服务（含水产、农机）、畜牧兽医、文化事业等方面的服务经费直接下到乡镇，由最初的每个农业人口5元的标准提高到了15元。2006—2011年，"以钱养事"资金平均每年增长速度为25.35%。虽然湖北用于农村社会化服务的财政投入不断增加，但是在资金的实际安排中，由于多级转拨，资金较多用

---

① 丛正、金娟、满海红：《我国农业社会化服务体系建设的现实问题与对策研究》，《甘肃农业》2011年第3期。

于上级单位机构的办公经费,而真正用于基层服务的资金层层减少。再加上涉及农村社会化服务部门数量多、投资渠道多,各部门的资金性质有别、用途和目标各异,导致农村社会化服务项目资金没有形成合力,难以发挥资金统筹效益。这些都造成了宏观上用于农村社会化服务的财政投入不断增加,但同时微观层面的农村社会化服务组织经费不足。

2. 服务人员匮乏

湖北乡镇综合配套改革中,撤销了原有乡镇政府的"七站八所",实现了人员精减,降低了财政负担。以农技人员为例,湖北省基层农技人员与改革前相比减少近70%。然而在人员包袱减轻的同时不仅没有使得服务效率大幅提高,反而出现服务人员极度匮乏的局面。

一是基层服务工作量大,而工作人员较少,一人肩负多职,导致服务跟不上需求,质量得不到保证。湖北普遍存在一个乡镇仅有1—3名农业生产服务人员,这与发达国家相比存在很大差距。美国从事农业服务的人员与农业生产人员的比为9∶1,日本从事服务的人员超过直接从事生产的劳动力。二是人员年龄、知识、技能老化严重。绝大部分农村社会化服务体系工作人员出生于20世纪五六十年代,出生于70年代的占极少数,几乎没有出生于80年代的服务人员。近年来,全省县级以下农技系统几乎没有新引进人员,社会化服务队伍年龄断层、老龄化现象十分严重。三是基层服务人员引进难、留人难。"以钱养事"服务人员年收入为2万元左右,医疗、养老等社会保障水平不高,基层服务人员比较收益显著偏低,导致人才引进难,即使引进来了也难留住。

3. 服务手段落后

大部分地区现有农村工作人员在开展各类服务项目的过程中,服务手段还十分落后,仍然使用的是传统服务手段,现代信息技术在推进农村信息化过程中的优势作用还未完全发挥出来。虽然大部分乡镇建立了农业综合服务中心,配备了电脑、远程教育视频设备等,但是大多数工作人员由于年龄和知识双重老化,不会使用这些信息设备和工具,仍然是沿用传统形式的服务手段和方式,如到农户家庭发放宣传手册,到农田间口头讲解技术。从农村商品流通领域来看,农村电子商务发展还较慢。在农产品的销售及农业生产资料、日用品的购买过程中,没有充分发挥农村电子商务平台的优势,相关工作人员在这方面缺乏足够的经验,在指导农民电商销售方面也存在一定难度。

第三节 问题突出的农村社会环境

当前农村社会正处于加速转型期,农村传统文化逐渐消失、基层社会治理松散、农村"三留守"等各种社会矛盾和社会问题突出,农村社会环境亟须全面改善。

一 农村文化发展环境问题

农村文化是社会主义文化事业的重要组成部分,也是农村全面建成小康社会的重要组成部分之一。当前,中国农村文化建设还远远落后于城市文化建设,远远不能满足农民的精神文化需求[①]。与农村经济相比,农村文化建设显得更为薄弱,农村传统优秀文化逐渐被淡化或遗忘。

(一)农村文化价值观取向亟须正确引领

改革开放以来,传统的乡土中国发生了急剧的社会转型,伴随着工业化、城市化发展,农村文化逐渐被边缘化,农民群众没有得到现代文明价值的指引,加上受各种外来思想的侵蚀、文化正能量的缺乏,农民陷入思想混乱、精神无所寄托的境地,出现了空壳危机和精神衰退,直接影响了农民的生产生活质量,危害农村的长期和谐稳定[②]。

一是农村内部封建传统思想观念仍有残留。受传统历史和地域的影响,部分农村地区家庭文化依旧活跃,家庭伦理观念依旧浓厚,以家庭制、家庭纽带关系及衍生出的排他性等观念影响农村基层民主法制进程。农民受封建传统思想的影响更是根深蒂固,农民的生活方式、思想观念、行为习惯、文化水平等相对落后,导致思想保守、安于现状的传统小农思想仍然存在。特别是在市场经济快速发展的当今,传统的小农经济严重阻碍了农村经济社会发展,农民安于自给自足的现状,守着自己的

---

① 马玉姣:《全面建成小康社会进程中我国农村文化建设面临的问题及对策》,《商》2016年第12期。
② 王金瀛:《我国农村小康文化建设研究》,硕士学位论文,山东理工大学,2004年,第24页。

"一亩三分地"，缺乏远大开阔的视野与不断创新的意识。

二是外来负面文化侵蚀农村。有些农村地区，由于农民文化程度不高，对外来的一些负面腐朽文化缺乏辨别力和抵制力，在农村文化市场上，低俗文化潜滋暗长，一些低级趣味的"文化垃圾"充斥泛滥。又有些农村地区，农民对新形势下享乐主义、奢靡之风、个人主义、拜金主义等文化意识盲目追从，出现了或是失地农民将征地拆迁费用于赌博、买地下彩票挥霍一空，或是贫困户"等、靠、要"思想严重，不愿积极主动脱贫等现象。

（二）农村文化经济支撑薄弱

经济基础决定上层建筑，没有必要的经济基础作为支撑，农村文化不可能发展得好。农村文化发展的关键问题是资金问题，难点也是资金问题。

农村文化建设经费不足，落实不到位。长期以来，政府对文化事业的投入较多地流向了城市，对农村公共文化建设事业的投入比例低。2016年湖北人均公共文化财政支出138.4元，较2015年出现了下降的情况，而作为边缘化的农村用于公共文化建设的财政投入减少更为明显。投入农村文化建设中的经费除去用于发放工作人员工资等维持机构日常运转外，剩余能用于农村基层文化建设的部分很少。农村文化事业及活动基本靠自筹等方式解决，没有足够的资金用于建设农村文化基础设施、举办农村文化教育活动等，甚至出现有些地区投入农村文化建设中的经费被调用、挪用、挤占，落实不到位。

农村文化领域消费水平不高。根据马斯洛需求层次理论，低收入农民家庭如果日常基本生活需求难以满足，那么几乎不可能去考虑文化消费。然而，即使有足够消费能力的农民家庭，他们更多的是注重物质生活方面的消费，而对文化领域的消费需求意愿并不强烈，不注重文化消费。1978—1986年，湖北农村居民文教娱乐消费支出占比不超过3%。虽然近十年农民家庭用于文化、教育、娱乐方面的服务性支出占生活消费支出的比重有了明显提高，保持在10%左右，但相比城市而言还存在着较大的差距。

（三）农村文化服务流于形式

随着社会向信息化、知识化、大众化方向发展，农民群众在接受农村文化服务的途径、手段等方面出现了新的变化。然而，农村基层文化机构在提供文化服务时仍局限于传统载体和服务形式，导致服务流于形式，实际效果不好。

湖北省农家书屋工程于 2007 年开始试点建设，早在 2011 年就建成农家书屋 28140 个，基本实现行政村或农村村级的全覆盖。但是，在许多村级农家书屋里书刊内容陈旧、更新慢，有的报架上仍挂着多年前的报纸；书刊内容缺乏针对性，缺少农业生产技术、农产品市场信息等与农民生产生活息息相关的书刊；村干部也没有进行相应的宣传，甚至有不少的村民还不清楚有农家书屋。这些问题都导致平时借阅书籍的村民少，书籍无人翻看，农家书屋成了摆设。

湖北省通过送电影下乡活动播放与农民生活、生产相关的农业生产、用电安全、交通安全、计划生育等科教影片。但由于电视、电脑、手机的普及，农民在家中就可以方便地收看自己喜欢的电影节目，送电影下乡活动意义不大。很多农民不愿露天观看电影，即使部分村民来了，当电影放映还未结束，他们早已散场，最后只剩下放映员和村干部两三个人。

二　农村基层社会治理问题

改革开放以来，中国乡村社会在人口流动、生产生活方式、社会结构、法治意识等方面发生了广泛而深刻的变革。农村"空心化"现象突出，部分农村传统村落的凋敝和消失，外出务工及农村人口城镇化导致开放流动的农村与相对稳固的村民自治制度之间不协调，乡村社会治理面临前所未有的考验。

（一）农村基层组织功能弱化

随着城乡利益格局、农村社会结构和农民思想观念的深刻变化，作为农村基层组织的村党支部、村委会的组织功能不断弱化，这也产生了农村民主选举、民主决策、民主管理、民主监督等方面的系列问题，严重影响了村民自治和农村民主政治建设进程。基层党组织和农村干部应该是推进农村全面建成小康社会的中坚力量，但有的农村基层组织形同虚设，处于"停摆"状态。一方面，虽然村干部处理的事情繁杂，但每年收入少，由于不属于国家公务员编制，经济上和政治上都得不到保障，没有人愿意当村干部；有的村干部综合素质不高，仅凭经验和主观臆断开展工作，缺乏带领农民群众创业致富的能力，缺乏工作主动性和创新性；有的农村"两委"班子不和，缺乏应有的觉悟和配合，各行其是，甚至相互拆台，发展受制约①。另一方面，部分群众对党组织的离心倾向加剧，村民对村委、村干部的不信任，对党的政策不能正确理解，甚至产生怀疑的心理，群众越级上访告状、干群矛盾引起冲突等现象时有发生，有的还出现了聚众闹事事件，等等。

（二）农村法制建设滞后

与城市相比，由于农村地理区域范围广，人口居住分散，偏僻山区交通不便、信息闭塞等原因，导致农村普法效果不佳，普法宣传的次数和质量明显不足，农村法治建设相对滞后。主要表现为三个方面：一是农民受传统观念影响，重礼俗轻法律，习惯于按老旧观念参与社会生活、评判他人与社会、解决纠纷及维护自身权益，自身法治意识淡漠。二是由于农民民主素质水平相对较低，民主义务观念缺失，在主张行使自己应有的权利时，表达诉求、参与治理的行为往往过激，容易产生情绪化，加之内部宗族宗派、外部网络舆论等因素影响，容易酿成农村社会事件。三是农村法治的需求与供给存在脱节，当前农村法治需求较多，如经济发展领域涉及的环境保护、劳资纠纷；重大项目建设涉及的政策管理、土地征用、拆迁安置；社会管理中涉及的"黄赌毒"问题；信访案件中涉及的部分群众信访不信法、逢死必闹问题等。由于农村司法资源较少，能够提供法律服务的政府部门不足，农村法治有效供给不到位。

（三）农村宗教渗透需警惕

随着宗教信仰自由政策的恢复，先前被迫放弃宗教信仰的农民群众，重新开始了宗教生活，农村的宗教信徒人数增长。这其中的原因包括三个方面：一是农村社会结构的深刻变化，农民的传统心理、思维方式和行为习惯受到挑战和冲击，农民投向宗教以求心理慰藉；二是农村地区精神文明建设相对滞后，文化基础设施缺乏，农民群众精神文化生活单调，宗教活动能满足农村的精神文化需要；三是农村基层组织软弱涣散，不能给在

---

① 尹广泰：《农村全面建成小康社会需要进一步解决的问题简析》，《毛泽东邓小平理论研究》2015年第7期。

生产生活中遭遇困难的农民以有效的排解与保障，农民更多地到宗教组织寻求安全感和归属感①。从全国基督教的发展情况来看，1978年中国的基督教信教群众约为200万，1990年为500万，1996年增加到1000万，到了2010年，已增加到2305万，甚至有人估计约为7000万。这些宗教信徒中80%以上为农民群众②。宗教信仰人数的增加，产生了一系列新的问题，如信教群众与不信教群众之间以及信仰不同教派群众之间的矛盾，影响到地区稳定、家庭和睦，造成农村基层组织功能进一步减弱。

非法宗教活动和擅自设立宗教场所现象严重。一些农村地区"学堂变教堂"，将"撤点并校"中原有的中小学校改成基督教堂。一些所谓的传道者公开或秘密地在宗教场所之外传教，非法组织聚会，发展教徒。有的宗教势力强大的农村，教职人员非法干预基层行政、司法、学校教育。部分农村乱建庙宇、乱塑宗教造像和乱设聚会点现象严重，农民群众热衷于筹资修建庙宇、教堂。

部分农村地区存在封建迷信和邪教活动猖獗的现象。马克思说过，小农经济使人的头脑局限在极小的范围内，成为迷信的驯服工具，成为传统规则的奴隶。由于农民整体的受教育程度相对较低，科学文化素质不高，难以区分正常的宗教活动和封建迷信，他们常常无限扩大宗教和封建迷信的现实功能。一些传统的迷信活动，打着宗教的幌子而死灰复燃。一些邪教组织也打着宗教的旗号，在农村非法活动频繁，他们大多通过神化教主，宣扬邪说来蛊惑、蒙骗他人，发展、控制成员。宗教活动趁机渗透，农民容易受到社会意识形态和文化价值观领域的控制，更有些村民听信于非法宗教的说教与劝导，害人害己，进而影响到农村社会的稳定。

三 农村"三留守"问题

随着中国新型城镇化的加快推进，大量的农村富余劳动力长期外出

---

① 宋成斌、王志勇：《全面建成小康社会进程中的农村宗教问题》，《辽宁行政学院学报》2013年第10期。

② 中国统一战线理论研究会：《当代中国民族宗教问题研究》（第3集），甘肃民族出版社2008年版，第151页。

务工经商，在农村生产生活的主要是以"留守妇女""留守儿童""留守老人"为主的农村"三留守"群体，且人口数量有不断上升的趋势。据有关资料统计，中国留守儿童在6100万人以上，留守妇女约4700万人，留守老人约5000万人。农村"三留守"作为新型城镇化背景下农村产生的一个新的社会群体，因年龄、体力、抵抗力、判断力和生存需求、生理需求、社会地位、价值观念等方面的特殊性，长期独自生活得不到社会关注，容易产生一些社会问题。尤其是近年来农村留守儿童的违法犯罪率、受侵害率逐年上升；农村妇女离婚案件、受侵害案件数量逐年增多；农村老人养老已经上升为社会问题等。这些问题如若不予解决，势必影响农村社会稳定①。

（一）留守儿童

农村留守儿童是指父母双方外出务工或一方外出务工另一方无监护能力、年龄未满16周岁的未成年人。根据《中国2010年第六次人口普查资料》样本数据推算，全国农村留守儿童占全部农村儿童之比达到37.7%，且总体规模仍在扩大。从年龄结构来看，0—5岁的学龄前农村留守儿童规模快速增长，义务教育阶段留守儿童数量减少，大龄留守儿童规模明显收缩。学龄前农村留守儿童达2342万人，占农村留守儿童的比例达到38.37%，比2005年的学龄前农村留守儿童增加了757万人，增幅达47.73%。

农村留守儿童与父母长期分离，缺乏必要的亲情关爱，加上社会对他们关注度不够，缺乏应有的引导，导致他们在心理和生理方面出现各种问题。留守儿童身心健康隐患突出，表现为心理有障碍，存在轻微的心理健康问题，沉默寡言、不爱交流，同时还存在学习有困难、容易遭受意外伤害甚至不法侵害等问题。留守儿童问题不仅关系到留守儿童的健康成长，更是关乎农村国民素质，关乎社会繁荣稳定②。

（二）留守妇女

农村留守妇女承受多重压力。一是劳动压力大。大部分留守妇女需

---

① 竹山县司法局：《农村"三留守"法治宣传教育的理性思考》，2016年9月20日，湖北法治网（http://www.124.gov.cn/2016/0920/554441.shtml）。

② 潘晓路：《湖北省农村小学留守儿童教育管理研究——基于对班主任的调查》，硕士学位论文，华中农业大学，2013年。

要耕种田地，饲养家禽家畜补贴家用，遇到耕种农田、负重修房等重大体力农活需要与他人"换工"。二是家庭教育压力。留守妇女自身文化水平不高，在教育孩子方面，存在教育方法不当与对孩子期望值高的矛盾，对孩子心理教育、知识教育缺位。

根据湖北省妇联《湖北省农村留守妇女生存与发展现状》课题调查情况，湖北农村留守妇女群体达236.8万人，其中20—40岁的留守妇女占67.7%。60%以上的农村家庭长年处于丈夫在外打工、妻子留守在家的"离散状态"（见图4—3）。

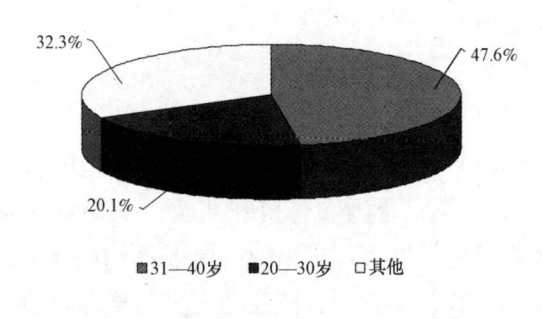

图4—3　湖北省农村留守妇女年龄结构

调查表明，农村妇女留守的原因与抚养子女直接相关，因子女而留守的妇女占比高达96.1%。但是，有三成的留守妇女表示没有时间、精力辅导孩子，近六成没有能力辅导孩子。这一方面是由于家务繁忙，另一方面是由于自身文化水平较低，调查中初中及以下文化程度的留守妇女占83.1%（见图4—4）。

相对非留守家庭，留守妇女独自在家，既要承担繁重的家务和农活、照顾老人孩子，还容易被他人骚扰，其身体、精神都面临很大困扰。调查显示，1.9%的留守妇女遭遇过被抢，12.8%家中被盗，8.7%被骗，10.8%被打骂，6.9%被骚扰。

（三）留守老人

农村老人在经济供养、日常生活照料、精神生活和健康状况等方面存在很多问题，而留守老人所面临的问题更为严峻。比如，生活条件差，大部分留守老人长年从事种植、养殖，劳动强度较大，主要食物是自己种植的粮食、蔬菜；又如抚养负担重，大多数留守老人要照顾孙子女、外孙子女，有的甚至要照顾3—4人。

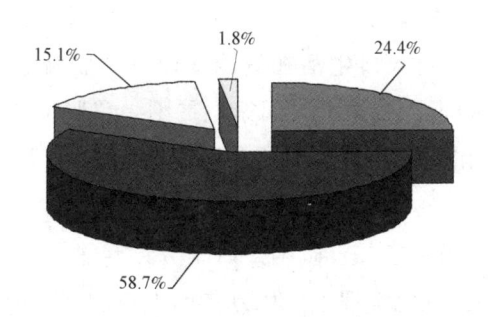

图4—4　湖北省农村留守妇女文化程度

子女外出务工，代际空间距离的拉大，必然会导致农村留守老人在养老方面子女角色的缺位，给留守老人的晚年养老带来诸多问题。根据2011年费映映对湖北荆门市某地农村留守老人的调查发现，农村留守老人的养老处于较低水平，主要体现在物质生活水平较低、生活照料缺乏、生活压力较大、精神生活较为匮乏；农村当地主要的养老模式为自我养老与家庭养老；由于青壮年外出打工，家庭养老物质资源的不足，传统家庭养老观念的制约，孝文化的削弱等因素的影响，传统的家庭养老不足以解决留守老人的养老问题；农村的社区与社会养老发展滞后，不利于老年人的晚年生活。

第四节　任务繁重的农村扶贫工作

改革开放以来，中国一直高度重视扶贫开发，按照农民人均纯收入2300元/年的扶贫标准（2010年价格）计算，农村贫困人口从1978年的7.7亿人减少到2017年的0.3亿人，减少了7.4亿人，成就了世界减贫史上的"中国奇迹"。中国社会科学院和国务院扶贫办联合发布了《中国扶贫开发报告2016》，按照世界银行2011年购买力平价1.9美元/天的贫困标准，1981—2012年中国贫困人口减少数量占到同期全球减少全部贫困人口的 71.82%。

国际经验表明,当一个国家的贫困发生率比例在 10% 以下时,脱贫攻坚就会进入"最艰难阶段"。2012 年,中国这一比例为 10.2%,全国仍有 9899 万农村人口生活在贫困线以下,脱贫成本越来越高、难度越来越大。党的十八大以来,国家把贫困人口脱贫作为全面建成小康社会的底线任务和硬性指标,并提出了"精准扶贫"的重要决策部署和战略思想。

虽然湖北扶贫开发工作和贫困人口脱贫致富建设取得了明显的成效,截至 2017 年年底,湖北实现了 450 万贫困人口脱贫,但整体来看,湖北农村扶贫任务还较繁重。下面结合 2014 年湖北扶贫开发建档立卡数据,从以下几个方面进行具体说明。

一 贫困呈现人多、面广、程度深等特征

湖北省以"精准扶贫、不落一人"为总要求,并提出了"建档立卡扶贫对象稳定脱贫、贫困村全部出列、贫困县全部'摘帽'"的总体目标。要完成这一目标的难度较大,因为湖北贫困人口呈现数量多、分布广、贫困程度深的特征。

(一) 贫困人口多,贫困发生率高

湖北全省建档立卡贫困户 191.5 万户,共计 580.7 万人,户均 3.03 人。从全国范围来看,湖北贫困户及贫困人口总量位列第七;从中部地区来看,湖北贫困人口处于第三位,少于河南(694.43 万人)和湖南(666.94 万人)(见表 4—6)。

表 4—6　　　　　全国建档立卡贫困人口总量前十位省份　　　(单位:万人)

省份	人数	位次
贵州	746.31	1
云南	700.32	2
河南	694.43	3
湖南	666.94	4

续表

省份	人数	位次
广西	634.05	5
四川	624.76	6
湖北	580.77	7
甘肃	551.88	8
河北	496.49	9
安徽	475.81	10

从贫困发生率来看，湖北居全国高贫困发生率省份第一方阵，扶贫开发任务重，超过全国及中部六省平均水平。2012年，湖北贫困人口占乡村人口比重高达14.71%，比全国平均水平高4.5个百分点。在全国10个高贫困发生率省份中，湖北处于全国第九位、中部地区第一位，贫困发生率比湖北高的省份均为西部省份（见图4—5）。

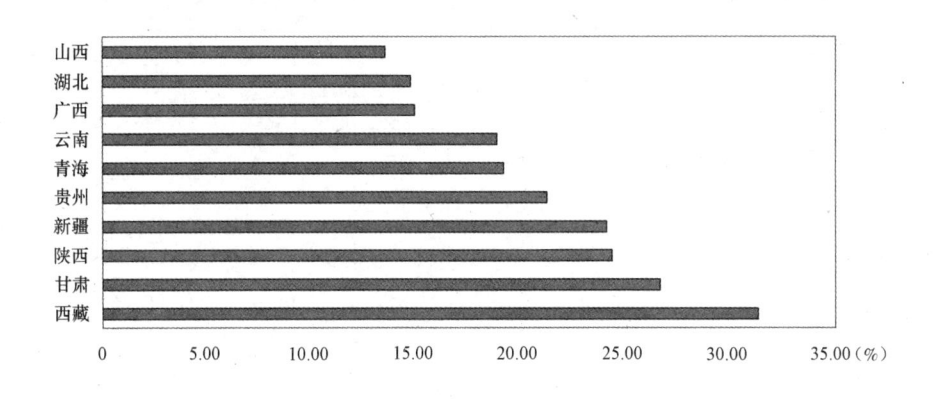

图4—5　2012年全国贫困发生率前十位省份

（二）贫困分布广，呈明显的地理特征

湖北贫困人口分布广，建档立卡共识别认定贫困村4821个，分布在全省88个县市区。其中，武陵山、秦巴山、幕阜山、大别山四大贫困片区范围的县市31个，共计2442个村，占全省贫困村的50.7%；平原地区插花贫困县市57个，共计2379个村，占全省贫困村的49.3%。

结合地理情况来看，湖北贫困人口分布呈现明显的地理特征，即贫困发生率随着地势走高而增加:山区高,平原地区相对较低,东西部高,中部相对较低。湖北省17个地市州,2014年贫困发生率由高到低依次排序为神农架、十堰、恩施、黄冈、咸宁、宜昌、襄阳、荆门、荆州、随州、黄石、潜江、孝感、鄂州、仙桃、天门、武汉。从2016年贫困发生率来看,除潜江、鄂州和神农架(贫困人口总量小)外,其他地区贫困人口分布仍然具有上述地理特征(见表4—7)。

表4—7　　　　　　　　湖北省贫困人口分布

地区	2014年		2016年	
	贫困人口数（万人）	贫困发生率（%）	贫困人口数（万人）	贫困发生率（%）
神农架林区	1.68	35.45	0.35	6.85
十堰市	82.14	33.46	49.30	22.03
恩施州	108.08	31.34	52.45	14.86
黄冈市	102.80	17.75	49.83	8.24
咸宁市	38.30	17.64	17.84	8.15
宜昌市	44.31	17.59	22.61	8.51
襄阳市	37.61	11.61	15.72	5.13
荆门市	21.93	11.49	8.92	4.1
荆州市	41.05	9.58	15.69	3.16
随州市	18.48	9.37	10.59	5.1
黄石市	13.25	9.09	6.46	4.59
潜江市	6.41	9.02	4.18	8.03
孝感市	33.83	8.24	20.28	5.2
鄂州市	5.98	7.77	3.59	8.1
仙桃市	8.10	7.05	4.70	4.13
天门市	7.85	6.15	4.94	4.18
武汉市	8.88	4.05	5.90	2.2

(三) 贫困程度深，多因素制约贫困户发展

湖北建档立卡贫困户中扶贫户和扶贫低保户占 81.7%，这两类贫困群体是精准扶贫的主要对象。由于多因素致贫与多维贫困特征相互影响，造成农村贫困程度深。

一是贫困人口劳动素质不高。整体来看，湖北贫困人口老龄化、丧失劳动力或无劳动力的比例超过全国平均水平。从年均结构来看，60 岁以上的贫困人口占 27.5%，比 18 岁以下贫困人口高 20.7 个百分点；从文化程度来看，文盲半文盲贫困人口占 14.3%，比高中及以上贫困人口高 5.2 个百分点；从劳动能力来看，丧失劳动力和无劳动力人口达 266.7 万人，占 45.9%，而拥有劳动技能的贫困人口只有 3.9 万人。由于贫困人口受教育程度低且老龄化问题比较突出，影响了劳动力素质，制约了贫困户的发展，依靠农业生产经营的贫困户有 455.5 万人，占 78.4%，仅有 21.6% 的贫困劳动力在外务工。

二是多因素直接制约了贫困户的发展。湖北贫困户致贫原因排在前五位的分别为因病致贫占 64.1%、因缺资金致贫占 26.4%、因缺技术致贫占 18.6%、因缺劳力致贫占 14.7% 和因残致贫占 10.3%。湖北"因病致贫""因残致贫"比例分别高出全国 19.9 个百分点和 3.9 个百分点。全省贫困人口患有重大疾病、长期慢性病和残疾人口共占贫困人口总量的 32.4%，贫困人口家庭医疗支出较高（见图 4—6）。

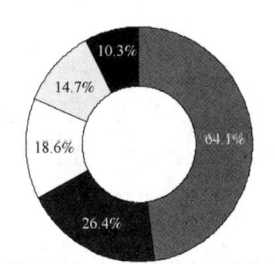

图 4—6　湖北省贫困户的主要致贫原因

注：由于致贫原因是多项选择，因此各类致贫原因占比总和大于 1。

三是贫困户呈现出较明显的多维贫困特征。湖北省贫困户存在的问

题主要集中在无卫生厕所，占 68.4%；饮水困难，占 34.8%；无安全饮水，占 32.8%；住危房，占 30.1%；未通广播电视，占 21.0% 五个主要方面。其中，无卫生厕所的比例最高，大大超过全国平均水平，这在一定程度上与全省高比例的因病致贫现象存在一定的关联性（见图4—7）。

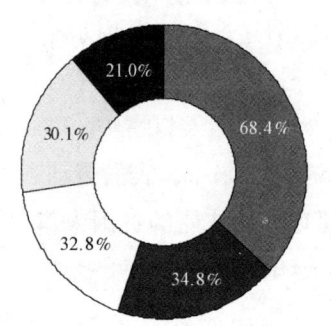

图4—7 湖北省贫困户存在的主要问题

注：由于存在的问题是多项选择，因此各类问题占比之和大于1。

二 贫困村生产生活条件差

湖北省贫困村土地资源、基础设施、产业发展及社会民生方面存在着"乏、差、弱、低"等问题，生产生活条件与经济社会发展要求仍不适应，亟待改善。

（一）土地资源明显匮乏

贫困村土地资源匮乏，地少质差、资源不足的矛盾比较突出，严重制约了贫困农户的脱贫与发展。湖北贫困户拥有耕地673万亩，其中有效灌溉耕地面积274.4万亩，人均分别为1.16亩和0.47亩，比全国平均水平分别少0.34亩和0.03亩。191.5万贫困户拥有林地面积1739.1万亩，其中林果面积55.8万亩，人均分别为3亩和0.1亩；拥有水域面积10.3万亩，人均0.02亩（见表4—8）。

表4—8　　　　　　　　湖北省贫困户拥有土地资源情况

类型	总面积（万亩）	人均面积（亩）
耕地	673	1.16
其中，有效灌溉耕地	274.4	0.47
林地	1739.1	3
其中，林果地	55.8	0.1
水域	10.3	0.02

（二）基础设施状况较差

全省贫困村的基础设施状况较差，用水、用电、住房困难问题比较突出。用水方面，全省贫困村中有26.6%的农户未实现饮水安全，19.4%的农户饮水困难；用电方面，有229个自然村仍未通电，3725个自然村的生产用电问题未得到解决；住房方面，住危房户占农户总数的比例为10.4%。而在武陵山、大别山、秦巴山、幕阜山四大贫困片区的贫困村中这些问题更加严重，秦巴山片区未实现饮水安全户、饮水困难户、未通生活用电户、住危房户比例均居四大片区之首；武陵山片区和大别山片区未通生活、生产用电自然村个数占全省绝大部分。

（三）产业发展内生动力较弱

贫困村特色产业规模小、市场竞争能力弱、乡村旅游及生态等资源利用程度低，产业发展内生动力不足。一是产业扶贫组织化程度低，利益联接机制较难形成，抱团发展能力弱。在湖北全省贫困村中，建立了特色产业专业合作社和参加合作社的贫困户分别为2918个、40598户，平均每个村只有0.61个和8.42户。二是小额信贷贫困户受益面较小，针对贫困户的小额信贷资金扶持政策发挥不够充分。从小额信贷实施情况来看，2014年全省贫困村获得扶贫小额信贷批复的农户只有17587户，仅占贫困户的0.92%，而当年实际得到贷款的农户仅有6464户，也只占获得贷款批复农户的36.8%。三是贫困山区拥有较好的生态旅游资源优势，但利用程度不高，从业人员较少。贫困村从事乡村旅游或经营农家乐的农户共有5226户，乡村旅游从业人员7503人，平均每村分别只有1.08户和1.55人。四是全省贫困村集体经济明显薄弱。2013年贫困村级集体经济收入总量仅为6831万元，每村平均1.42万元。

（四）社会民生水平较低

湖北在贫困地区的教育、医疗、社会保障、扶贫搬迁等社会民生领域投入了大量资金，但整体来看贫困村的社会民生水平仍然较低。一是贫困村"两后生"基数大，以职业教育培训为重点的"雨露计划"覆盖面较窄。全省贫困村获得"雨露计划"扶持的共计23104人，占16.9%。二是贫困村参加新型农村合作医疗和城乡居民基本养老保险人数的人数分别为615.1万人和287.2万人，覆盖率远低于全省平均水平，分别只有86.9%、40.6%。三是扶贫搬迁有待加强，从2013年实施情况来看，贫困村当年扶贫搬迁13200户，还有43639户贫困户需要搬迁。

三 四大片区是重中之重、难中之难

湖北大别山、武陵山、秦巴山、幕阜山四大连片特困地区（简称"四大片区"）辖31个县市，国土面积8.5万平方公里，占全省总面积的45.72%。四大片区地处海拔较高的山区，自然环境较差，资源较为贫乏，区位交通较为落后，老、少、边、穷地区较多，是脱贫攻坚的重中之重、难中之难。

（一）贫困程度更深

四大片区贫困发生率为26.3%，比全省贫困发生率的14.7%高出11.6个百分点，贫困程度更深。四大片区共有贫困村2442个，占片区行政村总数的25.5%。从全省贫困分布来看，虽然四大片区的贫困村总数只占全省的一半，但贫困户112.45万户、贫困人口354.2万人均占全省约六成，分别为58.7%、61%。此外，少数民族人口73.67万人，占片区贫困人口的20.8%。

从农民年人均纯收入来看，2013年四大片区农民年人均纯收入只有5872元，仅占当年全省农民年人均纯收入的66.22%。从贫困户年人均纯收入的分组数据来看，四大片区人均纯收入绝大部分在1500—2500元，共有83.1万户，占四大片区贫困户总数的73.9%，占全省人均纯收入1500—2500元贫困户总数的59.7%；超过当年贫困标准线的只有0.15万户，占四大片区贫困户总数的0.1%（见表4—9）。

表4—9   2013年湖北省四大片区贫困户年均纯收入分组构成情况

收入分组	户数（万户）	占片区贫困户比例（%）	占全省同组贫困户比例（%）
1500元以下	2	1.8	54.8
1500—2500元	83.1	73.9	59.7
2500—2736元	27.2	24.2	56
2736元以上	0.15	0.1	—
合计	112.45	100	—

（二）经济发展更落后

四大片区县域经济综合实力较弱。2013年四大片区31个县市地区生产总值2683亿元，仅占湖北全省地区生产总值的10.9%，人均GDP仅为全省的38.4%。

地方公共财政收支赤字明显，达483.2亿元。地方公共财政预算收入182.4亿元，仅占全省地方公共财政预算收入的9.1%，地方公共财政预算支出665.6亿元，是地方财政预算收入的3.65倍。在地方公共财政预算支出中，用于扶贫的支出仅为32.4亿元，仅占支出总额的4.87%。

产业结构不合理，三次产业结构比为26.3∶37.4∶36.3。农业比重较高，高出全省13.5个百分点。第三产业特别是旅游发展不足，乡村旅游游客年接待量1322万人次，乡村旅游总收入仅约40亿元，乡村旅游业仍然处于起步阶段。

贫困村村级经济发展水平落后。四大片区村级集体经济总收入2729万元，每个村平均仅1.12万元，比全省贫困村平均水平低0.3万元。

（三）扶贫任务更重

四大片区在交通、饮水安全、电力、教育、卫生、文化等领域的基础设施建设还存在空白或缺失，扶贫任务更加繁重。

一是村级道路方面，武陵山片区有25.5%的行政村未通公路，幕阜山片区有44.1%的行政村未通客运班车。二是饮水安全方面，秦巴山片区未实现安全饮水的人口比例为71.6%，幕阜山片区农村学校没实现安全饮水的比例为70.0%。三是电力保障方面，秦巴山片区尚未通电的贫困村11个，大别山片区3个，武陵山片区1个，还有6.8%的行政村因电网改造尚未到位，其生产用电仍然困难。四是教育方面，四大片区学前教育、九年义务教育整体达到了国家水平，但有个别县市贫困地区教育水平仍有待提高。武陵山、秦巴山、幕阜山片区各有 2 个县学前三年教育平均入园率低于全国平均水平；武陵山片区有 2 个县、幕阜山片区有 1 个县九年义务教育阶段平均巩固率低于全国平均水平。五是卫生方面，31 个片区县仍有 9 个乡镇没有卫生院，1318 个行政村没有卫生室。六是文化建设方面，四大片区还有 25 个乡镇没有文化站，879 个行政村没有文化（图书）室，1044 个行政村、9461 个自然村没有通广播电视。

如上所述，虽然农业相对第二、第三产业比较效益低，农村社会环境差，农村扶贫任务重，这些是造成农村发展短腿的直接原因，但客观地讲，政府是否将"三农"重摆到了应有的位置，官员的发展观和政绩观是否科学合理，这也是值得我们思考的问题。目前以 GDP 为核心的政绩考核体系决定了地方官员的"理性选择"，他们往往在任期内选择优先发展容易出政绩、更快出政绩的产业，如工业、旅游业等第二、第三产业，而对农业不加重视，造成了农业发展更加缓慢，农村经济更加落后，直接影响到农村全面建成小康社会进程。

第 五 章

农村成为全面建成小康社会"短板"的外因分析及影响

在中华人民共和国成立初期，我国提出了"超英赶美"大跃进式的发展路线，大力实施优先发展工业特别是重工业的发展战略，从此走上了封闭式工业化道路。中国城乡二元结构的产生与其他发展中国家有着相同的原因，同大多数发展中国家走上工业化过程一样，也以牺牲农业积累作为发展工业的资金来源①。虽然为了保证工业化的发展，从农业中汲取剩余是必要的，但是中国在相当长的时间内由优先发展重工业变成片面发展重工业，国家投资和经济发展都向城市、工业倾斜，实施的是重工轻农、以农补工和重城市轻农村的政策，农村和农民长期以来不受到重视。这也是当前农村成为全面建成小康社会"短板"的历史原因、深层次原因、外部原因。

第一节 重工轻农发展战略取向

1931年，德国经济学家霍夫曼在《工业化的阶段和类型》中提出了霍夫曼定律，并根据霍夫曼系数对工业化阶段进行了划分。根据霍夫曼定律，工业化的发展程度是与重工业在整个工业所占的比重相关的，工业化发展水平越高的国家重工业比重越高。从这一角度来看，中华人民共和国成立初期，中国优先发展重工业的战略抉择在当时经济发展形势

---

① 白琳、白瑛：《我国城乡二元结构：演化、现状及协调路径选择》，《生产力研究》2007年第7期。

下是具有其合理性的。

重工业具有建设周期长、投资规模大的固有特征,在发展早期需要依靠先进的科学技术和大型机械装备做支撑,是典型资本高度密集型的产业。然而,当时全国处于"一穷二白"的状况,经济发展落后,并呈现出资金短缺且资金的价格(利率)高,经济剩余少且资金动员能力弱,外汇短缺且由市场决定的汇率水平高等特征。可见,发展重工业与当时中国的经济状况,特别是资金禀赋情况存在着明显的矛盾。然而资本是逐利性的,如果通过市场机制是难以实现重工业优先发展的。

为了解决这一难题,中国通过政府的行政力量来组织和配置社会经济资源,实行强制性工业化积累,高度集中的计划经济体制由此而生。在此过程中,政府通过政策指令压低资本、外汇、能源、原材料、农产品和劳动的价格,从而降低重工业发展成本和门槛。这种与重工业优先增长战略目标相适应的宏观政策取向机制的作用,其核心是全面排斥市场品的相对价格,人为扭曲生产要素和产品的相对价格[1],通过低利率、低汇率、低工资和低价能源、原材料等政策来支持国家工业化发展。与此同时,国家通过实行工商业的国有化、农业的集体化直至人民公社化,以及一系列剥夺企业自主权的微观经营机制,进一步强化对经济资源的集中计划配置和管理。

国家对重工业的支持力度加大,带来的直接后果是对农业的支持力度减少,造成农业农村经济发展缓慢,甚至是停滞或倒退。改革开放以前,国家对农业农村的财政投入原本就十分有限。1960 年国家为应对自然灾害,增加了对农业基础设施和农业生产的投入,总投入资金达到90.52 亿元,但此后两年支农资金又迅速减少。1964—1970 年,财政支农总量仍然呈现下降趋势,财政支农占财政总支出的比重从 17.01% 降到 7.61%。这一时期财政支农资金流向比较单一,主要用于兴修水利、支持农业机械化和救济农村贫困人口等[2]。

---

[1] 林毅夫、蔡昉、李周:《中国的奇迹:发展战略与经济改革(增订版)》,上海三联书店、上海人民出版社 1999 年,第 38—39 页。

[2] 马晓河、刘振中、郭军:《财政支农资金结构性改革的战略思路与对策》,《宏观经济研究》2016 年第 7 期。

一 农产品统购统销制度形成巨大的"剪刀差"

为了工业化积累资源,国家对农产品实行低价政策。然而农产品低价政策不仅压抑了农民进行农业生产的积极性,同时也降低了他们出售农产品的积极性。为了获得足够的粮食、棉花、油料等产品,用于城市居民的生活消费和加工企业的原料供应,国家开始逐步对棉纱、粮食、植物油料、棉布、棉花等主要农副产品实行统购派购的计划收购制度,同时对城镇和工矿区人口实行定量配给的计划供应。

国家从1951年1月起实行棉纱统购;1953年11月起实行粮食、植物油料统购;1954年9月起实行棉布、棉花统购;之后又把烤烟、麻类、生猪、茶叶、蚕茧、羊毛、牛皮等重要副食品和工业原料先后指定为派购产品。1955年8月,国家颁布的《农村粮食统购统销暂行办法》,对农副产品的定产、定购、定销办法作了具体的规定。1958年国家又颁布了农产品及其他商品分级管理办法,将农产品统购统销实行三级分类管理(详见表5—1)。

表5—1　　　　　　农产品统购统销分类管理

农产品类型	农产品范围界定	管理方法
第一类产品	关系国计民生和生产集中、消费分散的重要商品及外销的某些重要商品	中央集中管理
第二类产品	一部分生产集中、供应面广,或者生产分散需要保证重点地区供应,或者必须保证特殊需要的商品	中央差额调拨
第三类产品	上述两类商品以外的各种农副产品和食品等商品	地方自行管理,必要时由商业部组织交流

农产品统购统销制度的建立是国家计划经济体制下宏观配置资源制度的具体体现。国家通过在宏观层次上用行政管理市场机制,对农产品的指令性定价和指令性征购,农民被迫低价出售农产品,高价购买工业品。低价的农产品不仅为工业发展提供了廉价的原料,也降低了工业部门职工的生活成本。国家通过利用工农产品价格的"剪刀差"集中农民

的全部剩余劳动和部分必要劳动，大量农业剩余持续流向工业和城镇，农业资金和其他要素的投入严重匮乏。据有关学者的推算，在 1952—1985 年间，国家利用"剪刀差"从农业抽走了 6000 亿—8000 亿元的巨额资金用于支持工业发展。即使在 1985 年取消统购统销制度后，由于制度长期积累的影响，中国工农产品价格"剪刀差"并没有随之消失①。长期以来，中国工业产品价格的年增长幅度大于农副产品的年增长幅度。

二 户籍制度将农村剩余劳动力束缚在土地上

中华人民共和国成立后到改革开放的这段时期，中国的户籍制度经历了宽松—限制—禁止三个阶段。

1949—1955 年为宽松期。这一阶段的特点是人民居住和迁移自由，1949 年通过的《中国人民政治协商会议共同纲领》中规定"公民有居住、迁移自由"；1954 年中华人民共和国第一部宪法中规定中国公民"有居住和迁徙自由"。这一时期国家户籍制度宽松，居民自由迁徙，全国户口迁移达 7700 万人次。

1956—1957 年为限制期。由于羡慕城市人口能得到稳定的粮棉油供应，农民开始有了往城市流动的愿望②。从 1956 年开始，农村开展合作化，许多农民流入城市企业工作，但由于他们不是按照国家计划统一招收的而被称为"盲流"。为了保证农业、农村对工业、城镇的支持，防止农民进城给城市粮食等领域造成的压力，政府开始限制农村人口向城市的"盲流"。1956 年 12 月 30 日，国务院发出了《关于防止农村人口盲目外流的指示》，强调工厂、矿山、交通、建筑等部门不得从农村私自招工，并劝阻农民返回农村。1957 年国家又陆续发布相关文件，要求将农民遣返原籍，严格控制粮食部门给农民供应粮食等。

1958—1978 年为禁止期。由于此前国家连续几次发文制止农民进城的效果不明显，1958 年 1 月 9 日全国人民代表大会常务委员会通过了

---

① 曾万明：《我国统筹城乡经济发展的理论与实践》，博士学位论文，西南财经大学，2011 年，第 60 页。

② 国务院发展研究中心课题组：《制度先行：推进集体建设用地合理有序入市》，《中国经济时报》2014 年 2 月 13 日第 5 版。

《中华人民共和国户口登记条例》。条例除了详细规定公民应进行各项基本情况的户口登记外，其中第十条规定："公民由农村迁往城市，必须持有城市劳动部门的录用证明，学校的录取证明，或者城市户口登记机关的准予迁入证明，向常驻地户口登记机关申请办理迁出手续。"这一规定通过法律形式把限制农民流入城市的制度固定下来，也标志着中国城乡分隔壁垒的户籍制度正式形成。

中国户籍制度将中国公民身份"二元化"，分为"农业"和"非农业"两个鲜明的类别，身为"农业户口"的农民无法进城定居和工作，严格控制了城乡之间的人口流动。此后，城乡之间的劳动力市场基本上是处于隔绝的状态，农村劳动力只能从事边际劳动生产率接近零的农业生产劳动，大量隐性的农村剩余劳动力被束缚在有限的土地上和固定的区域内不能够自由流动。无论城乡居民都没有择业的自由，城乡经济在各自的封闭环境中运行，也没有市场机制的调节和激励，城乡二元结构进一步固化。

三　人民公社制度降低了农业生产效率

如果说通过建立主要农副产品统购统销制度来控制主要农产品的收购和供应，只是农村、农业剩余支持城市、工业发展的第一步，那么实现农业生产经营的人民公社化则是与宏观政策环境相配套的农村经济体制完全形成的第二步。人民公社制在意识形态上是为引导农民走集体化道路，但其现实功能却是为向农业索取资金以维持城市工业社会结构体系的形成与运作奠定组织基础[①]。

户籍制度控制了农民人身向城市转移，但为了确保在低价农产品统购派购的条件下农民仍然能把资源投入国家工业化所需要的农产品生产中，就需要做出一种强制性的制度安排，使国家能够以行政力量直接控制农业的生产，这种制度安排就是建立人民公社。

国家在实行主要农产品的统购统销政策之后，从 1953 年开始的农业集体化运动不断加速，并经历了农业互助组—初级农业社—高级农业合作社的过程，并在 1958 年建立人民公社体制。人民公社的领导为政府任

---

① 白琳、白瑛：《我国城乡二元结构：演化、现状及协调路径选择》，《生产力研究》2007年第 7 期。

命的干部，对政府负责。至此，在计划经济体制背景下，国家在农村建立了关于农业生产发展方式的微观经营机制。

1953年，参加农业生产互助组的农户约占全国农户的四成，虽然此后农业集体化有所发展，但直到1955年，农业生产互助组仍然是农业生产互助合作的主要形式，且农业集体化是自愿合作的形式，农民可以自愿退出。1958年推行经济建设的"大跃进"，农业集体化开始大规模扩张，并且由自愿性质逐步变化强制性规定。当年3月，中央在《关于把小型的农业合作社适当地合并为大社的意见》中指出："为了适应农业生产和文化革命的需要，在有条件的地方，把小型的农业合作社有计划地适当地合并为大型的合作社是必要的。"7月1日，在《全新的社会，全新的人》一文中第一次提出"人民公社"。8月，在《中共中央关于在农村建立人民公社问题的决议》中指出建立人民公社是"指导农民加速社会主义建设，提前建成社会主义并逐步过渡到共产主义所必须采取的基本方针"；9月初，《人民日报》公布了这一决议，全国迅速形成了人民公社化运动的热潮。几乎是在1958年8—11月这短短三个月的时间里，就实现了人民公社从诞生到全国范围的普遍建立。到1958年年底，全国拥有2.6万多个人民公社，参加公社的农户有1.2亿户，占全国总农户的99%以上。

虽然通过强制性的人民公社这种制度安排，国家实现了对农业生产、农产品消费和分配的控制。但与此同时，人民公社制度缺乏提高农民生产积极性的激励机制和监督机制，农民在集体中"吃大锅饭"，消极怠工和辛勤劳作都是一个样，加上农民不能自愿退出集体而自行生产，造成农业生产效率的下降是显而易见的。根据Wiens、唐宗明、文贯中、Hayami-Ruttan、邹至庄等学者们对1952—1988年中国农业总要素生产率指数（1952年=100）的测算发现：1952—1958年为自愿合作化时期，农业生产率整体小幅上升；人民公社制度建立后的1959—1978年为强制性集体化时期，总要素生产率急剧下降，且一直处于比1952年低20%—30%的水平；1979年以后人民公社的废除，特别是家庭联产承包责任制的建立，才使农业生产率呈现快速上升状态。

第二节　城乡二元结构的形成与演变

1953年，伯克（J. K. Boeke）在《二元社会的经济学和经济政策》中提出了"社会的二元结构"这一概念，"城乡二元结构"引起了各国专家学者们的广泛关注。美国经济学家刘易斯（William Arthur Lewis）被公认为是提出二元经济结构理论的创始人。他在1954年发表的《劳动力无限供给条件下的经济发展》中，首次提出了发展中国家二元经济结构模型。他认为发展中国家存在着资本主义部门（capital sector，或称现代部门）和维持生计部门（subsistence sector，或称传统部门）两个性质完全不同的经济部门，前者先进但弱小，后者落后但庞大，现代部门像一座孤岛被传统部门的"汪洋大海"所包围[1]。此后，刘易斯在《无限的劳动力：进一步说明》（1958年）和《再论二元经济》（1979年）等经典论文中进一步完善了其理论[2]。1961年，费景汉（John C. H. Fei）和拉尼斯（Gustav Ranis）在《经济发展的一种理论》一文中，对刘易斯的二元经济结构模型进行了补充和修正，形成了刘易斯—费景汉—拉尼斯二元经济结构理论[3]。之后，新古典主义学派在否定存在边际生产率为零的劳动力的基础上对二元经济结构理论的分析。乔根森、托达罗、梅因图什、笛克斯特等在劳动边际生产率为正的条件下，从城乡就业的角度分析了二元经济结构转化问题。戴尔·乔根森（D. W. Jogenson）于1967年在《过剩农业劳动力和两重经济发展》一文中提出了二元经济结构下的劳动力转移模型。基于城乡预期收入差异理论基础，托达罗和哈里斯于1970年发表《人口流动、失业和发展：两部门分析》这一论文，创立了托达罗人口流动模型。

国内学者在西方经典城乡二元结构理论的基础上，以中国的城乡关系作为重要的研究对象，从结构变迁、劳动力转移、资本积累、技术选

---

[1]　[美]阿瑟·刘易斯：《二元经济论》，北京经济学院出版社1989年版，第7页。
[2]　赵勇：《城乡良性互动战略》，商务印书馆2004年版，第22页。
[3]　Fei, C. H. and Ranis, G., "A Theory of Economic Development", *American Economic Review*, September, 1961.

择等不同角度研究探讨了二元经济结构的特征、表现形式,并提出了多种城乡二元经济结构理论框架。

一 改革开放以前二元结构的形成与危害

(一) 城乡二元结构的形成

发展中国家在现代化进程中,城市首先接受现代文明,农村仍然落后,由此形成了城乡二元结构[1]。中国是世界上最大的发展中国家,受中华人民共和国成立初期赶超发展战略和重工轻农发展战略影响,形成了明显的城乡二元结构现象。在中华人民共和国成立初期特定的历史条件下,中国面临着在"世界体系"中沦为附庸的危险,为摆脱这种境况,不得不走上一条封闭式工业化道路。在推行工业化的初期,为了实现赶超目标,中国集中资源推进工业化,试图在较短时期内建成现代化的工业体系。为服从和服务于这一战略意图,逐步建立起了城乡分割的二元体制[2]。虽然欧美、日本等西方发达国家在工业化初期也存在着城乡二元结构,但这些国家的二元经济结构主要是由于产业转移和产业升级所致。然而,中国城乡二元结构主要是由城乡二元体制造成的,并具有自己的特点,即内生于农业全面支持工业的赶超型发展战略和以户籍制度、人民公社、农产品统购统销为重点内容的计划经济体制,体现了强制性制度变迁的特征[3]。

在农产品统购统销制、户籍制度、人民公社三大制度建立后,国家又相继推出了与之相配套的一系列制度,如粮食供应制度、教育制度、就业制度、医疗制度、养老保险制度、住房制度等,这些制度中所规定的社会福利只有城镇居民才能享有,农民无法享受,城乡二元体制进一步拓展和强化。除了前面所述的工农产品交换价格"剪刀差"外,在基础设施建设方面,农村主要由集体经济组织和农民自己投工投劳;城市

---

[1] 肖冬莲:《中国二元社会结构形成的历史考察》,《中共党史研究》2005 年第 1 期。

[2] 蔡昉:《中国刘易斯拐点远未终结》,2010 年 9 月 3 日,新浪网 (http://finance.sina.com.cn/roll/20100903/01218595411.shtml)。

[3] 王彪:《城乡二元结构的打破与融合》,《探索》1996 年第 3 期;何家栋、喻希来:《城乡二元社会是怎样形成的》,《书屋》2003 年第 5 期;朱志萍:《城乡二元结构的制度变迁与城乡一体化》,《软科学》2008 年第 6 期。

则有国家公共财政投入做支撑。在社会保障方面,农民除五保户供养、合作医疗由集体经济组织负担费用外,没有其他任何社会保障;城市职工则能享受住房、医疗、养老等一套完整的由国家负担的社会福利待遇。此外,建立在户籍管理制度基础上的覆盖就业、入伍、上学、选举、赔偿等多个领域,都存在明显的城乡差别。这一系列的制度严格限制了农村人口转为非农人口,把农民禁锢在了农村,形成了城乡分治的二元社会结构,可谓"城乡冰火两重天"。

(二) 二元结构产生的影响及危害

虽然二元经济结构使中国整体经济实力在较短的时间内获得了明显提升,尤其是工业化发展不断加快。1952—1978年,社会总产值和工业产值分别增加了6.26倍和16倍,年均增长分别达到8%和11.41%。但其带来的更多是不利影响,涉及经济、政治、社会、文化多个方面[1]。

从经济方面来看,城乡二元结构的存在是影响发展中国家农村经济发展和综合国力提升的重要因素[2],历史上形成的二元体制至今对工业化、农村劳动力转移和"三农"的影响甚大。从政治方面来看,由于城乡二元户籍制度的限制,剥夺了农民的迁徙自由权,不断累加在户籍制度上的福利保障制度使得市民与农民身份地位、经济贡献、文化素质的差别较大,使得农民这一中国最大的社会群体从古至今始终缺乏相应的政治参与权[3]。从社会方面来看,城乡二元结构使收入分配向城镇和东部沿海地区倾斜,造成地区、城乡收入差距拉大,从而影响社会稳定,阻碍中国全面小康社会建设[4]。从文化方面来看,城乡二元结构的形成,束缚了人才、技术、信息乃至思想文化在城乡之间的交流,阻碍了城市现代文明、先进文化向农村的扩散和延伸[5]。

中国城乡二元结构的产生是由经济发展战略所决定的,由此在国民经济运行中积累了无法消除的矛盾,特别是给农村经济、农业发展和农

---

[1] 白永秀:《城乡二元结构的中国视角:形成、拓展、路径》,《学术月刊》2012年第5期。
[2] 石扬令:《试析二元结构对农村经济发展的影响》,《理论探讨》2004年第7期。
[3] 李淼:《和谐社会视野下中国社会城乡二元结构问题的探讨》,《求实》2010年第10期。
[4] 李永龙:《统筹城乡发展,消除二元结构》,《攀登》2004年第3期。
[5] 肖冬莲:《中国二元社会结构形成的历史考察》,《中共党史研究》2005年第1期。

民生产生活造成了严重危害。

一是城乡二元经济结构导致农业发展缓慢。城乡二元经济结构导致农业生产收益比较低,非农产业收益较大。在经济利益的驱动下,农民选择将资金从农业部门转移到非农业部门,并设法从事非农生产经营活动,一些耕地也被用于非农生产,这不利于农业生产的发展和农产品供给的稳定增长。同时,由于国家长期以来对农村投资比重小,农业基础设施不健全,造成农村一直保持着家庭式的、自给自足的发展状况,农业协作程度低、技术落后、生产率低下。1952—1978年,第一产业占国内生产总值的份额从50.5%下降到28.1%,累计下降22.4个百分点;而同期的第一产业占就业的份额从83.5%下降到70.5%,累计仅下降13个百分点。农业劳动生产率提高缓慢、农业比较劳动生产率持续下降,长期以来农民收入难以提高。

二是城乡二元结构造成了农村大量剩余劳动力无法转移。按照经典的二元结构理论,现代工业部门随着资本存量的增加、工业规模的扩张和社会经济结构的变革,需要不断地吸纳农村劳动力。而随着人口和经济活动从传统部门向现代部门的转移,社会整体生产力水平将不断得到提高,二元经济将逐步消亡。但是在中国的二元经济结构背景下,特别是城乡分割的二元户籍制度将农民限制在农村,从而产生了大量无处转移的农村剩余劳动力。

三是城乡二元结构带来了一系列的农村社会安定问题。农民在二元社会结构中存在着教育、医疗、劳动就业、社会保障等方面的基本权利缺失和不公平对待。这种权利的缺失使农民这一弱势群体的社会地位更加弱势化,农民社会地位低下。从事农业劳动的农民被城市居民看不起,认为是没出息。虽然相当多的农民急于想要跳出"农门",但他们在社会上遭受许多不公平对待。而所有的这些不公平对待,使得农村贫困阶层不断扩大并日益边缘化,给农村社会稳定制造了很多不安定因素。

二 改革开放以来湖北城乡二元结构制度变革

中华人民共和国成立初期,在国家优先发展重工业的发展战略指导下,湖北落实和实施了一系列优先发展城市、工业,限制农村、农业的政策措施,通过实施严格的户籍制度,将城乡人为分割,限制农村人口向城镇转移；建立人民公社，将农民固定在土地上，为城市和工业提供食品和工业原料；扭曲工农业产品价格，利用工农产品"剪刀差"，为城市和工业发展筹集原始积累资金。改革开放以来，国家重工轻农的发展战略不断优化调整，影响湖北农村成为全面建成小康社会短板的外部因素，特别是人民公社、农产品统购统销及户籍制度也在发生相应变化。

（一）三大制度的取消和松动

一是废除人民公社制度。湖北实行的人民公社体制和全国一样，土地等农业资源的使用和管理、产品的处置和利益分配，完全由集体控制，平均主义极为严重，因而农民的生产积极性不高，农业生产效率低下。1984年1月，湖北省发布了《关于做好政社分开建立乡政府工作的通知》，并于当年年底完成了政社分设和建立乡、镇政府的工作。至此，人民公社体制在湖北省宣告解体。改革后的村民委员会以原大队为基础，村民小组以原自然村或生产队为基础组建。

二是逐步取消农产品统购统销制度。从1979年开始，湖北按照国家统一的部署，有计划、分步骤地对农产品统购派购制度和农副产品价格开始改革，全面大幅度提高农副产品收购价格。1985年放开了生猪和副食品的购销价格，粮油改为合同定购，基本上取消农产品统购统销制度，并进一步放开农产品市场和价格。

三是户籍制度逐步完善。国家在户籍制度方面的突破显得比较谨慎，湖北的改革步伐也显得相对较慢。2003年，湖北省发布了《湖北省深化户籍管理制度改革的意见》，明确规定在全省取消农业、非农业户口性质和各种类别的户口，取消进城落户计划指标，这标志着湖北城乡一体化户籍管理制度改革进入正式实施阶段。2004年1月1日起，在湖北省存在了四十六年的"农业"和"非农业"户口成为历史。然而，由于没有物质基础支撑和统一国民待遇的"户口并轨"，虽然名义上不再有城乡户口之分，但城乡居民在教育、养老等社会福利方面的差别依然明显。

（二）两种新的索取方式形成

在改革开放后，虽然影响城乡二元结构形成的"三大制度"均有所变革，人民公社已经废除，农产品统购统销已经取消，城乡分割的户籍制度开始松动，特别是随着社会主义市场经济体制的逐步建立和完善，工农产品价格"剪刀差"逐步减小；但城乡差距仍然没有得到有效的缩小，城乡二元结构依然存在，农村仍旧是全面建成小康社会的"跛脚"。在新时期，城市通过廉价农村劳动力形成的"人口红利"、农村征地形成的"剪刀差"等手段继续对农业农村资源进行索取，城乡二元结构破除困难重重。

一是农村劳动力"人口红利"。改革开放后，湖北农村剩余劳动力人口逐步得到了极大的解放，他们以农民工的身份到城市务工。农村剩余劳动力的无限供给为城市、工业发展带来了"人口红利"。从20世纪90年代到21世纪初，农村源源不断地向城市非农部门输送廉价劳动力，他们从事的行业低微，与同期城镇劳动力相比，工资没有得到显著增长。虽然城市对农民工"经济接纳，社会排斥"的做法还没有完全改变，大量的"农民工"在城市就业中是"招之即来、挥之即去"的临时工，他们不仅被迫接受几乎固定不变的低薪，而且无法取得与市民同等的国民待遇，存在着用工歧视、收入歧视、职业歧视、岗位歧视。但不可否认的是，农村廉价的劳动力为推进当前城市发展和工业化进程做出了不可替代的重大贡献。

二是土地"剪刀差"。农村土地制度把农民的身份权和土地权利捆绑在一起，转变农民身份意味着就会失去土地权利，从而增加了农村人口向城市永久性迁移的成本。随着城镇化进程的加快，不少地方政府热衷于征收农村土地。在征地过程中农民的权益得不到保障，土地征收变性后的增值收益部分，分配给农民的比例很低，征地补偿标准不合理，城市国有土地与农村集体土地存在"同地不同权"现象，都导致城乡居民不能平等分享土地收益，拉大了城乡居民财富差距。据调查，湖北省征地补偿标准总体偏低，平均每亩征地补偿标准在3万元左右。与计划经济时期的农产品价格"剪刀差"相比，政府再一次通过土地"剪刀差"的形式从农村、农民获得收益来支持城市和工业发展。

第三节 二元结构造成湖北城乡发展不协调

虽然中国改革从农村起步，在推进城乡之间产品和要素平等交换与公共资源均衡配置方面采取了一系列措施，但城乡分割的二元体制仍是需要下大气力攻坚的重要改革领域之一①。当前，湖北正处于从城乡二元向城乡融合的关键时期，城乡协调发展至关重要。若城乡差距持续扩大，必将降低农村地区可持续发展的能力；若广大农村地区继续发展滞后，必将破坏城市长远发展的基础和环境。城乡协调发展是缩小城乡差别、实现城乡共同繁荣的根本途径，是农村全面建成小康社会目标的根本要求。但从实际情况来看，湖北城乡差距仍然比较明显，城乡协调发展中还存在一些问题。

一 城乡产业发展二元结构突出

目前，湖北城乡经济社会发展不平衡，其主要根源和最突出的表现在于城乡产业发展的不均衡和不协调，这严重影响了农村经济发展。

从三次产业结构比重的变化情况来看，2017年湖北三次产业结构之比为10.3∶44.5∶45.2。自1978年以来，湖北第一产业比重整体呈下降的趋势，年均下降0.89个百分点，最高年份为1979年的45.2%，最低年份为2017年的10.3%；第二产业比重呈整体平稳略有波动的态势，基本保持了40%—50%的水平，20世纪90年代比重相对较低，处在40%及以下；第三产业比重呈现整体上升的趋势，年均上升0.75个百分点（见图5—1）。

三次产业结构的变化体现了三次产业的发展速度差异。虽然用三次产业发展速度的差异来揭示工农业之间、城乡之间发展不平衡有一定的局限性，因为第一产业发展速度较慢有其必然性，但三次产业之间的发展速度差异过大，仍是城乡发展不协调的重要反映。与2017年全国三次产业结构比重7.9∶40.5∶51.6相比，湖北第一产业比重较高，这是与湖北作为传统的农业大省有关；第二产业比重高于全国，这是受湖北重工业发展的路径依赖影响；服务业发展较慢，2015年全国服务业比重已经超过了50%的水平，而2017年湖北服务业比重仍然较全国平均水平低6.4个百分点。目前，湖北正处于工业化的中期阶段，且已出现向后期阶段过渡的明显特征，未来经济结构中虽然工业增速保持在中高速，但服务

---

① 国务院发展研究中心农村部课题组：《从城乡二元到城乡一体——我国城乡二元体制的突出矛盾与未来走向》，《管理世界（月刊）》2014年第9期。

业的增速将更为明显。从 2016 年开始，第三产业比重连续两年超过第二产业比重，未来第三产业比重将会继续提升。

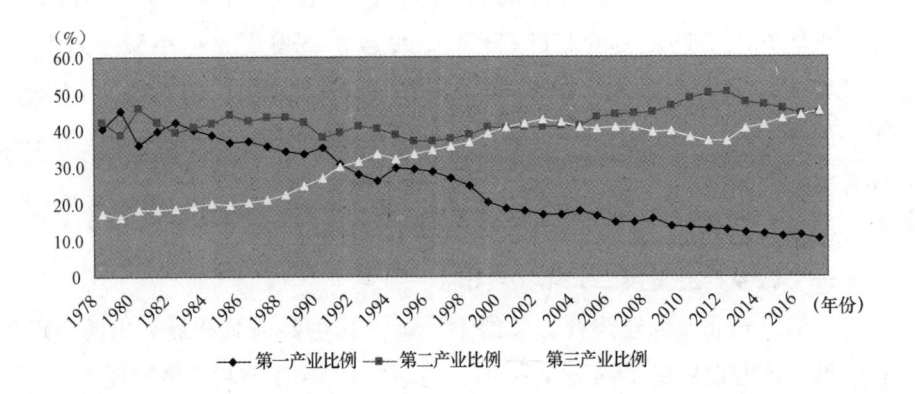

图 5—1　1978—2017 年湖北省三次产业结构变化

判断城乡产业是否协调发展的一个重要方法是通过测算城乡二元生产率对比系数，来反映城乡产业二元结构强度。城乡二元生产率对比系数在考虑各产业从业人员比例的基础上对城乡产业结构作进一步分析。首先，按照刘易斯城乡二元理论，将全社会产业划分为农业与非农产业（第二、第三产业之和）两个部门，分别代表农村和城镇产业。其次，分别计算每个部门的比较劳动生产率，即每个部门产值在总产值中占比与该部门劳动力在总劳动力中占比的比率。它用来反映劳动力在该部门创造的收入（即产值）的相对情况，若一个部门的相对收入比重越高，而劳动相对比重越低，则比较劳动生产率越高。再次，将农业部门的比较劳动生产率与非农部门的比较劳动生产进行比较，得到城乡二元生产率对比系数。

城乡二元生产率对比系数处于 0—1，与经济结构二元性的强度呈反向变动的关系，该指标数值越大，表明两部门的差别越小；反之则表明两部门的差别越大。当城乡二元生产率对比系数为 0 时，表明第一产业比较劳动生产率为 0，经济二元性最显著；而为 1 时，表明第一产业和第二、第三产业的比较劳动生产率相同，城乡经济的二元性消失。一般来说，发展中国家城乡二元生产率对比系数在 0.31—0.45，发达国家在 0.52—0.86。

2016年湖北第一业产从业人员比例为36.83%，较1978年下降了40.15个百分点。然而，农业比较劳动生产率①由1978年的0.5261下降到2016年的0.3068，整体呈下降的趋势。这意味着，1978年湖北76.98%的第一产业从业人员创造了40.5%的农业增加值，而2016年湖北36.83%的第一产业从业人员仅创造了11.3%的农业增加值。与全国相比，湖北省非农就业呈现比重低、速度慢特征。自2014年开始全国非农就业比重已经超过了70%，而湖北同期要低10个百分点，2016年非农就业比重仍然只有63.2%。

结合非农部门的比较劳动生产率来看，1978—2016年，湖北的城乡二元生产率对比系数在0.1787—0.3831，除1989—1998年这十年间处于0.2574—0.3831水平，经济二元性相对较弱外，其他年份基本处于0.2上下波动的水平，产业的城乡二元性比较明显（见表5—2）。

表5—2 　　1978—2016年湖北省城乡二元生产率对比系数测算值

年份	农业产值比（%）	农业就业比（%）	农业比较劳动生产率	非农业比较劳动生产率	二元生产率对比系数
1978	40.5	77.0	0.5261	2.5846	0.2036
1979	45.2	78.5	0.5754	2.5525	0.2254
1980	35.7	73.2	0.4879	2.3961	0.2036
1981	39.6	76.8	0.5153	2.6073	0.1976
1982	42.1	76.5	0.5506	2.4616	0.2237
1983	40.1	76.1	0.5272	2.5092	0.2101
1984	38.5	76.7	0.5020	2.6384	0.1903
1985	36.5	61.8	0.5905	1.6652	0.3546
1986	37.0	75.2	0.4919	2.5416	0.1936
1987	35.5	74.8	0.4745	2.5609	0.1853
1988	34.3	74.5	0.4604	2.5768	0.1787
1989	33.3	60.9	0.5470	1.7049	0.3208
1990	35.1	61.2	0.5738	1.6714	0.3433

① 为便于数据比较，部门产值用增加值来代替。

续表

年份	农业产值比（%）	农业就业比（%）	农业比较劳动生产率	非农业比较劳动生产率	二元生产率对比系数
1991	30.6	61.5	0.4972	1.8049	0.2754
1992	27.8	59.9	0.4639	1.8019	0.2574
1993	26.1	57.6	0.4531	1.7406	0.2603
1994	29.5	55.1	0.5357	1.5713	0.3409
1995	29.4	52.5	0.5600	1.4863	0.3768
1996	28.7	51.2	0.5605	1.4632	0.3831
1997	26.9	50.2	0.5355	1.4687	0.3646
1998	25.0	48.4	0.5160	1.4549	0.3547
1999	20.3	48.0	0.4227	1.5333	0.2757
2000	18.7	48.0	0.3895	1.5638	0.2491
2001	17.8	48.0	0.3708	1.5808	0.2346
2002	16.8	48.0	0.3500	1.6000	0.2188
2003	16.8	47.8	0.3515	1.5938	0.2205
2004	18.1	47.7	0.3794	1.5660	0.2423
2005	16.4	47.7	0.3438	1.5986	0.2151
2006	15.0	47.6	0.3155	1.6206	0.1947
2007	14.8	47.3	0.3126	1.6182	0.1932
2008	15.7	47.3	0.3316	1.6011	0.2071
2009	13.8	47.0	0.2936	1.6264	0.1805
2010	13.5	46.4	0.2910	1.6137	0.1803
2011	13.1	45.7	0.2867	1.6004	0.1791
2012	12.8	44.5	0.2880	1.5698	0.1834
2013	12.2	42.8	0.2847	1.5363	0.1853
2014	11.6	40.3	0.2877	1.4814	0.1942
2015	11.2	38.4	0.2918	1.4411	0.2025
2016	11.3	36.8	0.3068	1.4041	0.2185

资料来源：有关年份《湖北统计年鉴》。

城乡产业发展不协调还体现为城乡产业融合性、互补性不强，城乡产业自成一体，关联度不高，"工业反哺农业、城市带动农村"效果不明显，城市产业发展对农村带动和辐射作用没有得到充分发挥。一方面，农村传统的分散经营模式没有得到根本扭转，农村产业的发展方式落后；另一方面，作为先进生产力和高端生产要素集聚载体的城市，产业的资本密集度、技术密集度却越来越高。这种产业格局必然导致城乡经济发展的差距进一步拉大。城乡产业发展的不协调强化了农业是弱质产业、农民是弱势群体、农村是落后地区的格局，这种状况如果继续下去，就会降低资源的配置效率，对经济社会发展带来负面影响。王国敏提出，二元结构造成了城市与农村、工业与农业的对立，要建立城乡互动、工农互促的协调发展机制，建立统一、开放、有序的市场体系，以农业产业化促进城乡产业协调发展①。

二　城乡居民生活水平差距较大

（一）城乡居民收入差距

城乡二元结构带来的最大后果是收入差距问题，传统农业产业向现代工业产业转变过程中劳动生产率存在着差距，而劳动生产率的差距会带来相应的收入差距问题。因此，研究城乡收入对二元经济结构的影响，以及与之相对应的城乡收入差距的成因、走势和政策的研究显得十分重要。

经济学家库兹涅茨分析了存在二元经济结构国家人均收入水平与分配公平程度之间的关系。他的研究结论是收入不均现象伴随着经济增长先升后降，呈现"倒U形"曲线关系。这就意味着在经济发展初期，城乡收入分配将伴随经济发展而经历不平等水平持续上升，差距不断扩大；当经济发展到一定程度后，收入差距保持相对稳定不变；经济发展达到较高水平后，城乡收入差距将不断缩小，最终消失。

从收入绝对差来看，1978—2017年湖北省城乡居民人均可支配收入②差距除1980—1984年由243.74元下降到198.31元外，整体上呈逐年扩大的趋势，城镇居民收入远高于农村居民收入，这一差距在进入21世纪

---

① 王国敏：《城乡统筹：从二元结构向一元结构的转换》，《西南民族大学学报》2004年第9期。

② 2014年起农民人均纯收入改为农村常住居民人均可支配收入。

后扩大得更为明显。这一期间，城乡收入差距由 1978 年的 214.44 元扩大到 2017 年的 18077 元，年均增长 12.04%。

从收入相对比来看，1978—2017 年湖北省城乡居民人均可支配收入差距（以农民人均收入为1）大致可分为四个阶段：1978—1984 年为第一阶段，这阶段的收入差距呈下降趋势，由 2.94 下降到 1.51。1985—1993 年为第二阶段，在这一时期城乡收入比不断上升，到 1993 年达到了最高点 3.11，出现了城乡收入分配的严重不公平。1994—1998 年为第三阶段，城乡收入比出现了短暂的下降，收入差距扩大的趋势得到缓和。1999 年以来为第四阶段，城乡收入比处于 2.28—2.87 的区间，经历了先升后稳再降的波动过程，城乡收入差距仍然较大（见图 5—2）。

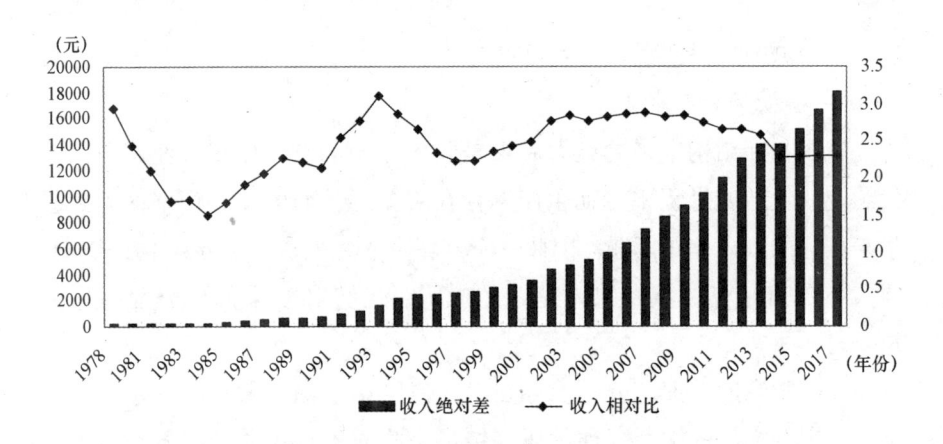

图 5—2　1978—2017 年湖北省城乡居民收入差距

整体来看，改革开放以来湖北城乡收入仍然存在较大差距，城乡居民收入绝对差额还在不断扩大，而收入相对比也较长时间地保持在 2.2:1 以上。如果考虑到农民纯收入中有相当部分要用于扩大再生产，而自产自用部分存在高估现象，如一些副产品如秸秆、厩肥等根本无法货币化等因素，城乡收入差距实际更大。

城乡协调最根本的是使城乡居民利益统一起来，使城乡发展在利益关系上相互依从、补充和促进①。改善城乡二元结构，缩小城乡收入差距需要更加注重农民合法权益，不断提高农民收入。

城乡收入存在着明显差距，需要我们对农民收入内部结构进行深入的探究。结合湖北省2000—2017年农民家庭年人均纯收入构成情况（见表5—3），湖北农民收入内部结构呈现以下几点特征。

一是家庭经营收入仍然是最大的收入来源，但比重不断下降。2000年以来，湖北农民收入中来源于家庭经营方面的收入占比逐年下降，2017年下降为43.18%，共下降了28.14个百分点。近年来由于生产资料与服务费用、土地成本、人工成本的增加，湖北主要农副产品生产成本普遍上升，而国际大宗农产品价格延续下跌态势，农业生产经营受"天花板""地板"双重挤压，农产品国内外价格倒挂大大压缩了农业利润空间。农产品价格的持续弱势运行，将导致农民家庭经营收入增幅下降，占比进一步减小。

二是工资性收入在农民收入构成中的比重不断增加，且日益成为增加农民收入的主要来源。农村劳动力从土地中得到解放，大量的农村富余劳动力到城镇或是农村本地的非农产业岗位就业，并获得劳务报酬。2000年以来，工资性收入占农民收入的比重一度超过四成，其中2012年、2013年工资性收入占比分别达到40.63%和41.14%；其对农民收入增长的贡献率也一度高达80%，其中2005年、2006年工资性收入增长贡献率分别达到89.11%和80.44%，增加农民工资性收入成为促进农民增收的有效途径。

三是转移性收入增长速度较快，比重明显提升。由于各项农业补贴、新农合、新农保、低保等财政投入力度的加大，特别是精准扶贫政策的持续发力，促使贫困地区农民收入增长较快。受这些政策性因素影响，转移性收入成为农民收入中增长速度最快的收入来源。2017年，转移性收入达到3293元，占可支配收入的比重为23.84%，与2000年相比年均增速达到了24.13%。

四是财产性收入保持在较低水平，增长潜力有待进一步挖掘。由于

---

① 白琳、白瑛：《我国城乡二元结构：演化、现状及协调路径选择》，《生产力研究》2007年第7期。

受农民人均储蓄利息不高、土地流转收入较低、农产品价格不稳定、其他财产性收入来源有限等因素影响，长期以来湖北农民的财产性收入占比保持在2%以下的水平。随着农村集体所有土地、农民宅基地、农民住宅等方面的改革深入，要加大力度挖掘财产性收入潜力，创造条件让更多的农民群众拥有财产性收入。

表5—3　2000—2017年湖北省农民人均纯收入及其构成情况

年份	全年纯收入（元）	工资性收入		家庭经营纯收入		转移性收入		财产性收入	
		总额（元）	占比（%）	总额（元）	占比（%）	总额（元）	占比（%）	总额（元）	占比（%）
2000	2268.50	547.69	24.14	1617.80	71.32	83.46	3.68	19.55	0.86
2001	2352.16	582.60	24.77	1676.19	71.26	80.52	3.42	12.85	0.55
2002	2444.06	662.19	27.09	1694.40	69.33	73.38	3.00	14.09	0.58
2003	2566.76	706.79	27.54	1785.27	69.55	58.95	2.30	15.76	0.61
2004	2890.01	755.23	26.13	2051.62	70.99	66.96	2.32	16.19	0.56
2005	3099.20	941.64	30.38	2049.04	66.12	91.71	2.96	16.81	0.54
2006	3419.35	1199.16	35.07	2095.10	61.27	99.13	2.90	25.91	0.76
2007	3997.48	1454.50	36.39	2379.82	59.53	125.46	3.14	37.70	0.94
2008	4656.38	1742.33	37.42	2690.83	57.79	182.40	3.92	40.82	0.88
2009	5035.26	1900.54	37.74	2828.53	56.17	247.81	4.92	58.37	1.16
2010	5832.27	2186.11	37.48	3234.94	55.47	304.30	5.22	106.92	1.83
2011	6897.92	2703.05	39.19	3731.34	54.09	379.08	5.50	84.45	1.22
2012	7851.71	3189.84	40.63	4123.49	52.52	472.51	6.02	65.87	0.84
2013	8866.95	3648.20	41.14	4616.55	52.06	518.07	5.84	84.13	0.95
2014	10849.06	3298.61	30.40	5009.34	46.17	2415.66	22.27	125.44	1.16
2015	11843.89	3682.91	31.10	5281.41	44.59	2718.79	22.96	160.78	1.35
2016	12724.97	4023.04	31.62	5534.01	43.49	3009.32	23.65	158.60	1.25
2017	13812.00	4390.00	31.78	5964.00	43.18	3293.00	23.84	165.00	1.19

（二）城乡居民消费差距

城乡居民生活水平差距还体现在城乡人均居民消费支出方面，城乡居民在消费支出方面存在的差距在很大程度上受收入差距的影响。

从消费支出绝对差来看，湖北城镇居民人均生活消费性支出远高于农村居民家庭人均生活消费支出。2016年农民生活消费支出与2009年城镇居民生活消费支出数量上相当，如果考虑价格因素影响，城乡居民消费差距约有十年。城乡居民消费差距整体呈扩大趋势，2016年消费支出差距达到9101元，较1980年提高了8885元，年均增长10.94%，2013年达到历史最高的9470元。

从消费相对比来看，1980—2016年湖北省城乡居民生活消费支出差距（以农民消费支出为1）大致可分为两个阶段：1980—2003年为第一阶段。这一期间，城乡居民生活消费支出之比虽然整体上升，但也历经了几次波动，1988年、1993年分别达到区域内极大值2.34和2.90，2003年达到改革开放以来最高点3.31。2004年以来为第二阶段。这一阶段，城乡居民生活消费支出之比不断下降，城乡居民生活消费支出的差距不断缩小，尤其是最近几年缩小程度更加明显。到2016年，湖北城乡居民生活消费支出缩小到1.83，为改革开放以来的最小值（见图5—3）。

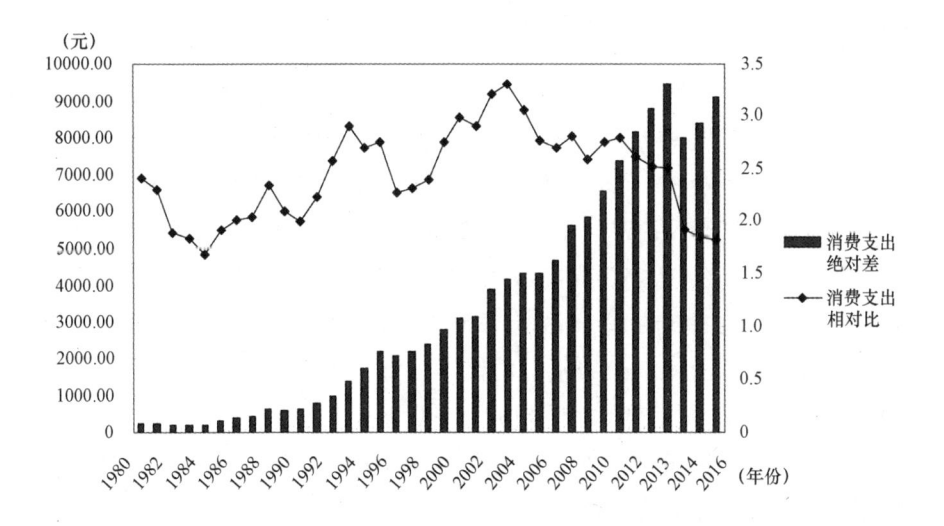

图5—3 1980—2016年湖北省城乡居民消费差距

从生活消费支出构成角度出发，进一步分析城乡居民家庭恩格尔系数。改革开放以来，城乡居民的消费结构发生了重大变化。城镇家庭恩格尔系数由1978年的57.5%下降到2016年的21.3%，实现了温饱水平向高度富裕的跨越；农村家庭恩格尔系数由1978年的70.84%下降到2016年的30.13%，实现了绝对贫困向相对富裕的跨越。但对比城乡来看，农村家庭恩格尔系数基本仍要比城镇高10个百分点左右。

三 城乡公共服务均等化程度低

据有关部门测算，国家在养老、就业、医疗等公共服务领域的财政投入，城乡居民的人均差距每年就达到3000元以上。城乡社会领域公共资源配置失衡，大型基础设施、公用设施以及文化体育、科技教育、医疗卫生等公共服务方面的优质资源主要集中在城市。城市的各种基础设施和配套环境日趋完善和成熟，造成城乡发展环境和平台的差距越来越大。城市的现代社会文明与部分地区的传统小农社会形成鲜明的对比，城乡公共服务均等化程度低。湖北城乡发展不协调，不仅体现在突出的二元产业结构和较大的生活水平差距，还体现在城乡之间有关教育、医疗、社会保障、住房等方面的福利差距。

一是教育方面。农村教育存在诸多薄弱环节，教师师资力量严重不足，农村办学条件差，没有形成各级政府责任明确、教育投入稳定增长的机制。2016年，湖北省城乡中小学（包括小学、初中和高中）学校数分别为4727所和3214所；专任教师数分别为316856人和80843人。从相对量来看，2016年每一所城镇中小学拥有的专任教师数为67.03人，而每一所农村中小学拥有的专任教师数仅为25.15人，仅为城镇的37.52%。从小学、初中、高中各级学校来看，每一所城镇学校拥有的专任教师数分别是农村的2.39倍、1.85倍、1.41倍。虽然农村每所学校拥有专任教师数量随着学校级别的提高而增加，小学、初中、高中分别为22.24人、38.61人、89.87人，但教师数量不足和教师学历结构偏低严重影响农村教育的质量，成为制约农村教育发展的瓶颈之一，也显示出城镇与农村教育发展的不平衡（见表5—4）。

表5—4　　　　2016年湖北省各级学校拥有专任教师数

学校类型		学校数量（所）	专任教师数量（人）	每所学校拥有专任教师数（人）
中小学	总数	7941	397699	50.08
	城镇	4727	316856	67.03
	乡村	3214	80843	25.15
高中	总数	532	66528	125.05
	城镇	509	64461	126.64
	乡村	23	2067	89.87
初中	总数	2026	129157	63.75
	城镇	1549	110742	71.49
	乡村	477	18415	38.61
小学	总数	5383	202014	37.53
	城镇	2669	141653	53.07
	乡村	2714	60361	22.24

二是卫生医疗方面。城乡卫生发展不平衡，农村医疗条件较差。虽然农村居民每千人拥有的卫生机构数高于城镇居民，但农村居民每千人拥有病床床位数则相对落后。2016年湖北城乡每千常住人口医疗卫生机构床位数分别是8.81张和4.52张，城市是农村的1.95倍（见图5—4）。农村设立的卫生机构多是规模较小的乡级卫生院和村级卫生室，病床位少，辐射面也小；而在城镇中的医院则大多为大型医院，病床位多，医疗条件大大好于农村。卫生专业人才的数量和素质在城镇和农村也相差很大，广大的农村地区几乎招不到也留不住正规医学院校毕业的学生[①]。

三是社会保障方面。湖北虽然实现城乡居民社会养老保险制度全覆盖，但是保障水平有明显差别：企业退休人员的基本养老金实现连续14年上涨，保险待遇水平稳步提高，人均基本养老金达到每月2000元以上。而政府对农村社会保障体系建设的投入不大，农村新农保保障水平比较低，许多农民选择最低档参保，而60岁以上的农民每月的基本养老金与

[①] 彭玮：《略论城乡统筹的体制创新——以湖北省为例》，《北方经济》2010年第11期。

城镇职工相去甚远。在城市务工的农民工不少没有参保，即使参保，由于各种原因农民工的养老保险在地区间的流动受到诸多限制。各地城市居民与农村居民最低生活保障标准和支出水平差距明显。2015年城乡最低生活保障标准分别为每人每月447.10元、269.60元，两者相差177.50元；城乡最低生活保障平均支出水平分别为每人每月265.20元、123.02元，城市是农村的2.16倍（见表5—5）。

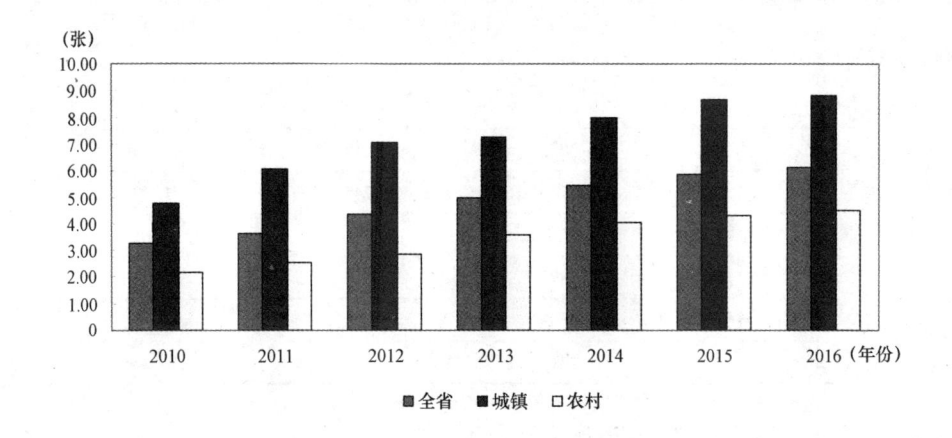

图5—4　2010—2016年湖北省每千常住人口医疗卫生机构床位数

表5—5　　　　湖北省城乡居民最低生活保障与支出水平对比

类别	年份	2010	2011	2012	2013	2014	2015
居民最低生活保障标准 [元/（人·月）]	农村	93.60	121.30	132.33	168.74	213.98	269.60
	城市	252.20	293.82	334.50	375.10	441.00	447.10
	相差	158.60	172.52	202.18	206.36	227.02	177.50
居民最低生活保障平均支出 水平[元/（人·月）]	农村	66.00	104.80	86.05	97.23	107.53	123.02
	城市	188.20	247.90	218.70	246.60	269.50	265.20
	相差	122.20	143.10	132.65	149.38	161.97	142.18

第六章

湖北农村全面建成小康社会指标体系构建

小康作为一种衡量人民生活水平的综合性指标，是以经济的全面发展、社会的全面进步为基础的。农村小康社会是综合实力、人口素质、生活质量的总体反映，是一个具有丰富内涵的综合性概念和阶段性概念[1]。科学合理的指标体系是综合评价结果准确、可靠的基础和保证。因此，构建一套系统全面的指标体系，为客观评估湖北农村全面建成小康社会发展水平和准确测度小康发展进程奠定重要基础，也对湖北农村如期实现全面建成小康社会目标具有重要意义。

第一节 构建综合评价指标体系

一 指标选取原则

由于指标体系层次众多、构成复杂，它涉及多个子系统，而且各子系统之间相互作用和影响。因此，我们要根据研究的目标，选择一些可量化、具有代表性而又彼此独立的指标作为评价因素。然而一套完善的指标体系并不是一系列指标的任意简单堆砌，而是要满足"无遗漏、无重复"的要求来选取指标。虽然受学科领域、研究方法等其他因素的影响，每个人所选择的具体指标不可能完全相同，但在构建湖北农村全面建成小康社会的指标体系时应该遵循以下原则。

---

[1] 周慧秋、李东：《我国农村全面建成小康社会的主要制约因素及对策》，《东北农业大学学报》（社会科学版）2013年第4期。

(一) 系统与层次性

建立指标体系是一个涉及研究问题各个方面的系统工程,具有层次多、涵盖面广、系统性强的特点。农村小康社会指标体系涉及经济、政治、社会、文化、生态等多个方面,而且各方面之间相互作用和影响。如果只采用一个或是几个指标不足以分析和评估农村全面建成小康社会这个复杂的问题,要合理保证指标体系能提供与评估目标有关的完备信息。农村小康社会是一个综合体系,不仅要全面反映小康社会整体发展,还要具体考虑与小康发展有关的农业生产与农村经济发展情况,也要考虑农民收入、贫困户脱贫致富等农民生活情况和农村教育、医疗卫生、社会养老等农村基本公共服务情况。此外,还涉及农村基层自治等政治民主情况和耕地、卫生厕所等资源环境情况。

因此,在构建指标体系中,要综合影响农村全面建成小康社会发展水平的各级因素,将指标体系划分若干个子系统,在不同层次上选择不同的指标,形成一个层次分明的包括总目标、子目标和具体指标的完备体系。

(二) 相关与独立性

指标体系是一个多维复杂系统,评价者评价的角度不同,就会得出完全不同的评价标准。实际操作中确定的指标体系不可能完全覆盖农村全面建成小康社会发展涉及的所有方面,这就要求评价指标的选取要有明确的针对性,要找那些与农村全面小康相关的,具有代表性的指标。这就意味着,综合评价指标体系必须紧紧围绕着能影响农村全面小康发展水平的那些因素层层展开,使最终的评价结论能反映评价者的意图。

同时,指标体系的各个指标又要能相互独立地反映评价目标某一方面的信息,应尽量避免各指标的信息重叠,所以要尽量选择那些具有相对独立性的指标。因此,在强调指标间有机联系、紧密相关的同时,应避免指标之间的交叉与重复,降低信息的冗余度。

(三) 简明与可行性

评价指标体系应力求简单、明了,应选择一些概括性强、能代表信息量大的指标。指标要含义明确,便于理解。选取的指标要符合规范,范围界定清楚,统计口径一致,数据来源要可靠、处理方法要科学一致,从而客观、公正、全面、科学地反映农村全面建成小康社会发展水平。构建的指标体系大小适宜,粗而不失描述系统目标的主体本质特征,细而不失实施可能性,最终达到内部逻辑清晰、合理。

为使资料获取和数据处理的方便,评价指标的选择要考虑农村小康社会发展的实际情况,也要考虑各个部门的技术能力,还要充分考虑数据取得和指标量化的难易程度。尽量利用统计部门和相关部门的公开资料,使得指标数据便于统计和计算,数据易测、易得。指标体系评价的结果最终供决策者使用,为政策制定和科学管理服务,因此,选取的指标应为大多数人所理解和接受,能普遍为政府文件、新闻、教育和相关科研人员所采用。

(四)差异与可比性

综合评价的结果可以评价好坏,也可以进行高低排序,这要求所选择的指标在数值上要体现差异,有差异的指标才有区分度,才能使研究对象对比分析有意义,从而让那些评价结果相对较差的对象找出存在差距的原因。因此,即使某些与农村全面建成小康社会发展水平非常相关的重要性指标,由于其在不同的对象表现的数值差异不明显,我们也应该舍弃。

同时,要注重指标的可比性。可比性可以分为横向(空间)的可比性与纵向(时间)的可比性。横向可比性是指以同一时间(同一时期)的不同地区或不同空间为研究对象时,所采用指标的内容和方法都应做到统一和规范,能够综合比较各地区的农村全面建成小康社会发展水平。纵向可比性是指以同一地区(同一空间)的不同时间或不同时期为研究对象时,所采用指标的内容和方法也应做到统一和规范,比较各时间或时期的农村全面建成小康社会发展水平。

在构建有关综合评价指标体系时,要兼顾以上几点原则,不能只注重其中一条或是部分几条。只有这样才能使指标体系更加科学合理,评价结果更加准确[1]。

近年来,围绕全面建成小康社会,专家学者们进行了许多理论研究与实践探索,在一些方面取得普遍共识,但也存在不少争议。在明确农村全面建成小康社会内涵的基础上,科学设定湖北农村全面建成小康社会综合评价指标体系实际过程中,还要注意以下几点:

---

[1] 彭玮、王金华、卢青:《构建新型农村社会化服务体系》,湖北科学技术出版社2012年版,第136—138页。

一是注重全面性，覆盖"五大建设"全部要求。全面建成小康社会的根本特征在于"全面"。从内容构成来看，全面建成小康社会是涵盖"五大建设"总体布局的系统工程，深刻理解五大建设之间的内在逻辑关系及相互作用规律，五位一体相互联系、相辅相成，共同构成全面建成小康目标的丰富内涵。从现实情况来看，由于经济发展相对较落后，不少农村地区仍然偏重于追求经济发展目标，而忽视生态环境保护和民生改善。湖北经济发展较好的地区在经济和收入方面可能已经实现了农村全面建成小康社会的目标，但在生态文明建设、文化建设，以及教育现代化、科技创新、体制改革等方面还存在差距。

二是要突出以人为本，努力贴近农民群众的直观感受。从根本目的上来讲，全面建成小康社会是惠及城乡人口的更高水平的小康社会。准确理解和把握湖北农村全面建成小康社会，要坚定以人为本的理念，注重提升人民生活质量、增进人民福祉。因此，要主动考虑农民群众所愿所想，多选择与农民生活切身利益直接相关领域的指标，充分考虑不同群体特别是弱势群体的利益诉求。在具体指标设置上，不仅要有农业劳动生产率等与生产相关的宏观经济指标，还要有农村医疗卫生床位数等微观方面的指标；不仅要有农村居民纯收入等一般指标，还要有消除绝对贫困人口等针对特殊群体的特定指标。

三是突出重点和难点，充分适应新的阶段性特征。经过改革开放四十年的快速发展，中国农村发展在取得巨大成就的同时，也出现了一些新的阶段性特征。农村经济社会转型加快，产业结构、人口结构、基层政治民主、传统民俗文化、生态环境等发生深刻变化：如农产品价格走低，产生土地抛荒，青年劳动力涌向城市造成农村空心化，务农人员老龄化，农村自治虚化，土地资源严重浪费，环境承载能力退化等现象。准确理解和把握农村全面建成小康社会，要厘清推动发展、实现全面建成小康的主要矛盾和关键环节。在目标指标设置上，要更加突出农业发展方式的转变，更加突出提升发展的质量和效益，更加注重精准扶贫、基本公共服务设施等社会民生的改善，更加注重创新驱动发展和绿色发展。

二 选取指标说明

按照指标选择的相关要求和原则，在充分借鉴国家统计局、湖北省历次有关小康水平特别是农村小康水平的监测指标体系、联合国新千年发展目标、联合国发展署人类发展指数等国内外相关研究成果的基础上，结合湖北实际，围绕经济发展、农民生活、社会发展、政治民主、资源环境五个方面选择相关具体指标，并以此构建湖北农村全面建成小康社会发展水平的综合评价体系（详见表6—1）。

表6—1　湖北省农村全面建成小康社会发展水平综合评价指标体系

总目标	子目标	指标名称	单位	属性
湖北省农村全面建成小康社会发展水平	经济发展	农村常住居民人均可支配收入（按2010年不变价计算）	元	正向
		农业劳动生产率	万元/人	正向
		城镇化率	%	正向
		农业机械总动力	万千瓦	正向
		农业科技进步贡献率	%	正向
		农户入社率	%	正向
	农民生活	农村居民家庭恩格尔系数	%	负向
		农村人均住房面积	平方米	正向
		农村居民文教娱乐消费支出比	%	正向
		农村互联网覆盖率	%	正向
		农村自来水普及率	%	正向
	社会发展	城乡居民收入比	以农村为1	负向
		脱贫完成率	%	正向
		农村人口平均受教育年限	年	正向
		每千农村常住人口医疗卫生机构床位数	张	正向
		农村地区5岁以下儿童死亡率	‰	负向
		农村最低生活保障平均支出水平	元/（人·月）	正向
	民主政治	社会安全指数	%	正向
		农村基层民主参选率	%	正向
	资源环境	建成高标准农田面积	万亩	正向
		农田灌溉水有效利用系数	—	正向
		化肥利用率	%	正向
		农村卫生厕所普及率	%	正向
		农村清洁能源入户普及率	%	正向

（一）经济发展方面

农村成为全面建成小康社会重点难点的根本原因在于中国原有的重工轻农发展战略取向，以及由此形成的城乡二元经济结构路径依赖，导致农村、农业发展较慢，农村经济发展则是重点中的重点。在农村经济发展方面，设置农村常住居民人均可支配收入、农业劳动生产率、城镇化率、农业机械总动力、农业科技进步贡献率、农户入社率六个指标。

1. 农村常住居民人均可支配收入（元）（按2010年不变价计算）。城乡经济发展的差别最终体现在城乡收入差距上，设置此指标用于反映农村发展水平高低，也是反映农村全面建成小康社会发展水平最重要的指标之一。农村常住居民可支配收入是指农村住户获得的经过初次分配与再分配后的收入，可用于农户的最终消费、非义务性支出以及储蓄。计算公式为：

农村住户可支配收入 = 农村住户总收入 − 家庭经营费用支出 − 税费支出 − 生产性固定资产折旧 − 财产性支出 − 转移性支出 − 调查补贴

2014年以前，农村常住居民人均可支配收入用农民家庭人均纯收入代替。

2. 农业劳动生产率（万元／人）。根据目前农村产业主要为第一产业，第二、第三产业相对较少的实际情况，以第一产业从业人员的单位产出来衡量农业劳动生产效率，并在一定程度上反映农村经济发展整体效益。

3. 城镇化率（%）。城镇化是经济社会向前发展的整体趋势，城镇化水平越高，意味着越多的农村剩余劳动力转移到生产效率更高的城市部门就业。按照刘易斯二元结构理论，随着农村劳动力向城市转移，城乡劳动生产率将逐渐趋于平衡，从而二元结构逐步消失，城乡结构的优化将利于农村全面建成小康社会。

4. 农业机械总动力（万千瓦）。该指标主要是农、林、牧、渔业的各种动力机械的动力总和，具体包括耕作、排灌、收获、农用运输、植物保护、牧业、林业、渔业等用于农业生产方面的机械动力。农业机械总动力反映了农业生产机械化程度，代表了农业生产物质装备水平。

5. 农业科技进步贡献率（%）。农业科技进步贡献率衡量的是农业科技进步对农业总产值增长率的贡献份额，包括自然科学技术进步和政策、经营管理和服务等社会科学技术进步带来的贡献。其计算公式为：

农业科技进步贡献率＝农业科技进步率÷农业总产值增长率

农业总产值的增长从来源上看可分为两个部分，一个是来自土地、劳动等生产要素投入的增加，另一个是来自科技进步带来的投入产出比的提高，即农业科技进步率。因此，农业科技进步率就是农业总产值增长率中扣除新增投入量（包括物质费用、劳动力、耕地）产生的那部分总产值增长率之后的剩余部分。

6. 农户入社率（%）。该指标衡量的是农民家庭加入农民专业合作社的比例。在发展农业适度规模经营时，农民专业合作社将分散的传统小农家庭联合，有效地参与市场竞争，提高农民地位。农户入社率在一定程度上代表了新型农业经营主体发展情况。

（二）农民生活方面

农村全面建成小康社会突出以人为本，要让农民充分共享经济社会发展成果，既要体现食品消费等物质文明方面的情况，又要体现文化消费等精神文明方面的情况；既要反映农民家庭自有住房方面的情况，又要反映信息、用水等农村公共基础设施完善情况。为此，围绕人民生活水平全面提高要求，在农民生活方面主要通过相对指标来反映更加注重农民生活质量的改善，具体设置农村居民家庭恩格尔系数、农村人均住房面积、农村居民文教娱乐消费支出比、农村互联网覆盖率和农村自来水普及率5项指标。

7. 农村居民家庭恩格尔系数（%）。农村居民家庭恩格尔系数是指用于食品消费的支出（包括用于主食、副食、其他食品以及在外饮食的支出总和）占生活消费支出的比重，该指标反映了农村居民消费结构的变化。计算公式为：

农村居民家庭恩格尔系数＝食品支出÷生活消费支出×100%

恩格尔系数是从人民生活水平的角度来反映国家现代化发展水平的重要指标，故该指标对农村全面建成小康社会发展水平具有很好的代表性。随着农村全面建成小康社会发展水平的不断提高，农村居民家庭恩格尔系数将不断下降。

8. 农村人均住房面积（平方米）。目前，全国农村居民居住在钢筋混凝土或砖混材料结构住房的农户家庭比重超过六成，人均住房面积成为衡量农村居民住房条件改善情况的重要指标。该指标衡量了农民家庭平均每人年末使用房屋（钢筋砖木结构住房）面积数量。

9. 农村居民文教娱乐消费支出比（%）。该指标是指农民家庭用于教育文化娱乐方面的支出占生活消费支出的比重，它在一定程度上反映了农村在文化方面的消费能力，是综合反映物质文明和精神文明建设的重要指标之一，也在一定程度上衡量了农村文化教育发展水平。其计算公式为：

农村居民文教娱乐消费支出比＝教育文化娱乐支出÷生活消费支出×100%

农村居民文教娱乐消费主要包括文教娱乐用品、学杂费、技术培训费、文体休闲娱乐费方面的支出，从 2014 年开始把一揽子教育服务费纳入其中，使得文教娱乐消费支出较之前增加明显。

10. 农村互联网覆盖率（%）。农村互联网覆盖率衡量的是农村家庭接入宽带户数占比，该指标反映了农村信息通信基础设施发展水平，是说明农村居民生活信息化的重要指标。其计算公式为：

农村互联网覆盖率＝农村宽带接入户数÷农村常住人口户数×100%

11. 农村自来水普及率（%）。考虑到饮水是改善农村生产生活条件的关键因素，设置农村自来水普及率指标来反映。农村自来水普及率衡量了通自来水家庭户数占农民家庭总户数之比。该指标代表了农村生活用水设施发展程度，反映了农村居民生活用水改善情况。

（三）社会发展方面

从社会发展的宏观方面来看，城市与农村收入分配公平是当前整个社会领域应该重视的问题，而农村脱贫和扶贫开发是当前农村社会领域的重要任务。在农村社会的微观方面，注重解决好人民群众最关心、最直接、最现实的利益问题，重点突出学有所教、劳有所得、病有所医、老有所养的发展目标。为全面说明农村社会发展情况，设置城乡居民收入比、脱贫完成率、农村人口平均受教育年限、每千农村常住人口医疗卫生机构床位数、农村 5 岁以下儿童死亡率、农村最低生活保障平均支出水平 6 项指标。

12. 城乡居民收入比（以农村为 1）。通过统计部门城乡住户调查资料，计算城镇居民人均可支配收入与农村居民人均可支配收入之比。其计算公式为：

城乡居民收入比 = 城镇居民人均可支配收入÷农村居民人均可支配收入

该指标反映了城乡收入水平差距，是反映城乡收入分配公平的重要指标，也是补齐农村成为全面建成小康社会"短板"的重要方面。随着中国统筹城乡发展的持续推进，城乡融合发展水平不断提高，城乡居民收入之比应不断缩小。理论上，当该指标等于1时代表城乡二元经济的消失。

13. 脱贫完成率（％）。新时期，中国提出了精准扶贫的扶贫开发战略新思路，针对不同贫困区域环境、不同贫困农户状况，围绕大幅减少扶贫对象，运用科学有效程序对扶贫对象实施精确识别、精确帮扶、精确管理。脱贫完成率为年底通过精准扶贫实现的脱贫人口累计数占全部建档立卡的贫困人口之比。其计算公式为：

脱贫完成率 = 累计脱贫人口÷全部建档立卡的贫困人口×100％

贫困完成率衡量了精准扶贫任务完成进度，是反映农民脱贫致富情况的重要指标。该指标体现了消除绝对贫困，大幅减少相对贫困人口，明显提升贫困人口生活水平的目标。

14. 农村人口平均受教育年限（年）。农村人口平均受教育年限是反映农村人口受教育总体水平的强度指标，是指农村学龄人口（6岁及6岁以上人口）接受学历教育（包括成人学历教育，但不包括各种学历培训）的年数总和的平均数。其计算公式为：

农村人口平均受教育年限 = 农村学龄人口受教育年限总和÷农村学龄人口总数

按照中国现行学制，农村学龄人口受教育年限总和为各学历人口数乘以相应的受教育年数①相加得到。

15. 每千农村常住人口医疗卫生机构床位数（张）。该指标是指每千农村常住人口拥有的包括乡镇卫生院、村卫生室在内的医疗卫生机构床位数。每千农村常住人口医疗卫生机构床位数体现了农村人人享有基本医疗卫生服务，是反映建立覆盖城乡居民的基本医疗卫生制度和农村居

---

① 大专以上文化程度按16年计算，高中按12年计算，初中按9年计算，小学按6年计算，文盲按0年计算。

民健康水平持续提升的重要指标。

16. 农村 5 岁以下儿童死亡率（‰）。5 岁以下儿童死亡率是联合国千年发展目标中的重要指标之一，它能很大程度地反映 18 岁以下未成年人的死亡情况。该指标衡量了农村地区按规定年份出生的儿童在年满 5 岁前死亡的概率（即每 1000 名活产的比率），是反映农村医疗卫生状况的重要指标之一。随着农村全面建成小康社会水平的不断提升，农民家庭经济收入也会相应增加，医疗卫生条件不断改善，5 岁以下儿童死亡率将逐渐下降。

17. 农村最低生活保障平均支出水平［元/（人·月）］。该指标衡量了政府部门针对农村最低生活保障这一特困人群，平均每月每人的财政支出情况。农村最低生活保障平均支出水平是农村低保户生活水平有效改善的重要指标，是反映政府筑牢民生保障安全网的重要指标。

（四）民主政治方面

民主政治发展是农村全面建成小康社会不可或缺的组成部分。围绕依法治国基本方略全面落实、法治政府基本建成、司法公信力不断提高等要求，确定社会主义法律规范体系更加完备、法治实施体系更加高效、法治监督体系更加严密、法治保障体系更加有力，实现科学立法、严格执法、公正司法、全民守法的发展愿景。从贴近农村社会安全角度出发，设置社会安全指数；围绕农村基层民主制度更加完善、民主形式更加丰富的要求，考虑到基层民主是人民依法直接行使民主权利的重要方式，设置农村基层民主参选率指标。

18. 社会安全指数（%）。社会安全指数是衡量一个国家或地区社会安全的综合性指数，由社会治安、交通安全、生活安全等方面构成。该指标是国家统计局全面建成小康社会统计监测指标体系的重要指标之一，反映了一个地区社会安全状况总体变化程度。

19. 农村基层民主参选率（%）。选举是民主政治的基石，农村基层民主选举是农村基层民主建设的重要内容之一。农村基层民主参选率是参与投票的选民数占登记选民总数的比重，是反映全面建成小康社会的基层民主情况的重要评价指标。

（五）资源环境方面

长期以来，为了追求短期的经济利益，农业资源被过度开发利用，农村生态环境存在严重透支的问题。湖北农业、农村也着面临突出的资源环境问题：一方面，地少水缺，耕地质量下降，资源约束日益趋紧；另一方面，农业生产方式粗放，投入品消耗过多，资源利用率不高，由此带来的农业生产环境、农村生活环境污染问题日益严峻。围绕推进农村资源节约型、环境友好型社会建设，设置建成高标准农田面积、农田灌溉水有效利用系数、化肥利用率、农村卫生厕所普及率、农村清洁能源入户普及率5项指标。

20. 建成高标准农田面积（万亩）。高标准农田是土地平整、集中连片、设施完善、农电配套、土壤肥沃、生态良好、抗灾能力强，与现代农业生产和经营方式相适应的旱涝保收、高产稳产，划定为基本农田实行永久保护的耕地。该指标衡量了年底高标准农田建成累计数，是反映湖北改善农业生产条件、生态环境情况和湖北农业现代化物质基础条件的重要指标。

21. 农田灌溉水有效利用系数。农田灌溉水有效利用系数是指在一次灌溉期间不包括深层渗漏与田间流失而被农作物实际有效利用的净水量与水源渠首处总引进水量的比值。它是衡量灌区从水源引水到田间作用吸收利用水的过程中水利用程度的一个重要指标，也是评价农业水资源利用状况的重要指标。

22. 化肥利用率（%）。化肥利用率是指化肥施用被农作物有效吸收利用的部分（另一部分由于淋失、挥发或被土壤固定而成为作物不可利用的形态）占施用总量之比。该指标反映了农业经济生态效益水平，是衡量农业节本、提质、减排的重要指标。

23. 农村卫生厕所普及率（%）。农村卫生厕所普及率是指使用卫生厕所农民家庭户数占农民家庭总户数的比例。该指标反映农村居民生活环境改善、卫生健康水平提高、农村村容村貌的变化状况。

24. 农村清洁能源入户普及率（%）。农村清洁能源入户普及率是指农民家庭使用沼气、太阳能等清洁能源户数占农民家庭总户数的比例。该指标反映了清洁能源在农村的普及使用情况。

第二节　相关赋权方法及权重计算

构建指标体系是开展综合评估的第一步，在此基础上，还需要确定指标体系中各指标的权重。权重的确定需要选择相应的赋权方法，不同的赋权方法确定的权重也不尽相同。赋权方法根据计算权重时原始数据的来源性质不同，可以分为主观赋权法、客观赋权法和主观客观结合的赋权方法。

一　主观赋权法

主观赋权法的权重是根据专家经验主观定性判断而得到，这类方法研究较早，也较为成熟，但客观性较差。

（一）头脑风暴法

头脑风暴法又称智力激励法、脑力激荡法，是由美国创造学家 A. F. 奥斯本于1939年首次提出的一种激发创造性思维的方法[1]。这一方法最初只用于广告的创意设计，但后来很快在技术革新、管理创新和社会问题处理、预测和规划等领域得到了广泛的应用[2]，在确定权重系数时也可运用头脑风暴法。20世纪50年代起，头脑风暴法在国外得到了广泛的应用，20世纪70年代末引入中国，并得到有关方面的重视和运用。

头脑风暴法按性质可以分为直接头脑风暴法和质疑头脑风暴法。前者是在专家群体决策时尽可能激发创造性，产生尽可能多的设想方法；后者则是对前者提出的设想、方案逐一质疑，分析其现实可行性的方法[3]。按照智能结构可以分为个人头脑风暴法和集体头脑风暴法。前者以专家个人的"微观智能结构"为基础；后者以集体"宏观智能结构"为基础，通过召开专家会议获得信息。

在组织召开头脑风暴法会议确定权重系数时应遵循几点原则：（1）选择的专家要对研究对象的相关问题有较深的理解，包括方法论学者、专业

---

[1]　朱新林：《头脑风暴法在管理决策中的应用》，《商业现代化》（下旬刊）2009年3月。
[2]　王国平、阎力：《头脑风暴法研究的现状和展望》，《绥化学院学报》2006年第3期。
[3]　崔巍：《头脑风暴法在产品开发中的应用》，《企业改革与管理》2011年第5期。

领域内学者、分析者、演绎者等。(2) 被选中的专家最好是彼此不认识的,在会议上不公开专家的单位、年龄、职称等相关信息。(3) 会议主持者要消除专家顾虑,营造自由发言的良好氛围,以便专家集中讨论问题,产生思维共振。(4) 鼓励参加者对已经提出的设想进行改进和综合,为修改个人设想的专家提供优先发言的机会。

头脑风暴法具有简便易行,通过与会人员通过交流信息,相互启发、集思广益等优点,但同时也存在着主观性强的问题,权重系数的确定完全依赖于参与的"专家"。

(二) 德尔菲法

德尔菲法(Delphi)是美国兰德公司1964年总结并提出来的一种几乎可以应用于任何领域的咨询决策技术,其核心是通过匿名方式进行几轮函询征求专家们的意见[1]。德尔菲法本质上是一种反馈匿名函询法,具有专家组成员的权威性,预测过程有控趋同性和预测统计的定量性等特点[2]。

1946年,美国兰德公司为了避免集体讨论存在盲目服从或屈从于权威的情况,首次采用德尔菲法进行定性预测,后来该技术被应用于军事、技术、医疗、市场需求等领域。中国研究德尔菲法最早可以追溯到1980年,主要应用在工业领域,是中国第一批系统采用德尔菲法进行技术发展预测[3]。

在运用德尔菲法确定权重时,要确定专家组并与各成员建立直接联系,通过邮寄征询表等方式函询专家的意见,加以汇总后反馈给专家,再次征询意见,如此反复四五轮,逐步使专家的意见趋于一致,作为最终权重确定的依据。其主要步骤为:

第一阶段:准备阶段。主要包括挑选专家和设计征询表。挑选专家的人数视具体研究对象而定,一般在20人左右,应聘请经验丰富、分析

---

[1] 王春枝、斯琴:《德尔菲法中的数据统计处理方法及其应用研究》,《内蒙古财经学院学报》(综合版) 2011年第4期。

[2] 刘学毅:《德尔菲法在交叉学科研究评价中的运用》,《西南交通大学学报》(社会科学版) 2007年第2期。

[3] 王少娜、董瑞等:《德尔菲法及其构建指标体系的应用进展》,《蚌埠医学院学报》2016年第5期。

判断能力强，对研究对象相关领域熟悉的专家。根据相关背景材料，紧紧围绕指标体系中的各个指标设计征询表，要从不同方面提出有针对性的问题。

第二阶段：征询阶段。第一轮征询，将征询表和研究对象相关背景材料，分别寄给每一位专家，征询他们的意见。要求每位专家单独给出自己的权重确定意见及依据。将专家意见收集整理后，反馈给专家，进行第二轮征询。第二轮征询，专家接到第二轮征询表及相关资料后，根据新的信息、其他专家意见及依据，做出新的权重确定意见，并说明理由。以此类推，经过多轮征询，当专家们确定的权重趋于一致或基本一致时，停止征询。

第三阶段：数据处理阶段。在征询过程中和征询结束时，要采用相应的统计方法加以集中整理。在集中专家确定的权重时，若要考虑不同专家的重要性，也可以采用加权平均法计算平均值作为权重的确定值。

德尔菲法具有匿名性、专业性、信息反馈性、统计推断性等优点，但同时也存在所需时间周期较长、主观判断有偏倚、专家中途退出产生不良影响等局限性[①]。

二　客观赋权法

主观赋权法，往往是根据判断者对指标在研究对象中所具有的相对重要性进行赋权，是基于"功能驱动"来确定权重。而客观赋权法是根据数据、信息计算得到权重的方法，是基于"差异驱动"来确定权重。客观赋权法计算方法大多都比较烦琐，对数据的准确性要求较高，但由于该方法依赖的原始数据是由各指标在评价对象中的实际数据形成的，不依赖于人的主观判断，客观性较强，因此也被广泛运用。

（一）均方差法

均方差法是一种基于均方差求解多指标决策权重系数的方法。其基本思路是以各评价指标为随机变量，各研究对象的指标值为该随机变量的取值，通过计算出这些随机变量（各指标）的均方差，然后将这些均

---

① 李占风、洪传梅主编：《经济预测与决策技术》，湖北人民出版社1997年版，第37—40页。

方差归一化，其结果即为各指标的权重系数[①]。

具体步骤可以分为以下几步：

第一步，结合研究问题的指标具体属性，将原始指标数据集采用最大最小法等方法进行归一化处理，得到数据矩阵 Z。

$$Z = [z_{ij}], (i = 1, 2 \cdots n; j = 1, 2 \cdots m)$$

其中，n 为指标个数；m 为研究对象个数。

第二步，计算各指标的均方差。

$$D_i = \sqrt{\frac{1}{m} \sum_{j=1}^{m} (z_{ij} - z_{i\cdot})^2}$$

其中，z_i 为第 i 个指标的平均值。

第三步，将各指标的均方差进行归一化处理，即得到各指标的权重。

$$W_i = \frac{D_i}{\sum_{i=1}^{n} D_i}$$

(二) 离差最大化法

离差最大化法能够自动确定各评价指标间的加权系数，即属性权重，且概念清楚、排序结果准确，不具有主观随意性。运用离差最大化法来进行客观赋权在多属性综合评价模型中应用已较为广泛，该方法的基本原理是从对各方案排序的角度出发，认为若各个方案的某个属性值没有差别，则该属性对于方案排序将不起作用，在多属性综合评价中该属性没有意义。所以，属性对于各个方案而言差异越大，则该属性在方案排序过程中的区分度越大，属性越重要，应该赋予该属性越大的权重[②]。

向用离差最大化法思想来确定指标权重具有相似的原理：即若某一指标值对研究对象来说差异越小，则说明该指标对研究对象的排序所起的作用越小；反之，若某一指标对所有研究对象来说差异较大，则说明该指标对研究对象的排序所起的作用较大，此时应该给该指标赋予较大

[①] 刘辉、陈日辉、王时彬：《基于层次分析法和均方差法的矿山通风方案优选》，《黄金》2016 年第 1 期。

[②] 张荣、刘思峰、刘斌：《基于离差最大化客观赋权法的一般性算法》，《统计与决策》2007 年第 24 期。

的权重。

基于离差最大化法进行综合评价排序的基本步骤可以归纳和概括为：

第一步，对于某一多指标综合评价问题，有关指标权重相关信息完全未知，要先对指标数据进行正向性处理和无量纲化处理，得到决策矩阵，即规范化矩阵为 $Z = [z_{ij}]$，$(i = 1, 2 \cdots n; j = 1, 2 \cdots m)$。

第二步，根据离差最大化方法计算最优加权向量 W。

设指标权重向量为 $W = (W_1, W_2, \cdots W_m)^T > 0$，且要满足单位化约束条件：

$$\sum_{j=1}^{m} W_j^2 = 1$$

加权向量 $W = (W_1, W_2, \cdots W_m)^T$ 的确定，应使所有评价指标对所有研究对象的总离差最大。为此，构造目标函数：

$$MaxF(W) = \sum_{j=1}^{m} \sum_{i=1}^{n} \sum_{k=1}^{n} |Z_{ij} - Z_{kj}| W_j$$

于是，加权向量的确定就等价于求如下问题的最优解：

$$MaxF(W) = \sum_{j=1}^{m} \sum_{i=1}^{n} \sum_{k=1}^{n} |Z_{ij} - Z_{kj}| W_j$$

$$s.t. \sum_{j=1}^{m} W_j^2 = 1$$

求出最优解即得到 $W = (W_1, W_2, \cdots W_m)^T$，再进行归一化处理后得到最终确定的各指标权重 $W' = (W'_1, W'_2, \cdots W'_m)^T$。

第三步，将得到的权重 $Y = \sum_{j=1}^{m} f(W_j, X_j)$，与规范化矩阵相乘，得到各研究对象的综合评价得分。

$$Y = Z \cdot W'$$

三 主观客观结合的赋权法

主观客观结合的赋权法是介于主观赋权法和客观赋权法之间的赋权方法，这种方法权重的确定既有主观定性成分又有数据定量计算，其具有代表性的方法是层次分析法。

层次分析法（Analytic Hierarchy Process，AHP）是20世纪70年代末

由美国著名运筹学家萨蒂（T. L. Satty）教授提出来的一种将定量分析与定性分析相结合的多目标决策方法。这种方法适用于结构较为复杂、决策准则较多而不易量化的决策问题。由于其思路简单明了，并且能紧密地与决策者的主观判断和推理联系起来，对决策者的推理过程进行量化描述，进而避免决策者在结构复杂和方案较多时出现逻辑推理上的失误，使得这种方法在国内外得到广泛的应用①。

运用层次分析法进行综合评价分析，大体可分为以下几个基本步骤：

（一）建立递阶结构模型

建立递阶结构模型是为了把问题条理化，把问题分解成若干层次，层次的正确划分和各因素间关系的正确描述是层次分析法的关键。建立的递阶层次模型中，应把具有共同属性的元素归为一组，作为结构模型的一个层次，同一层次的元素既对下一层元素起着制约作用，又受到上一层元素的制约。一般而言，可以将整个指标体系层次分为三种类型：

（1）目标层。只包含一个元素，处于整个指标体系的最高层，表示综合评价分析的总目标。

（2）准则层。包含若干层元素，处于整个指标体系的中间层，表示实现总目标所涉及的各子目标，包括各种准则、约束、策略等。

（3）指标层。是指收集具体数据资料的指标层，处于整个指标体系的最底层。一般来讲，每一层次各元素所支配的元素数量不宜过多，过多的元素会给主观判断带来困难。

（二）构造判断矩阵

评价指标体系明确以后，各指标层次之间的隶属关系就确定了。构造判断矩阵的关键在于设计一种特定的比较判断两元素相对重要程度的标度法则（见表6—2），这种标度法则是层次分析法的特点。为求出同一层次上的权重系数，假设当前层次指标为 X_1, X_2, $\cdots$, X_n，相关的上一层因素为 B，则可针对因素 B，对所有指标 X_1, X_2, $\cdots$, X_n 两两进行比较，得到数值 x_{ij}。

---

① 胡运权主编：《运筹学教程》，清华大学出版社2003年版，第436页。

表6—2　　　　　　　　　　相对重要程度及说明

相对重要程度 x_{ij} 取值	定义	解释
1	同等重要	指标 i 与指标 j 同样重要
3	略微重要	指标 i 比指标 j 略微重要
5	相当重要	指标 i 比指标 j 重要
7	明显重要	指标 i 比指标 j 明显重要
9	绝对重要	指标 i 比指标 j 绝对重要
2, 4, 6, 8	介于两相邻重要程度间	—

（三）确定权重系数

设当前层次上的指标 X_1，$X_2 \cdots X_n$ 相关的上一层因素为 B_1，$B_2 \cdots B_m$。记 X 的最大特征根为 $\lambda_{\max}$，属于 $\lambda_{\max}$ 标准化的特征向量为 $w^i = (w_1^i, w_2^i \cdots w_n^i)'$，则 w_1^i，$w_2^i \cdots w_n^i$ 给出了指标 X_1，$X_2 \cdots X_n$ 相对于因素 B_i 的按重要（或偏好）程度的一个排序。如果已知上一层 m 个因素的权重分别为 b_1，$b_2 \cdots b_m$，则当前层每个因素的组合权重系数为：

$$\sum_{i=1}^{m} b_i w_1^i, \sum_{i=1}^{m} b_i w_2^i, \cdots, \sum_{i=1}^{m} b_i w_n^i$$

如此自上而下逐层求下去，一直到最底层所有因素的权重系数都计算出来为止，根据最底层权重系数即可给出一个关于各方案优先程度的排序。

若记 C_k 为第 k 层次上所有指标相对于上一层有关因素的权重向量按列组成的矩阵，则第 k 层次的组合权重系数向量 W^k 用矩阵表示为：

$$W^k = C_k \cdot C_{k-1} \cdot \cdots \cdot C_2 \cdot C_1$$

其中 $C_1 = (1)$

（四）一致性检验

在计算得到判断矩阵 $X = (x_{ij})_{n \cdot n}$ 结果时，有时会出现判断上的不一致性，因此还需要计算一致性指标 $C.R$（Consistency Ratio）进行检验。

$$C.R = \frac{C.I}{R.I}$$

其中，$C.I$ 为判断矩阵的一致性指标。

$$C.I = \frac{\lambda_{\max} - n}{n - 1}$$

在实际求解过程中，由于求解判断矩阵并不需要过高的精度，可以采用近似的方法求解判断矩阵最大特征值和对应的特征向量。通常的近似求解方法包括方根法与和积法。

1. 方根法

首先，计算 $\overline{w}_i$：

$$\overline{w}_i = \sqrt[n]{\prod_{j=1}^{n} x_{ij}} \ (i = 1, 2 \cdots n)$$

其次，将 $\overline{w}_i$ 规范化得到 w_i，即特征向量 w 的第 i 个分量：

$$w_i = \frac{\overline{w}_i}{\sum_{i=1}^{n} \overline{w}_i} (i = 1, 2, \cdots n)$$

最后，求 λ_{max}：

$$\lambda_{max} = \sum_{i=1}^{n} \frac{\sum_{j=1}^{n} x_{ij} w_j}{n w_i}$$

2. 和积法

首先，按列将判断矩阵 X 规范化，有：

$$\overline{x}_{ij} = \frac{x_{ij}}{\sum_{k=1}^{n} x_{kj}}$$

其次，计算 $\overline{w}_i$：

$$\overline{w}_i = \sum_{j=1}^{n} \overline{x}_{ij} \ i = 1, 2 \cdots n$$

再次，将 $\overline{w}_i$ 规范化，可以得到特征向量 w 的第 i 个分量即 w_i：

$$w_i = \frac{\overline{w}_i}{\sum_{i=1}^{n} \overline{w}_i} (i - 1, 2, \cdots n)$$

最后，计算 λ_{max}：

$$\lambda_{max} = \sum_{i=1}^{n} \frac{\sum_{j=1}^{n} x_{ij} w_j}{n w_i}$$

$R.I$ 为平均随机一致性指标（random index），其数值随判断矩阵阶数而变化，具体数值见表6—3。

表6—3　　　　　　　　　平均随机一致性指标

阶数	1	2	3	4	5	6	7	8
R.I	0	0	0.52	0.89	1.12	1.26	1.36	1.41
阶数	9	10	11	12	13	14	15	—
R.I	1.46	1.49	1.52	1.54	1.56	1.58	1.59	—

当一致性指标 $C.R$ 越小时，判断矩阵的一致性越好。一般认为，当 $C.R \leqslant 0.1$ 时，判断矩阵符合满意的一致性标准，层次单排序的结果是可以接受的；否则，需要重新修正判断矩阵，直到一致性检验通过[①]。

四　计算权重系数

结合前述相关的赋权方法，我们在对湖北农村全面建成小康社会发展水平进行综合评价时，选用层次分析计算各指标权重。

首先，构造出由目标层、准则层、指标层构成的递阶结构模型。根据表6—1，确定目标层为湖北农村全面建成小康社会发展水平；准则层为经济发展、农民生活、社会发展、民主政治、资源环境；指标层为各准则层下具体指标，共24项。

其次，在每一层次中针对某一准则（上层）对该层元素邀请相关专家对各指标的重要性程度进行打分，得出判断矩阵。如经济发展准则层中，将农村常住居民人均可支配收入、农业劳动生产率、城镇化率、农业机械总动力、农业科技进步贡献率、农户入社率6项指标进行两两比较，得到经济发展准则层判断矩阵；在目标层中，将经济发展、农民生活、社会发展、民主政治、资源环境两两比较，得到总目标判断矩阵。

再次，采用方根法求解判断矩阵的特征值方法，分别得到五个准则下各指标的权重系数和总目标下各准则层的权重系数。

最后，进一步计算出总目标的组合权重（详见表6—4）。

---

① 彭玮、王金华、卢青：《构建新型农村社会化服务体系》，湖北科学技术出版社2012年版，第142—144页。

表6—4　　湖北省农村全面建成小康社会发展水平综合评价权重系数

目标层	准则层（权重）	指标（准则层权重/总目标权重）
湖北省农村全面建成小康社会发展水平	经济发展（29）	农村常住居民人均可支配收入（按2010年不变价计算）（24/7）
		农业劳动生产率（21/6）
		城镇化率（14/4）
		农业机械总动力（14/4）
		农业科技进步贡献率（17/5）
		农户入社率（10/3）
	农民生活（23）	农村居民家庭恩格尔系数（26/6）
		农村人均住房面积（22/5）
		农村居民文教娱乐消费支出比（22/5）
		农村互联网覆盖率（13/3）
		农村自来水普及率（17/4）
	社会发展（23）	城乡居民收入比（26/6）
		脱贫完成率（22/5）
		农村人口平均受教育年限（17/4）
		每千农村常住人口医疗卫生机构床位数（13/3）
		农村地区5岁以下儿童死亡率（13/3）
		农村最低生活保障平均支出水平（9/2）
	民主政治（10）	社会安全指数（50/5）
		农村基层民主参选率（50/5）
	资源环境（15）	建成高标准农田面积（27/4）
		农田灌溉水有效利用系数（27/4）
		化肥利用率（20/3）
		农村卫生厕所普及率（13/2）
		农村清洁能源入户普及率（13/2）

注：1. 为方便计算，将根据层次分析法计算得到的权重系数进行百分制处理，即各类权重系数总和为100且为正整数。

2. 准则层权重系数是相对总目标而言，各准则两两比较而得到的权重。

3. 指标层权重系数括号中前面的数值为准则层权重，表示相对各准则而言，各指标两两比较而得到的层次单排序权重系数；括号中后面的数值为总目标权重，表示相对总目标而言，各指标的层次总排序权重系数。

第七章

湖北农村全面建成小康社会进程测度

前面章节结合农民人均纯收入、恩格尔系数等单个指标对湖北农村小康历史水平进行了简单测度与评估。为了对2010年以来湖北省农村全面小康发展进程有更深入的了解和更精确的度量,本章将以构建的湖北农村全面建成小康社会发展水平指标体系为基础,采用综合评价方法进行实证研究。

第一节 数据来源及处理

一 原始数据来源

研究所用的原始数据为各指标2010—2016年的值,主要来自历年《中国统计年鉴》《中国民政统计年鉴》《中国人口与就业统计年鉴》;历年《湖北省全面建成小康社会监测报告》;历年《湖北统计年鉴》《湖北农村统计年鉴》;湖北省农业、扶贫、国土、水利、财政、法院、公安等部门数据及相关部门网站公布的统计公报和调查数据等。各指标的数值大部分是直接从统计年鉴、统计公报和相关部门收集得到的,部分指标数值是根据收集的指标间接计算得到的。比如,农村常住居民人均可支配收入是根据2010年不变价格计算的;农户家庭恩格尔系数、农村居民文教娱乐消费支出比、城乡居民收入比、农村互联网覆盖率、脱贫完成率、农村人口平均受教育年限等是根据直接收集相关指标,运用有关公式计算得到的。各指标原始数据来源及计算见表7—1。

表 7—1　　　　　　　各指标原始数据来源及计算方法

指标名称	单位	来源及相关计算方法
农村常住居民人均可支配收入（按2010年不变价计算）	元	《湖北统计年鉴》，用农村 CPI 剔除价格因素影响计算得到
农业劳动生产率	万元/人	《湖北省全面建成小康社会监测报告》
城镇化率	%	《湖北统计年鉴》
农业机械总动力	万千瓦	《湖北统计年鉴》
农业科技进步贡献率	%	湖北省农业部门数据
农户入社率	%	湖北省农业部门数据
农村居民家庭恩格尔系数	%	《湖北统计年鉴》，由农民家庭消费支出中食品部分占总消费支出的比重计算得到
农村人均住房面积	平方米	《湖北统计年鉴》
农村居民文教娱乐消费支出比	%	《湖北统计年鉴》，由农民家庭消费支出中文教娱乐消费支出部分占总消费支出的比重计算得到
农村互联网覆盖率	%	《中国统计年鉴》，由湖北省农村宽带接入户数占乡村常住人口户数之比计算得到
农村自来水普及率	%	《湖北全面建成小康社会监测报告》
城乡居民收入比	以农村为1	《湖北统计年鉴》，由城镇居民人均可支配收入与农村常住居民人均可支配收入或农民家庭人均纯收入相比计算得到
脱贫完成率	%	湖北省扶贫部门数据，由当年实现脱贫人数累计数占全省建档立卡贫困人口总数之比计算得到
农村人口平均受教育年限	年	《中国人口和就业统计年鉴》，按照现行学制农村学龄人口受教育年限总和除以农村学龄人口（6岁及以上）计算得到
每千农村常住人口医疗卫生机构床位数	张	《中国统计年鉴》
农村地区5岁以下儿童死亡率	‰	《中国统计年鉴》
农村最低生活保障平均支出水平	元/（人·月）	《中国民政统计年鉴》
社会安全指数	%	湖北省法院、公安、安全生产管理部门统计资料
农村基层民主参选率	%	湖北省民政部门统计资料

续表

指标名称	单位	来源及相关计算方法
建成高标准农田面积	万亩	湖北省国土、财政、农业、发改等部门统计资料
农田灌溉水有效利用系数	—	湖北省水利部门统计资料
化肥利用率	%	湖北省农业部门数据
农村卫生厕所普及率	%	《湖北省全面建成小康社会监测报告》
农村清洁能源入户普及率	%	湖北省农业部门数据

二 数据相关处理

（一）缺失数据处理

由于统计数据公布存在时滞、统计调查方法变化、统计口径调整等原因，造成农村互联网覆盖率、农村人口平均受教育年限、农村地区5岁以下儿童死亡率、农村最低生活保障平均支出水平、农田灌溉水有效利用系数、农村清洁能源入户普及率等部分指标2016年的数据缺失。

缺失数据处理方法有很多，可以采用基于填补的方法，也可以基于参数似然的方法或是基于加权调整的方法。不同缺失数据的处理方法的选择主要取决于研究数据的性质和质量、数据的使用者和用途以及缺失数据的广度和内在机制[①]。在湖北省农村全面建成小康社会发展水平综合评价指标体系中，主要采取填补的方法对缺失数据进行处理。具体来看，基本呈水平发展状态的指标，如农村人口平均受教育年限，用2010—2015年以来的数据平均值7.77替代2016年指标值。基本呈下降发展趋势的指标，如农村地区5岁以下儿童死亡率，2016年指标值是在2015年的基础上减去前几年平均下降幅度得到的。基本呈上升发展趋势的指标，如农村互联网覆盖率，2016年指标值则是在2015年的基础上加上前几年平均增长幅度得到的。

（二）小康目标值确定

1. 目标值确定依据

确定2020年农村全面建成小康目标值要注重与国内外各种社会发展

---

① 庞新生：《缺失数据处理方法的比较》，《统计与决策》2010年第24期。

指标体系的研究成果对比,从中汲取精华、总结经验,从而对农村全面建成小康社会目标在全省乃至全国全面建成小康社会发展中所处的阶段与位置有更加清晰、全面的认识。在确定湖北农村全面建成小康社会目标时,主要考虑以下几个方面的对接。

一是全面建成小康社会水平与不同收入水平国家的有关标准对接。改革开放以来,中国经济发展成绩举世瞩目,根据世界银行对不同收入国家或地区的界定标准,中国人均国民收入处于4126—12735美元的水平,现在已经步入了上中等收入国家的行列(见表7—2)。当前中国正处于全面建成小康社会的决胜时期,对小康目标值的确定以参考上中等收入国家相关指标标准为主,个别指标可以参考高收入国家标准。认清全面建成小康社会在世界国家或地区经济发展中所处的水平和地位,有利于我们进行科学定位,努力跨越"中等收入陷阱",加快步入高收入国家行列。

表7—2　　　　　　2016年世界银行对不同收入国家的界定标准

类型	标准
低收入国家	人均国民收入为1045美元及以下
下中等收入国家	人均国民收入为1046—4125美元
上中等收入国家	人均国民收入为4126—12735美元
高收入国家	人均国民收入为12736美元及以上

二是全面小康与国家现代化发展阶段性目标的对接。小康是具有中国特色的国家现代化的阶段性过程,从"三步走"发展战略来看,小康处于实现温饱与达到现代化的中间状态。从"新三步走"发展战略来看,全面小康则又是小康的进一步细化,是处于总体小康与现代化的中间阶段。从"三步走"到"新三步走",再到党的十九大提出的在全面建成小康社会的基础上分两步走,全面建设社会主义现代化国家的新目标,全面建成小康社会要站在新的历史高度,确定的目标要符合新时代的要求。为此,全面建成小康社会目标要注重与国家现代化发展阶段性目标的对接,它是在实现总体小康水平的基础上进一步提高,并为基本实现现代化,建成富强民主文明和谐美丽的社会主义现代化强国奠定基础。同时,参照国外现代化发展的典型经验,充分参考借鉴西方发达国家有关评价

现代化发展水平相关目标的研究。

三是农村地区全面建成小康社会目标与中国全面建成小康社会发展目标的对接。全面建成小康社会的本质是"全面",既要有相对富裕的城市实现全面建成小康,也要有经济发展相对落后的广大农村地区同步实现全面建成小康社会。因此,在确定农村全面建成小康社会的目标时,要以全国、全省小康目标为重要依据或参考,比如在全国和湖北省全面建成小康社会监测体系中提到的与农业、农村、农民有关目标,可以直接用来作为农村全面建成小康社会的目标。又如在城乡发展一体化的背景下,未来城乡基本公共服务均等化的趋势日益明显,在确定农村有关目标值时,可以参考城市相关指标标准,或是参照全省统一标准来确定。

四是农村全面建成小康目标与湖北实际发展情况的对接。湖北农村兼具山区、丘陵、平原、岗地等地理特征,以秦巴山、武陵山、大别山、幕阜山为主的"四大片区"脱贫攻坚任务重,经济社会发展情况复杂,发展水平不一,既有像钟祥彭墩村、嘉鱼官桥八组等为代表的"明星村",也有不少生活在贫困线以下的山区贫困村,还有大部分青壮年外出务工的"留守"村。因此,在确定全面建成小康社会目标时,要紧密结合湖北广大农村地区发展的现实情况,理论联系实际。确定具体指标的小康目标值,不仅要依靠统计部门的数据,还要有来源于农业、发改、住建、国土、水利、交通、经信、民政、人社等多个部门的数据,注重参考全省经济社会发展"十三五"规划和各部门的"十三五"规划中有关农村地区的小康社会发展的相关目标。

2. 指标小康目标值的说明

根据党的十八大提出的着眼于全面建成小康社会的"五位一体"总体布局,考虑到实现"总体小康""全面小康"和"现代化"三个发展阶段的递进衔接关系[①],根据相关确定依据和参照标准,设定到2020年湖北省农村全面建成小康社会的各指标目标值(详见表7—3)。

---

① 钟蓝:《全面建设小康社会达标值亮底》,《数据》2006年第9期。

表7—3　　　湖北省农村全面建成小康社会指标体系目标值

总目标	子目标	指标名称	单位	小康目标值（2020年）
湖北省农村全面建成小康社会发展水平	经济发展	农村常住居民人均可支配收入（按2010年不变价计算）	元	11664.54
		农业劳动生产率	万元/人	≥2
		城镇化率	%	61
		农业机械总动力	万千瓦	5000
		农业科技进步贡献率	%	≥60
		农户入社率	%	60
	农民生活	农村居民家庭恩格尔系数	%	≤30
		农村人均住房面积	平方米	45
		农村居民文教娱乐消费支出比	%	≥12.5
		农村互联网覆盖率	%	35
		农村自来水普及率	%	≥80
	社会发展	城乡居民收入比	以农村为1	2.5
		脱贫完成率	%	100
		农村人口平均受教育年限	年	10.8
		每千农村常住人口医疗卫生机构床位数	张	6.3
		农村地区5岁以下儿童死亡率	‰	≤9
		农村最低生活保障平均支出水平	元/（人·月）	180
	民主政治	社会安全指数	%	100
		农村基层民主参选率	%	≥95
	资源环境	建成高标准农田面积	万亩	3570
		农田灌溉水有效利用系数	—	0.524
		化肥利用率	%	≥40
		农村卫生厕所普及率	%	≥85
		农村清洁能源入户普及率	%	≥45

（1）农村常住居民人均可支配收入

2010年湖北农民家庭人均纯收入为5832.27元，按照党的十八大提出"确保到二〇二〇年实现全面建成小康社会宏伟目标……经济持续健康发展，在发展平衡性、协调性、可持续性明显增强的基础上，实现国内生产总值和城乡居民人均收入比二〇一〇年翻一番"的要求,湖北农村常住居民人均可支配收入的小康目标值确定为11664.54元(按2010年不变价计算)。

(2) 农业劳动生产率

根据国家统计局制定的全面建成小康社会统计监测指标体系和湖北省统计局制定的湖北全面建成小康社会监测指标体系的要求,到2020年湖北农业劳动生产率应大于或等于2万元/人。

(3) 城镇化率

目前,世界高收入国家的平均城镇化率超过80%,上中等收入国家平均城镇化率超过75%,下中等收入国家平均城镇化率超过50%。全面建成小康社会时,城镇化率应在上中等收入国家与下中等收入国家之间。随着国家新型城镇化发展进程的不断推进,城镇化水平将持续提高,根据《湖北省国民经济和社会发展第十三个五年规划纲要》的要求,到2020年城镇化率达到61%的水平。

(4) 农业机械总动力

机械化水平是农业现代化发展的重要标志之一。根据《湖北省农业发展第十三个五年规划》提出的发展目标,到2020年农业机械化总动力要达到5000万千瓦。

(5) 农业科技进步贡献率

未来,农业科技进步将是农业增长的重要来源,提高农业科技进步贡献率有助于从总体上提高湖北农业科技进步水平。结合《湖北省农业发展第十三个五年规划》提出的发展目标,到2020年湖北省农业科技进步贡献率要达到60%及以上。

(6) 农户入社率

农民专业合作社是新型农业经营主体的重要组成部分。《湖北省农业发展第十三个五年规划》中提出,到2020年湖北省农户参加农民专业合作社的比率将达到60%。

(7) 农村居民家庭恩格尔系数

根据一般经验,恩格尔系数在60%以上为绝对贫困;50%—60%为温饱水平;40%—50%为总体小康水平;20%—40%为全面小康水平;20%以下为现代化水平。结合湖北发展实际,并参照发达国家相关经验,到 2020 年湖北农村居民家庭恩格尔系数下降到 30% 及以下的水平。这也符合联合国根据恩格尔系数来判定一个国家或地区达到相对富裕的标准。

（8）农村人均住房面积

中国社会科学院在《中国农村全面建成小康社会评价指标体系》中提出了农村人均住房面积 30 平方米的小康标准，而根据国际经验，人均住房建筑面积一般达到 35—40 平方米，才会逐步稳定下来。结合湖北农村住房面积的实际情况，将该指标的目标值提高到 45 平方米。

（9）农村居民文教娱乐消费支出比

围绕党的十八大提出的公民文明素质和社会文明程度明显提高的要求，强调社会主义核心价值体系深入人心，农村文化消费支出是丰富人民精神文化生活的发展方向之一。根据 2010 年以来湖北该指标发展情况，确定 2020 年湖北农村居民文教娱乐消费支出比（包括商品和服务支出）的目标值要达到 12.5% 及以上。

（10）农村互联网覆盖率

随着新型城镇化的发展，大量青年农村劳动力转移到城市，家庭年龄结构老化，未来农村对互联网的需求增加不会太明显，再结合 2010 年以来湖北农村互联网发展实际，设定到 2020 年湖北农村互联网覆盖率达到 35% 的目标。

（11）农村自来水普及率

全国和湖北省全面建成小康社会统计监测指标体系中均提出了农村自来水普及率要大于或等于 80%。参照此标准，到 2020 年湖北省农村自来水普及率达到 80% 及以上。

（12）城乡居民收入比

大量发展中国家的经验教训表明，收入差距的扩大是导致社会和政治不稳定的一个重要因素。1993 年湖北城乡收入比曾经高达 3.1∶1，21 世纪的前十年也一直保持在高水平状态，城乡收入差距过大的问题，已经到了必须解决的地步。根据全国和湖北省全面建成小康社会统计监测指标体系提出的城乡居民收入比不能超过 2.8∶1 的要求，结合湖北发展实际，到 2020 年小康目标值设定为 2.5∶1。

（13）脱贫完成率

消除贫困、改善民生、逐步实现共同富裕，是社会主义的本质要求。

深入推进扶贫开发，是打赢脱贫攻坚战、实现共同富裕的重大举措。扶贫开发事关全面建成小康社会，特别是对农村全面建成小康社会具有直接影响。湖北提出了"精准扶贫、不落一人"的总体目标，实现全部建档立卡的贫困人口整体脱贫是农村建成全面小康社会的硬性指标。因此，到 2020 年，湖北脱贫完成率要达到 100%。

（14）农村人口平均受教育年限

平均受教育年限指标能反映对人民发展权的更好保障，衡量教育现代化和人才强国建设成效。农村人口平均受教育年限在教育事业和国民素质发展中的重要作用日趋明显。参照中国社会科学院《中国农村全面建成小康社会评价指标体系》中提出的农村人口平均受教育年限标准，设定到 2020 年湖北农村人口平均受教育年限要达到 10.8 年。

（15）每千农村常住人口医疗卫生机构床位数

结合全国床位数的历史变化趋势，并借鉴经济合作与发展组织（OECD）国家人均 GDP 与中国 2020 年水平相当时的千人口床位数，《全国医疗卫生服务体系规划纲要（2015—2020 年）》提出了到 2020 年每千常住人口医疗卫生机构床位数达到 6 张的目标。而湖北省卫生与健康事业发展"十三五"规划提出了到 2020 年全省每千常住人口医疗卫生机构床位数达到 6.3 张的目标，按照城乡医疗卫基本公共服务均等化的发展趋势，每千农村常住人口医疗卫生机构床位数小康目标确定为 6.3 张。

（16）农村地区 5 岁以下儿童死亡率

从历史比较来看，中国改革开放以来全国 5 岁以下儿童死亡率大幅度降低，降速高于世界平均水平。未来湖北将更加重视医疗卫生事业的投入和进步，全民健康水平将会不断提高，农村儿童死亡率也将随之降低。湖北提出了到 2020 年 5 岁以下儿童死亡率低于 9‰ 的目标，随着城乡医疗卫生基本公共服务均等化不断推进，确定农村 5 岁以下儿童死亡率小康目标值为 9‰ 及以下。

（17）农村最低生活保障平均支出水平

根据湖北农村最低生活保障标准的发展趋势，并结合 2010 年以来支出水平的实际情况，到 2020 年，农村最低生活保障平均支出水平设定为 180 元/（人·月）。

(18) 社会安全指数

全面建成小康社会既是社会主义市场经济体制的完善过程，也是社会经济大发展、大变动的过程，更是各种社会矛盾集中释放的过程。根据国家和湖北省全面建成小康社会统计监测指标体系的要求，到2020年社会安全指数应达到100%。

(19) 农村基层民主参选率

农村基层民主选举是乡村治理的重要内容。目前，农村基层民主选举逐渐步入规范化、程序化、民主化、法治化轨道，社会民主已基本在中国最基层的农村扎根。参照国家和湖北省全面建成小康社会统计监测指标体系中的标准，到2020年湖北省农村基层民主参选率达到95%及以上。

(20) 建成高标准农田面积

农田是农业生产的重要物质基础。湖北整体推进高标准农田建设，促进耕地节约集约利用、提升耕地质量、改善生态环境，为保障粮食安全和农产品有效供给、提高农业综合生产能力奠定坚实基础。根据全国高标准农田建设总体规划中对湖北省提出的任务要求，湖北省高标准农田规划和湖北省国土"十三五"规划均提出到2020年湖北省建成高标准农田3570万亩，以此作为小康目标值。

(21) 农田灌溉水有效利用系数

目前，中国农业用水量占到全国水资源利用总量的61%，有效利用系数水平只相当于世界先进水平的60%左右。水资源对农业发展至关重要，水资源的历史性变化也必将引发农业的大变局。《全国农业可持续发展规划（2015—2030年）》提出农业灌溉用水有效利用系数到2020年要达到0.55以上。根据湖北发展实际，并结合湖北省水利发展"十三五"规划提出的目标，到2020年农田灌溉水有效利用系数达到0.524。

(22) 化肥利用率

提高化肥利用率是转变农业发展方式，提高农业综合生产能力的必然要求。随着"到2020年化肥、农药使用量零增长行动"的实施，配方肥应用到田、施肥方式转变、技术集成推广等方面不断加强，并参照《湖北省农业发展第十三个五年规划》要求，到2020年湖北化肥利用率提高到40%及以上水平。

(23) 农村卫生厕所普及率

全国和湖北省全面建成小康社会统计监测指标体系中对农村卫生厕所普及率设定的小康目标值为75%。《全国城乡环境卫生整洁行动方案（2015—2020年）》提出了"到2020年，农村卫生厕所普及率提高到85%"。结合湖北发展实际，农村卫生厕所普及率小康目标值设定为85%及以上。

(24) 农村清洁能源入户普及率

农村能源对实现节能减排、保护生态环境、调整农业结构、改善农村生产生活条件和促进经济社会可持续发展具有重大意义。农村清洁能源有利于减轻农业面源污染，改善农村生产生活条件。参照《湖北省农业发展第十三个五年规划》的标准，到2020年湖北农村清洁能源入户普及率达到45%及以上。

(三) 标准化处理

湖北农村全面建成小康社会发展水平综合评价指标体系存在着不同性质的指标和不同量纲、数量级的指标。从性质上来看，有正向性指标和负向性指标（或称逆向性指标），正向指标数据越大，总目标水平也会相应提高，而负向性指标越大，总目标水平则会减少。从量纲和数量级来看，各指标差别较大，如农田灌溉水有效利用系数指标值在0—1，农村恩格尔系数的单位为%，指标数量级为10^2，而农业机械总动力、建成高标准农田面积单位分别为万千瓦、万亩，指标数量级为10^4。当各指标间的量纲和数量级相差很大时，如果直接用原始指标值进行分析，就会突出数值较高的指标在综合分析中的作用，而削弱数值水平较低指标的作用，这与评价中指标实际的重要性有出入。因此，为了保证结果的可靠性，需要对原始指标数据进行标准化处理。

数据标准化处理主要包括数据同趋化处理和无量纲化处理两个方面。对不同性质指标直接加总不能正确反映不同作用力综合结果的问题，需要进行数据同趋化处理（或称一致性处理）。通过改变负向指标数据性质，解决不同性质数据的方向问题，使所有指标对评价体系的作用力同向化，从而汇总得出最终结果。无量纲化处理主要解决数据的可比性，消除数据量纲和数量级影响，实际中可通过采取"最小—最大标准化""Z-score标准化""按小数定标标准化"等方法，将原始数据转换为无量纲化的指标值，使各指标值处于同一个数量级别上，以便于进行综合评价。

本章在进行数据标准化时，结合农村全面建成小康社会目标值，按照指标性质分类，对原始数据进行如下处理：

$$X'_{ij} = \frac{X_{ij}}{X_i^*}，当 X_i 为正向指标时；$$

$$X'_{ij} = \frac{X_i^*}{X_{ij}}，当 X_i 为负向指标时。$$

其中，X_{ij} 为原始数据值；X'_{ij} 为标准化处理后数据值；X_i^* 为各指标的小康目标值。设定小康目标值为最优值，当 $X'_{ij} > 1$ 时，取 $X'_{ij} = 1$。原始数据标准化处理后的指标值见本书第 176 页附表 7—1。

第二节　湖北农村全面建成小康社会实现进程测度

根据前述指标体系和确定的权重系数，采用恰当的综合评价方法对湖北农村全面建成小康社会发展水平进行综合评价，并结合具体指标和各子目标发展水平进行全面分析。

一　湖北农村全面建成小康社会发展水平测度

为全面综合评价 n 个被评价对象的发展状况，如果事先已知 n 个状态向量 $X_i = (X_{i1}, X_{i2}, \cdots, X_{im})$，$(i = 1, 2, \cdots, n)$，根据 m 个评价指标的实际影响，确定相应的权重向量 $W = (W_1, W_2, \cdots, W_m)$，通过选择构造合适的数学方法构造综合评价函数，即综合评价模型：

$$Y = f(W, X)$$

由此计算综合评价指标函数值 $Y_i = f(W, X_i)$，$(i = 1, 2, \cdots, n)$，并按 Y_i 的取值大小对 n 个被评价对象进行排序或分类。

由于各类评价方法的原理不同、适用的范围不同，在实施综合评价时需要选择适当的评价方法或评价模型进行研究。鉴于之前的指标选择和权重的确定，在对湖北农村全面建成小康社会发展水平进行综合评价研究时，选择线性加权综合法作为评价方法，即采用线性加权函数对

2010—2016 年农村小康水平进行综合评价，并以此测度湖北农村全面建成小康社会进程。

$$Y = \sum_{j=1}^{m} W_j \cdot X_j$$

线性加权综合法计算简便、可操作性强，能使得各评价指标间作用得到线性补偿，保证综合评价指标的公平性。显然，在该方法中权重系数对评价结果的影响明显，即权重较大的指标对综合水平作用较大。

在准则层测度中，根据各准则层下具体指标标准化处理后的数据，并结合前述表 6—4 中指标的准则层权重系数计算各子目标发展水平。计算公式为：

$$Y_i = \sum_{j=1}^{m} W_j \cdot X'_{ij}$$

其中，Y_i 为经济发展、农民生活、社会发展、民主政治、资源环境各准则层（子目标）发展水平；X'_{ij} 为各准则层（子目标）下标准化处理后的指标数据；W_j 为各准则层（子目标）下指标的准则层权重系数。

2010—2016 年，经济发展子目标发展水平为：

$(62.88, 68.91, 74.92, 80.00, 85.45, 88.22, 90.18)^T$

2010—2016 年，农民生活子目标发展水平为：

$(69.96, 73.37, 77.06, 76.81, 91.39, 93.31, 92.80)^T$

2010—2016 年，社会发展子目标发展水平为：

$(49.74, 53.36, 56.69, 61.54, 62.84, 69.76, 77.39)^T$

2010—2016 年，民主政治子目标发展水平为：

$(96.00, 96.16, 92.79, 93.32, 93.35, 90.52, 93.28)^T$

2010—2016 年，资源环境子目标发展水平为：

$(63.09, 67.25, 71.44, 77.59, 81.77, 85.09, 89.82)^T$

在总体目标测度中，将具体指标标准化处理后的数据，并结合前述表 6—4 中指标的总目标权重系数计算总体目标发展水平。其计算方法与准则层测度相同。

2010—2016 年，湖北农村全面建成小康社会发展水平为：

$(64.83, 68.83, 72.48, 75.99, 81.85, 84.90, 88.10)^T$

二 整体评价分析

依据总目标和五个子目标评价结果显示,2016年湖北省农村全面建成小康社会发展水平达到88.10%,其中经济发展、农村生活、社会发展、民主政治、资源环境子目标发展水平分别达到了90.18%、92.80%、77.39%、93.28%、89.82%。

2010—2016年,湖北农村全面建成小康社会发展水平整体呈增长态势,六年增长了23.27个百分点,年均增长3.88个百分点。从子目标来看,发展态势有增有减,增长速度有快有慢。除民主政治子目标整体平稳略有下降外,其他四个子目标均呈上升趋势。社会发展增长最快,年均增长4.61个百分点,其次是经济发展和资源环境,年均增长分别为4.55个、4.45个百分点,这三个子目标增速均高于总目标增速。农民生活增长相对较慢,年均增长3.81个百分点,低于总目标增长速度。从对总目标的增长贡献作用来看,经济发展由于权重最大,且增长幅度也较大,因而对农村全面建成小康社会总体发展水平的增长贡献作用最大,为34.03%;其次为社会发展和农民生活,增长贡献率分别为27.23%和22.58%。

表7—4　　2010—2016年湖北省农村全面建成小康社会发展水平　　(单位:%)

年份	经济发展子目标	农民生活子目标	社会发展子目标	民主政治子目标	资源环境子目标	总目标
2010	62.88	69.96	49.74	96.00	63.09	64.83
2011	68.91	73.37	53.36	96.16	67.25	68.83
2012	74.92	77.06	56.69	92.79	71.44	72.48
2013	80.00	76.81	61.54	93.32	77.59	75.99
2014	85.45	91.39	62.84	93.35	81.77	81.85
2015	88.22	93.31	69.76	90.52	85.09	84.90
2016	90.18	92.80	77.39	93.28	89.82	88.10
增幅	27.30	22.84	27.65	-2.72	26.73	23.27
年均增幅	4.55	3.81	4.61	-0.45	4.45	3.88
贡献率	34.03	22.58	27.33	-1.17	17.23	100.00

从具体指标来看，除农村人口平均受教育年限和社会安全指数两项指标外，其余22项指标2016年较2010年指标水平均表现为增长趋势，其中，脱贫完成率、农户入社率、建成高标准农田面积三项指标提高水平都超过50个百分点。农村居民家庭恩格尔系数、农村常住居民人均可支配收入、农村地区5岁以下儿童死亡率、农村清洁能源入户普及率、农业劳动生产率、农村最低生活保障平均支出水平、每千农村常住人口医疗卫生机构床位数、农村互联网覆盖率等多项指标年均提高也超过了5个百分点。

2016年，24项指标中有13项指标达到了小康目标值的90%以上水平，其中农村人均住房面积、城乡居民收入比、农业劳动生产率3项指标已经提前完成或超额完成了小康目标。但也有7项指标完成率低于80%的水平，其中脱贫完成率只有58.37%，为各项指标中最低（见表7—5）。

表7—5　2016年湖北省农村全面建成小康社会各指标完成进度情况

进度分类	指标名称	数量（项）	占比（%）
进度超过100%的指标	农村人均住房面积、城乡居民收入比、农业劳动生产率	3	12.50
进度在90%—100%的指标	社会安全指数、化肥利用率、农业科技进步贡献率、农村基层民主参选率、城镇化率、农田灌溉水有效利用系数、农村卫生厕所普及率、农村自来水普及率、农村清洁能源入户普及率、农村居民家庭恩格尔系数	10	41.67
进度在80%—90%的指标	农户入社率、农村常住居民人均可支配收入（按2012年不变价计算）、农业机械总动力、农村居民文教娱乐消费支出比	4	16.67
进度在80%以下的指标	脱贫完成率、农村人口平均受教育年限、农村互联网覆盖率、建成高标准农田面积、农村最低生活保障平均支出水平、每千农村常住人口医疗卫生机构床位数、农村地区5岁以下儿童死亡率	7	29.17

从影响农村全面建成小康社会较大的几个指标来看，农业劳动生产

率提高最多,提高了36.50个百分点,并已经达到小康目标要求,对农村全面建成小康增长的贡献率达到9.41%;农村常住居民人均可支配收入实现程度为83.46%,年均提高了5.58个百分点,对总目标的增长贡献率达到10.06%;农村居民家庭恩格尔系数基本已经实现了小康目标,对总目标的增长贡献率为7.73%①;城乡居民收入比虽然提高幅度不大,但已达到小康目标要求,整体的贡献率为2.37%(见表7—6)。

表7—6　湖北省农村全面建成小康社会重要指标增长及贡献率情况(单位:%)

指标/目标	权重	2016年完成程度	2016年较2010年提高	年均提高	增长贡献率
农村居民家庭恩格尔系数	6	99.58	29.97	5.00	7.73
城乡居民收入比	6	100.00	9.20	1.53	2.37
农业劳动生产率	6	100.00	36.50	6.08	9.41
农村常住居民人均可支配收入(按2010年不变价计算)	7	83.46	33.46	5.58	10.06
总目标	100	88.10	23.27	3.88	—

三　指标评价分析

在整体评价分析的基础上,对综合评价体系具体指标进一步分析,有利于我们对湖北农村全面建成小康社会发展水平有更深入的了解。

(一) 经济发展方面

经济发展准则层包括农村常住居民人均可支配收入、农业劳动生产率、城镇化率、农业机械总动力、农业科技进步贡献率、农户入社率6项指标,子目标发展水平由2010年的62.88%提高到2016年的90.18%,提高了27.30个百分点,高于总目标发展增长速度。

从准则层内各指标来看,6项指标均保持增长态势,其中农户入社率、农业劳动生产率和农村常住居民人均可支配收入3项指标增长速度均高于

---

① 农村居民家庭恩格尔系数指标属性虽然为负向,但指标标准化处理后,表现正向增长提高态势,城乡居民收入比和农村地区5岁以下儿童死亡率两个负向指标亦如此。

经济发展子目标,年均增长分别为 10.73 个、6.08 个、5.58 个百分点。从 2016 年完成情况来看,农业劳动生产率已经实现小康目标,城镇化率、农业科技进步贡献率两项指标完成超过 95%。从重要指标来看,农村常住居民人均可支配收入和农业劳动生产率对经济发展增长的贡献率分别达到 29.58% 和 27.66%,共同推动农村经济增长近六成(见表 7—7)。

表 7—7　　2010—2016 年经济发展准则层各指标评价值实现情况　　(单位:%)

年份	经济发展	农村常住居民人均可支配收入	农业劳动生产率	城镇化率	农业机械总动力	农业科技进步贡献率	农户入社率
2010	62.88	50.00	63.50	81.47	67.42	90.00	15.62
2011	68.91	55.90	76.50	84.97	71.42	90.33	23.60
2012	74.92	61.77	87.00	87.71	76.84	92.00	33.33
2013	80.00	66.14	96.00	89.36	81.62	92.83	44.33
2014	85.45	74.01	100.00	91.26	85.86	93.67	61.02
2015	88.22	79.41	100.00	93.20	89.36	94.50	66.55
2016	90.18	83.46	100.00	95.25	83.76	95.00	80.00
增幅	27.30	33.46	36.50	13.78	16.34	5.00	64.38
年均增幅	4.55	5.58	6.08	2.30	2.72	0.83	10.73
贡献率	100.00	29.58	27.66	6.96	8.25	3.16	24.39

(二) 农民生活方面

农民生活子目标发展水平由 2010 年的 69.96% 提高到 2016 年的 92.80%,年均提高 3.81 个百分点,略低于总目标发展平均增长速度。

2010—2016 年,农村居民家庭恩格尔系数、农村居民文教娱乐消费支出比、农村人均住房面积、农村互联网覆盖率和农村自来水普及率 5 项指标增长速度有快有慢。农村互联网覆盖率增长最为明显,增幅为 41.22%,其次为农村居民家庭恩格尔系数和农村居民文教娱乐消费支出比,增幅分别为 29.97% 和 28.25%,这 3 项指标提高幅度均高于农民生活子目标的增幅。2016 年农村人均住房面积已经提前实现农村小康目标;农村居民家庭恩格尔系数和农村自来水普及率完成情况均超过 99%;农村互联网覆盖率发展较慢，实现程度只有 72.64%，为农民生活准则层中最低。农村居民家庭恩格尔系数、农村居民文教娱乐消费支出比、农村人均住房面积为该准则层内权重最大的 3 项指标，其中前两项指标对农民生活增长的贡献率分别达到 34.23% 和 26.88%（见表 7—8）。

表 7—8　　2010—2016 年农民生活准则层各指标评价值实现情况

（单位:%）

年份	农民生活	农村居民家庭恩格尔系数	农村人均住房面积	农村居民文教娱乐消费支出比	农村互联网覆盖率	农村自来水普及率
2010	69.96	69.61	91.09	56.35	31.42	90.00
2011	73.37	76.91	98.31	54.58	39.77	85.58
2012	77.06	79.76	99.96	55.13	50.62	91.65
2013	76.81	81.61	92.98	51.90	58.70	94.14
2014	91.39	95.60	100.00	93.10	60.86	95.05
2015	93.31	99.60	100.00	91.25	65.77	98.75
2016	92.80	99.58	100.00	84.59	72.64	99.03
增幅	22.84	29.97	8.91	28.25	41.22	9.02
年均增幅	3.81	5.00	1.49	4.71	6.87	1.50
贡献率	100.00	34.23	8.48	26.88	23.54	6.87

（三）社会发展方面

社会发展基础相对较差，2010 年发展水平只有 49.74%，是五个子目标中最低的。然而社会发展也是五个子目标中发展速度最快的，2016 年较 2010 年提高了 27.65 个百分点，年均提高 4.61 个百分点。

从社会发展准则层内部的城乡居民收入比、脱贫完成率、农村人口平均受教育年限、每千农村常住人口医疗卫生机构床位数、农村地区 5 岁以下儿童死亡率、农村最低生活保障平均支出水平 6 项指标来看，2016 年除城乡居民收入比已经达到小康目标值以外，其他 5 项指标发展水平较低。在 24 项指标中，实现程度低于 80% 的共有 7 项指标，而社会发展子目标就有 5 项，这是社会发展子目标实现程度在五个子目标中处于最低水平的重要原因。其中，脱贫完成率实现程度只有 58.37%，为 24 项指标中最低，虽然这与新一轮精准扶贫建档立卡精准识别的年份有关（2014年才开始统计新标准下的脱贫人口数），但未来要实现越过四成的贫困人口脱贫，任务还很艰巨。2010年以来，脱贫完成率、每千农村常住人口医疗卫生机构床位数、农村地区5岁以下儿童死亡率、农村最低生活保障平均支出水平4项指标增长速度快于社会发展子目标，农村人口平均受教育年限各年指标值有增有减，基本呈水平波动发展状态。从各指标贡献率来看，脱贫完成率贡献率最大，每千农村常住人口医疗卫生机构床位数、农村地区5岁以下儿童死亡率两项指标对社会发展的增长贡献率均在15%以上（见表7—9）。

表7—9　　　　2010—2016年社会发展准则层各指标评价值实现情况

（单位:%）

年份	社会发展	城乡居民收入比	脱贫完成率	农村人口平均受教育年限	每千农村常住人口医疗卫生机构床位数	农村地区5岁以下儿童死亡率	农村最低生活保障平均支出水平
2010	49.74	90.80	0.00	72.24	34.22	44.78	36.67
2011	53.36	93.85	0.00	71.55	40.05	47.12	58.22
2012	56.69	94.19	0.00	72.24	45.35	55.56	73.51
2013	61.54	96.77	0.00	72.63	56.83	62.07	93.75
2014	62.84	100.00	11.75	71.29	63.97	63.38	59.74
2015	69.76	100.00	33.46	71.83	67.94	69.77	68.34
2016	77.39	100.00	58.37	71.96	71.75	78.53	74.68
增幅	27.65	9.20	58.37	-0.27	37.53	33.76	38.01
年均增幅	4.61	1.53	9.73	-0.05	6.26	5.63	6.34
贡献率	100.00	8.68	45.90	-0.17	17.71	15.93	11.95

（四）民主政治方面

民主政治准则层具体涉及农村基层民主参选率、社会安全指数两项指标。湖北农村全面建成小康社会指标体系中，民主政治虽然发展基础最好，2010年发展水平就已经达到96.00%的水平，是五个子目标中最高的，但同时也是五个子目标中发展状态最差的，2016年较2010年不升反降,减少了 2.72 个百分点,2015 年达到最低点 90.52%。

从准则层内部两个指标来看,农村基层民主参选率呈整体上升的发展状态,年均提高 0.51 个百分点。社会安全指标变动情况不稳定,经历了先降后增的过程,下降幅度大于上升幅度,2016 年较 2010 年下降了 8.50 个百分点(见表 7—10)。

表 7—10　　2010—2016 年民主政治准则层各指标评价值实现情况

(单位:%)

年份	民主政治	社会安全指数	农村基层民主参选率
2010	96.00	100.00	92.00
2011	96.16	99.74	92.58
2012	92.79	93.01	92.58
2013	93.32	94.07	92.58
2014	93.35	94.07	92.63
2015	90.52	87.00	94.03
2016	93.28	91.50	95.05
增幅	-2.72	-8.50	3.05
年均增幅	-0.45	-1.42	0.51

(五)资源环境方面

资源环境准则层包括建成高标准农田面积、农田灌溉水有效利用系数、化肥利用率、农村卫生厕所普及率、农村清洁能源入户普及率 5 项指标,2016 年实现程度达到 89.82%,较 2010 年提高了 26.73 个百分点。资源环境子目标发展基础处于中等水平,年均提高 4.45 个百分点,高于总目标发展增长速度。

从资源环境准则层的内部具体指标来看,5 项指标均保持增长态势,其中建成高标准农田面积、农村清洁能源入户普及率两项指标增长速度高于资源环境子目标增速,农田灌溉水有效利用系数增长速度最低,年均增长仅 0.76 个百分点。从 2016 年完成情况来看,资源环境准则层虽然没有指标提前达到小康目标,但农村清洁能源入户普及率、农村卫生厕所普及率和农田灌溉水有效利用系数实现程度均超过了 95%,建成高标准农田面实现程度最低,只有74.18%。建成高标准农田面积和农田灌溉水有效利用系数是资源环境方面权重最大的两个指标,从贡献率来看,两个指标出现两极分化:建成高标准农田面积对资源环境的增长贡献率高达68.29%,农田灌溉水有效利用系数贡献率只有4.57%,为各项指标最低(见表7—11)。

表7—11　　2010—2016年资源环境准则层各指标评价值实现情况

（单位:%）

年份	资源环境	建成高标准农田面积	农田灌溉水有效利用系数	化肥利用率	农村卫生厕所普及率	农村清洁能源入户普及率
2010	63.09	5.73	90.84	83.50	86.55	68.22
2011	67.25	15.40	91.74	84.50	88.45	74.89
2012	71.44	26.44	92.71	85.00	90.22	79.78
2013	77.59	41.10	94.29	86.50	96.93	84.44
2014	81.77	54.09	94.18	87.00	96.93	89.33
2015	85.09	62.77	94.66	87.75	97.66	94.00
2016	89.82	74.18	95.42	91.75	97.66	99.16
增幅	26.73	68.45	4.58	8.25	11.11	30.93
年均增幅	4.45	11.41	0.76	1.38	1.85	5.16
贡献率	100.00	68.29	4.57	6.17	5.54	15.43

附表7—1　　综合评价体系指标标准化处理后指标值

指标名称 \ 年份	2010	2011	2012	2013	2014	2015	2016
农村常住居民人均可支配收入（按2010年不变价计算）	0.5000	0.5590	0.6177	0.6614	0.7401	0.7941	0.8346
农业劳动生产率	0.6350	0.7650	0.8700	0.9600	1.0000	1.0000	1.0000
城镇化率	0.8147	0.8497	0.8771	0.8936	0.9126	0.9320	0.9525
农业机械总动力	0.6742	0.7142	0.7684	0.8162	0.8586	0.8936	0.8376
农业科技进步贡献率	0.9000	0.9033	0.9200	0.9283	0.9367	0.9450	0.9500
农户入社率	0.1562	0.2360	0.3333	0.4433	0.6102	0.6655	0.8000

续表

年份 指标名称	2010	2011	2012	2013	2014	2015	2016
农村居民家庭恩格尔系数	0.6961	0.7691	0.7976	0.8161	0.9560	0.9960	0.9958
农村人均住房面积	0.9109	0.9831	0.9996	0.9298	1.0000	1.0000	1.0000
农村居民文教娱乐消费支出比	0.5635	0.5458	0.5513	0.5190	0.9310	0.9125	0.8459
农村互联网覆盖率	0.3142	0.3977	0.5062	0.5870	0.6086	0.6577	0.7264
农村自来水普及率	0.9000	0.8558	0.9165	0.9414	0.9505	0.9875	0.9903
城乡居民收入比	0.9080	0.9385	0.9419	0.9677	1.0000	1.0000	1.0000
脱贫完成率	0.0000	0.0000	0.0000	0.0000	0.1175	0.3346	0.5837
农村人口平均受教育年限	0.7224	0.7155	0.7224	0.7263	0.7129	0.7183	0.7196
每千农村常住人口医疗卫生机构床位数	0.3422	0.4005	0.4535	0.5683	0.6397	0.6794	0.7175
农村地区5岁以下儿童死亡率	0.4478	0.4712	0.5556	0.6207	0.6338	0.6977	0.7853
农村最低生活保障平均支出水平	0.3667	0.5822	0.7351	0.9375	0.5974	0.6834	0.7468
社会安全指数	1.0000	0.9974	0.9301	0.9407	0.9407	0.8700	0.9150
农村基层民主参选率	0.9200	0.9258	0.9258	0.9258	0.9263	0.9403	0.9505
建成高标准农田面积	0.0573	0.1540	0.2644	0.4110	0.5409	0.6277	0.7418
农田灌溉水有效利用系数	0.9084	0.9174	0.9271	0.9429	0.9418	0.9466	0.9542
化肥利用率	0.8350	0.8450	0.8500	0.8650	0.8700	0.8775	0.9175
农村卫生厕所普及率	0.8655	0.8845	0.9022	0.9693	0.9693	0.9766	0.9766
农村清洁能源入户普及率	0.6822	0.7489	0.7978	0.8444	0.8933	0.9400	0.9916

第八章

湖北农村全面建成小康
社会差距分析

前面对湖北农村全面建成小康社会发展进程进行测度,对湖北农村建成小康社会的总体目标,经济发展、农民生活、社会发展、民主政治、资源环境五类子目标及具体指标的发展水平进行了综合分析。本章在全面认识湖北农村全面建成小康社会发展水平的基础上,通过纵向预测分析和横向对比分析,深入查找差距,找出农村全面建成小康社会发展相对较慢的指标,并进一步判断农村如期实现全面建成小康社会的可能性。

第一节　湖北农村如期实现全面建成
小康社会目标预测分析

根据湖北农村全面建成小康社会发展现状的综合评价,分别从"速度不变""目标不变"两个角度来对湖北农村到2020年小康目标实现程度进行预测分析。

一　各指标保持原有的实际发展速度,预测2020年指标实现值

假设2017—2020年湖北农村全面建成小康社会中各指标,按照2010—2016年的年均发展速度不变,预测到2020年各指标实现值(见表8—1)。

表 8—1　　　　　　　　2020 年指标发展情况预测实现值

子目标	指标名称	单位	2020 年小康目标值	按平均增速2020 年预测值
经济发展	农村常住居民人均可支配收入（按 2010 年不变价计算）	元	11664.54	13698.80
	农业劳动生产率	万元/人	≥2	提前完成
	城镇化率	%	61	63.70
	农业机械总动力	万千瓦	5000	4839.44
	农业科技进步贡献率	%	≥60	59.00
	农户入社率	%	60	73.75
农民生活	农村居民家庭恩格尔系数	%	≤30	21.48
	农村人均住房面积	平方米	45	提前完成
	农村居民文教娱乐消费支出比	%	≥12.5	12.93
	农村互联网覆盖率	%	35	35.04
	农村自来水普及率	%	≥80	84.03
社会发展	城乡居民收入比	以农村为1	2.5	提前完成
	脱贫完成率	%	100	151.63
	农村人口平均受教育年限	年	10.8	7.75
	每千农村常住人口医疗卫生机构床位数	张	6.3	6.10
	农村地区 5 岁以下儿童死亡率	‰	≤9	5.70
	农村最低生活保障平均支出水平	元/（人·月）	180	215.98
民主政治	社会安全指数	%	100	85.83
	农村基层民主参选率	%	≥95	92.23
资源环境	建成高标准农田面积	万亩	3570	4277.21
	农田灌溉水有效利用系数	—	0.524	0.5160
	化肥利用率	%	≥40	38.90
	农村卫生厕所普及率	%	≥85	89.30
	农村清洁能源入户普及率	%	≥45	53.90

（一）经济发展类指标预测值

1. 农村常住居民人均可支配收入。2016 年，湖北农村常住居民人均可支配收入实现 12724.97 元,剔除物价因素影响,较 2010 年年均增长 8.91%。按此增长速度,预测到 2020 年湖北农村常住居民人均可支配收入将达到 13698.80 元(按 2010 年不变价计算)。

2. 农业劳动生产率。2014 年,湖北农业劳动生产率达到 2.14 万元/人,2015—2016 年继续保持增长,已经提前达到了小康目标值 2 万元/人的要求。

3. 城镇化率。2016 年,湖北城镇化率为 58.1%。2010 年以来,湖北城镇化水平保持较高速度增长,年均提高 1.4 个百分点,预计到 2020 年提高到 63.7%。

4. 农业机械总动力。湖北农业机械总动力从 2010 年的 3371 万千瓦提高到 2016 年的 4187.75 万千瓦,年均增长 3.68%。预测到 2020 年,湖北农业机械总动力将提高到 4839.44 万千瓦。

5. 农业科技进步贡献率。2016 年,湖北农业科技进步对农业总产值增长率的贡献份额达到 57%,较 2010 年年均提高 0.5 个百分点。按照此发展速度,预计到 2020 年湖北农业科技进步贡献率可以提高到 59.00% 的水平。

6. 农户入社率。2010 年以来,湖北农民专业合作社经历了较快发展的阶段,农民专业合作社数量不断增加,农民参加合作社的比重也随之提高。到 2016 年,湖北 48% 的农民家庭参加了农民专业合作社,较 2010 年年均提高 6.44 个百分点。预测到 2020 年,全省农户入社率可以达到 73.75%。

(二)农民生活类指标预测值

7. 农村居民家庭恩格尔系数。2010 年以来,农村居民家庭恩格尔系数不断下降,年均下降 2.16 个百分点。2015 年、2016 年湖北农村居民家庭恩格尔系数分别为 30.11% 和 30.12%,已经接近 30% 的小康目标值。预测 2020 年该指标将保持在 20%—30% 的水平。

8. 农村人均住房面积。2014—2016 年,湖北农村人均住房面积均超过了 45 平方米的小康目标值。2010 年以来,农村人均住房面积年均增加 2.78 平方米,预计到 2020 年,将会继续保持在小康目标值的水平之上。

9. 农村居民文教娱乐消费支出比。2016 年,湖北农村居民文教娱乐消费支出比为 10.57%,较 2010 年年均提高 0.59 个百分点。未来如继续保持该发展速度，预测到 2020 年农村居民文教娱乐消费支出比将达到 12.93%。

10. 农村互联网覆盖率。2010 年以来，湖北农村互联网覆盖率由 2010 年的 11.00% 提高到 2016 年的 25.42%，年均提高 2.4 个百分点。预计到 2020 年，该指标水平将提高到 35.04% 的水平。

11. 农村自来水普及率。2016 年，湖北农村通自来水家庭户数占农民家庭总户数之比达到 79.22%，已经接近小康目标值 80%。六年来，该指标保持了年均提高 1.2 个百分点的发展态势，预测到 2020 年将继续提高到 84.03%。

（三）社会发展类指标预测值

12. 城乡居民收入比。2010—2015 年，湖北农村居民收入增长速度高于城镇居民，出现了城乡居民收入比逐年下降的趋势，并在 2014 年达到了小康目标的要求，低于 2.5∶1。虽然 2016 年农民收入增长速度慢于城镇居民，但城乡居民收入之比仍然控制在小康目标的要求范围内。预测到 2020 年，湖北城乡居民收入之比处于 2∶1—2.5∶1 的水平。

13. 脱贫完成率。2016 年年底，湖北累计实现 344.41 万人脱贫，脱贫完成率达到 58.37%，较 2014 年年均提高 23.31 个百分点。预测到 2020 年，湖北农村将实现全面脱贫。

14. 农村人口平均受教育年限。2010—2016 年，从人口抽样调查计算的湖北农村人口平均受教育年限基本保护水平发展的态势，处于 7.7—7.8。按照前六年的发展态势，预测到 2020 年，湖北农村人口平均受教育年限达到 7.75 年。

15. 每千农村常住人口医疗卫生机构床位数。2016 年，湖北每千农村常住人口医疗卫生机构床位数为 4.52 张，较 2010 年年均提高 0.39 张。预计到 2020 年，该指标将提高到 6.10 张。

16. 农村地区 5 岁以下儿童死亡率。2016 年农村地区 5 岁以下儿童死亡率 11.46‰，较 2010 年的 20.16‰ 年均下降了 1.44 个千分点。预计到 2020 年将控制在小康目标值要求的范围内。

17. 农村最低生活保障平均支出水平。2016 年，湖北农村最低生活保障平均支出水平为 134.42 元/（人·月），较 2010 年年均增长 12.59%。预计到 2020 年，农村最低生活保障平均支出水平将提高到

215.98元/（人·月）。

（四）民主政治类指标预测值

18. 社会安全指数。2016年，湖北农村社会安全指标为91.5%，较2010年下降了8.5个百分点。未来按此发展速度，2020年该指标为85.83%。

19. 农村基层民主参选率。2016年，湖北农村基层民主参选率为90.3%，与2010年相比，年均提高0.48个百分点。未来按此发展速度，预计到2020年，湖北农村基层民主参选率将提高到92.23%。

（五）资源环境类指标预测值

20. 建成高标准农田面积。2016年，湖北全省累计建成高标准农田2648.1万亩，较2010年年均增加407.28万亩。预计到2020年，湖北将建成高标准农田4277.21万亩。

21. 农田灌溉水有效利用系数。2016年，湖北农田灌溉水有效利用系数达到0.5，较2010年提高了0.024。未来按此增长速度，到2020年将提高到0.5160。

22. 化肥利用率。2010年湖北化肥利用率为33.4%，到2016年提高到36.7%，每年提高0.55个百分点。预测到2020年，湖北化肥利用率将提高到38.90%的水平。

23. 农村卫生厕所普及率。2016年，湖北农村拥有卫生厕所的农民家庭数占比达到83.01%，较2010年提高了9.44个百分点，年均提高1.57个百分点。预测到2020年，农村卫生厕所普及率将达到89.30%。

24. 农村清洁能源入户普及率。2016年，湖北农民家庭使用沼气、太阳能等清洁能源户数占农民家庭总户数的比例为44.62%，接近小康目标值。预测到2020年，全省农村清洁能源入户普及率将提高到53.90%的水平。

二 要实现2020年目标值，各指标应有的发展速度

假定湖北农村全面建成小康社会指标体系各指标到2020年均达到小康目标，计算出各指标2017—2020年应有的平均发展速度（见表8—2）。

表8—2　　　实现小康目标值，预测各指标应有发展速度

子目标	指标名称	单位	2010—2016年平均发展速度	实现小康目标应有发展速度
经济发展	农村常住居民人均可支配收入（按2010年不变价计算）	元	8.91	4.62
	农业劳动生产率	万元/人	20.72	提前完成
	城镇化率	%	1.40	0.72
	农业机械总动力	万千瓦	3.68	4.53
	农业科技进步贡献率	%	0.50	0.75
	农户入社率	%	6.44	3.00
农民生活	农村居民家庭恩格尔系数	%	-2.16	-0.03
	农村人均住房面积	平方米	5.86	提前完成
	农村居民文教娱乐消费支出比	%	0.59	0.48
	农村互联网覆盖率	%	2.40	2.39
	农村自来水普及率	%	1.20	0.20
社会发展	城乡居民收入比	以农村为1	-0.07	提前完成
	脱贫完成率	%	23.31	10.41
	农村人口平均受教育年限	年	-0.0049	0.76
	每千农村常住人口医疗卫生机构床位数	张	0.39	0.45
	农村地区5岁以下儿童死亡率	‰	-1.44	-0.62
	农村最低生活保障平均支出水平	元/（人·月）	12.59	7.57
民主政治	社会安全指数	%	-1.42	2.13
	农村基层民主参选率	%	0.48	1.18
资源环境	建成高标准农田面积	万亩	407.28	230.48
	农田灌溉水有效利用系数	—	0.0040	0.0060
	化肥利用率	%	0.55	0.82
	农村卫生厕所普及率	%	1.57	0.50
	农村清洁能源入户普及率	%	2.32	0.10

注：1. 表中后两列发展速度根据指标性质和发展实际情况，可分为算术平均增长发展速度和几何平均发展速度，算术平均发展速度的单位为原指标单位，几何平均发展速度的单位为%。

2. 脱贫完成率23.31%为2014—2016年平均发展速度。

(一) 经济发展类指标应有发展速度

1. 农村常住居民人均可支配收入。2020 年，湖北农村常住居民人均可支配收入要实现翻番，达到 11664.54 元（按 2010 年不变价计算）的目标。为此，未来要保持年均 4.62% 的实际增长速度。

2. 农业劳动生产率。农业劳动生产率小康目标值为 2 万元/人，湖北已经提前实现了该目标。未来该指标只要不出现较大幅度的下降，可达到小康目标要求。

3. 城镇化率。2020 年，湖北城镇化率的小康目标值为 61%。要达到此目标，未来应该保持年均提高 0.72 个百分点的发展速度。

4. 农业机械总动力。湖北农业机械总动力的小康目标值为 5000 万千瓦，未来年均要保持 4.53% 的增长速度才能达到小康水平。

5. 农业科技进步贡献率。按照 2020 年湖北农业科技进步贡献率达到 60% 的小康目标值要求，2017—2020 年要保持年均提高 0.75 个百分点的增长速度。

6. 农户入社率。2016 年，湖北农民入社率为 48%。农民入社率要实现 60% 的小康目标水平，未来年均应提高 3.00 个百分点。

(二) 农民生活类指标应有发展速度

7. 农村居民家庭恩格尔系数。农村居民家庭恩格尔系数的小康目标值为 30% 及以下的水平，2016 年已经接近此目标，未来年均下降 0.03 个百分点即可实现小康目标。

8. 农村人均住房面积。2016 年，农村人均住房面积已经提前实现了小康目标要求，未来该指标只要不出现较大幅度的下降即可保证小康目标实现。

9. 农村居民文教娱乐消费支出比。2020 年，农村居民文教娱乐消费支出比要达到 12.5% 的水平。从 2017 年开始，该指标要保持年均提高 0.48 个百分点的发展态势。

10. 农村互联网覆盖率。湖北农村互联网覆盖率的小康目标值为 35%，要求该指标未来年均提高 2.39 个百分点。

11. 农村自来水普及率。目前，湖北农村自来水普及率已经接近小康目标值，未来保持年均提高 0.20 个百分点即可。

(三) 社会发展类指标应有发展速度

12. 城乡居民收入比。2016 年，湖北城乡居民收入比为 2.3∶1，已经达到小康目标要求。

13. 脱贫完成率。根据国家实施精准扶贫战略的总体要求,湖北要在2020年实现建档立卡人口整体脱贫的目标。未来,湖北脱贫完成率年均应提高10.41个百分点。

14. 农村人口平均受教育年限。农村人口平均受教育年限的小康目标值为10.8年。要完成此目标,意味着农村人口平均受教育年限年均要提高0.76年。

15. 每千农村常住人口医疗卫生机构床位数。到2020年,湖北每千农村常住人口医疗卫生机构床位数要达到6.3张,应保持年均增长0.45张的发展水平。

16. 农村地区5岁以下儿童死亡率。湖北农村地区5岁以下儿童死亡率控制在9‰及以下,未来年均应下降0.62个千分点。

17. 农村最低生活保障平均支出水平。湖北农村最低生活保障平均支出水平的小康目标值为180元/(人·月),这要求2017—2020年要保持年均增长7.57%的发展态势。

(四) 民主政治类指标应有发展速度

18. 社会安全指数。根据国家和湖北省全面建成小康社会监测指标体系的要求,到2020年湖北社会安全指数应达到100%。未来,该指标应保持年均提高2.13个百分点的增长幅度。

19. 农村基层民主参选率。湖北省农村基层民主参选率的小康目标值为95%及以上,应保持年均提高1.18个百分点的增长幅度。

(五) 资源环境类指标应有发展速度

20. 建成高标准农田面积。2020年,湖北建成高标准农田面积要达到3570万亩。这要求未来年均要新建230.48万亩的高标准农田。

21. 农田灌溉水有效利用系数。农田灌溉水有效利用系数到2020年要达到0.524的水平,年均要提高0.006。

22. 化肥利用率。到2020年,湖北化肥利用率要提高到40%。这要求未来该指标年均提高0.82个百分点。

23. 农村卫生厕所普及率。到2020年,湖北农村卫生厕所普及率提高到85%。这要求未来该指标年均要提高0.50个百分点。

24. 农村清洁能源入户普及率。农村清洁能源入户普及率的小康目标值为45%，2016年湖北实际发展水平已经接近目标值。未来，只要保持年均提高0.10个百分点的增长幅度即可。

第二节　湖北农村如期实现全面建成小康社会目标的判断分析

根据前述指标预测，找出湖北农村如期实现全面建成小康社会目标在经济发展、农民生活、社会发展、民主政治、资源环境五个方面存在的"短板"指标。一方面，按照"速度不变、目标对比"的思路，对比指标2020年预测值和小康目标值，从绝对数的角度找出各指标预测值与目标值的差距；另一方面，按照"目标不变、速度对比"的思路，对比指标实际的发展速度与应有的发展速度，从相对数的角度找出各指标发展态势方面存在的差距。在差距分析的基础上，并结合湖北农村经济社会发展实际和对未来发展态势的预测，综合分析判断2020年湖北农村能否如期实现全面建成小康社会目标。

一　经济发展方面

1. 农村常住居民人均可支配收入。从指标发展总量来看，保持现有增长速度不变，到2020年，农村常住居民人均可支配收入超过小康目标值2034.26元；从指标发展速度来看，要实现小康目标值，应保持4.62%的增长速度，比现有增长速度放缓4.29个百分点。综合分析来看，湖北农村常住居民人均可支配收入能如期实现农村全面建成小康社会目标值。

2. 农业劳动生产率。湖北农业劳动生产率已经提前实现了小康目标值。未来，随着工业化、城镇化水平的提高，湖北农业总产值和农业增加值仍然会保持增长，同时农业从业人员将保持持续减少的态势。综合来看，农业劳动生产率将稳步提高，能实现农村全面建成小康社会目标。

3. 城镇化率。到2020年，湖北城镇化率保持原有发展速度将超过小康社会目标值2.7个百分点；从增长速度来看，应有的增长速度只有原有增长速度的一半，比原有增长速度低0.68个百分点。随着新型城镇化的加快推进，城镇化率指标能如期实现农村全面建成小康社会目标值。

4. 农业机械总动力。湖北农业机械总动力保持原有增长速度，到

2020年达到4839.44万千瓦，比小康目标值低160.56万千瓦。但随着未来农村土地流转、适度规模经营方式的加快，农业机械化水平将会发展更快，预计到2020年农业机械总动力年均增长速度将比原有的实际增长速度提高0.85个百分点，能实现小康目标值。

5. 农业科技进步贡献率。农业科技进步贡献率按照原有的增长速度，到2020年比小康目标值低1个百分点。因此，要实现小康目标值，未来增长速度要比原有的增长速度提高0.25个百分点。随着湖北农业科技推广及农村社会化服务体系的完善，预计农业科技进步贡献率能实现小康目标。

6. 农户入社率。按照原有的增长速度，到2020年农户入社率将比小康目标值高13.75个百分点，这也意味着未来农户入社率即使比原有增长速度下降3.44个百分点，也能完成小康目标要求。因此，农户入社率能如期实现小康目标值。

二 农民生活方面

7. 农村居民家庭恩格尔系数。农村居民家庭恩格尔系数按照实际发展速度，到2020年比小康目标值低8.52个百分点。随着农村经济不断发展，农民收入稳步增加，消费支出同步增长，农民用于食品的支出占比也会进一步下降，预计能如期实现全面建成小康社会目标值。

8. 农村人均住房面积。湖北农村人均住房面积已经远远超过了小康目标值，预计该指标能如期实现小康目标值。

9. 农村居民文教娱乐消费支出比。按照原有的实际发展速度，到2020年，农村居民文教娱乐消费支出比将超过小康目标值0.43个百分点，预计农村居民文教娱乐消费支出比能如期实现小康目标要求。

10. 农村互联网覆盖率。按照前六年的实际平均发展速度，农村互联网覆盖率到2020年将比小康目标值高出0.04个百分点，应有增长速度比原有的实际增长速度低0.01个百分点。未来，一方面，农村接入宽带的农民家庭数将不断增加；另一方面，乡村家庭户数随着农村剩余劳动力向城镇转换而减少，农村互联网覆盖率将会有更快地提高，预计能如期实现小康目标。

11. 农村自来水普及率。从绝对量来看，按照实际发展速度，农村自来水普及率到2020年将比小康目标值高4.03个百分点；从发展速度来看，应有发展速度比实际发展速度低1.01个百分点。综合来看，农村自来水普及率能如期实现小康目标值。

三 社会发展方面

12. 城乡居民收入比。湖北城乡居民收入比已经连续几年处于 2.5∶1 之内，未来城镇居民收入增长速度不会明显快于农民居民收入，到 2020 年基本能控制在小康目标值要求之内。

13. 脱贫完成率。从指标总量来看，保持原有发展态势，到 2018 年年底脱贫完成率就能达到 100%。而根据《湖北省脱贫攻坚规划（2016—2020 年）》要求和湖北发展实际，到 2018 年年底将完成 95% 的贫困人口脱贫，80% 的贫困村出列，90% 的贫困县退出，到 2019 年贫困人口整体脱贫，到 2020 年"四大片区"整体贫困有效解决。因此，预计脱贫完成率能如期实现农村小康目标。

14. 农村人口平均受教育年限。农村人口平均受教育年限按原有发展态势，到 2020 年与小康目标值差距较大，要实现小康目标意味着每年要提高 0.76 年，加上教育效益的显现存在明显的滞后性，预测到 2020 年，农村人口平均受教育年限如期完成小康目标值难度较大。

15. 每千农村常住人口医疗卫生机构床位数。按照原有的发展态势，到 2020 年每千农村常住人口医疗卫生机构床位数低于小康目标值 0.2 张。但随着湖北农村医疗卫生条件的不断改善，未来年均提高 0.45 张的增长任务难度不大，预测该指标能如期实现小康目标值。

16. 农村地区 5 岁以下儿童死亡率。农村地区 5 岁以下儿童死亡率为负向指标，按照原有的发展态势，到 2020 年下降到 5.7‰，比小康目标值低 3.3 个千分点。这意味着未来每年下降 0.62 个千分点即可。因此，预计农村地区 5 岁以下儿童死亡率能如期实现小康目标。

17. 农村最低生活保障平均支出水平。从指标绝对量来看，保持原有增长速度，到 2020 年农村最低生活保障平均支出水平超出小康目标 35.98 元；从指标发展速度来看，应有发展速度低于实际发展速度 5.01 个百分点。预计农村最低生活保障平均支出水平能如期实现小康目标。

四 民主政治方面

18. 社会安全指数。虽然按照实际增长速度，社会安全指数呈下降趋势，难以实现100%的小康目标值，但根据2016年的发展态势，较前一年提高了4.5个百分点，加速增长态势明显。未来湖北农村在社会治安、交通安全、生活安全等方面将不断改善，预计到2020年社会安全指数年均能保持2.13个百分点及以上的增长态势，如期完成小康目标值要求。

19. 农村基层民主参选率。按照实际增长速度，农村基层民主参选率低于小康目标值2.77个百分点，应有增长速度高于原有的实际增长速度0.69个百分点。党的十九大提出的乡村振兴战略将乡村治理提到了新的高度，未来湖北农村基层民主参选率将不断提高，预计能保持年均提高1.18个百分点及以上的增长速度，能如期达到小康目标值。

五 资源环境方面

20. 建成高标准农田面积。按照原有年均增长407.28万亩的发展速度，到2020年湖北累计建成高标准农田面积比小康目标值超过707.21万亩，应有的年均增长速度低于原有年均增长速度176.8万亩。因此，预计建成高标准农田面积能如期实现小康目标。

21. 农田灌溉水有效利用系数。按照原有实际年均增长速度，到2020年农田灌溉水有效利用系数低于小康目标值0.008。要完成小康目标值，应有增长速度较原有增长速度要提高50%，预计未来农田灌溉水有效利用系数较难实现小康目标值。

22. 化肥利用率。按照原有发展态势，到2020年化肥利用率低于小康目标值1.1个百分点。未来，湖北严格实行"一控两减三基本"，化肥利用率能保持年均提高0.82个百分点的增长态势。预计化肥利用率能如期达到小康目标要求。

23. 农村卫生厕所普及率。到2020年，农村卫生厕所普及率按照原有发展态势，比小康目标值高4.3个百分点，应有增长速度低于原有的实际增长速度1.08个百分点。预计农村卫生厕所普及率能如期实现农村全面建成小康社会目标。

24. 农村清洁能源入户普及率。2016年农村清洁能源入户普及率已接近小康目标值，按照实际发展速度，到2020年将比小康目标值高8.9个百分点。预计农村清洁能源入户普及率能如期实现小康目标。

基于各指标原有发展趋势和湖北经济社会发展实际，到2020年，除农村人口平均受教育年限和农田灌溉水有效利用系数 2 项指标外,其他 22 项指标都能如期实现农村全面建成小康社会目标。根据前面的综合评价模型,农村人口平均受教育年限和农田灌溉水有效利用系数两项指标的实现程度值分别为 71.78% 和 98.47%,其他 22 项指标实现程度值均为 100%,预计 2020 年湖北农村全面建成小康社会发展水平达到 98.81%(见表 8—3)。

表 8—3 湖北省农村如期实现全面建成小康社会目标综合分析

子目标	指标名称	单位	总量差距	速度差距	实现程度
经济发展	农村常住居民人均可支配收入(按 2010 年不变价计算)	元	2034.26	4.29	1
	农业劳动生产率	万元/人	提前完成	提前完成	1
	城镇化率	%	2.70	0.68	1
	农业机械总动力	万千瓦	-160.56	-0.85	1
	农业科技进步贡献率	%	-1.00	-0.25	1
	农户入社率	%	13.75	3.44	1
农民生活	农村居民家庭恩格尔系数	%	-8.52	-2.13	1
	农村人均住房面积	平方米	提前完成	提前完成	1
	农村居民文教娱乐消费支出比	%	0.43	0.11	1
	农村互联网覆盖率	%	0.04	0.01	1
	农村自来水普及率	%	4.03	1.01	1
社会发展	城乡居民收入比	以农村为 1	提前完成	提前完成	1
	脱贫完成率	%	51.63	12.90	1
	农村人口平均受教育年限	年	-3.05	-0.76	0.7178
	每千农村常住人口医疗卫生机构床位数	张	-0.20	-0.05	1
	农村地区 5 岁以下儿童死亡率	‰	-3.30	-0.83	1
	农村最低生活保障平均支出水平	元/(人·月)	35.98	5.01	1
民主政治	社会安全指数	%	-14.17	-3.54	1
	农村基层民主参选率	%	-2.77	-0.69	1

续表

子目标	指标名称	单位	总量差距	速度差距	实现程度
资源环境	建成高标准农田面积	万亩	707.21	176.80	1
	农田灌溉水有效利用系数	—	-0.008	-0.002	0.9847
	化肥利用率	%	-1.10	-0.27	1
	农村卫生厕所普及率	%	4.30	1.08	1
	农村清洁能源入户普及率	%	8.90	2.23	1

注：1. 总量差距＝指标按实际发展速度2020年预测值－指标小康目标值。

2. 速度差距＝指标实际发展速度－指标应有发展速度（完成小康目标应有的发展速度）。

3. 实现程度为综合考虑两类差距和相关指标的发展实际和未来发展趋势，预计到2020年各指标实现值与小康目标值之比，当实现程度大于1时取等于1）。

第三节 湖北农村全面建成小康社会主要指标的横向比较

前面基于时间维度，从湖北农村纵向发展的角度进行预测对比分析。本节主要以2016年数据为例，从内部、外部两个方面进行横向比较，分别找出湖北省内各地区农村全面建成小康社会发展的差距和湖北与中部地区其他省份、部分东部发达省份、全国平均水平在农村全面建成小康社会重点指标方面存在的差别。

一 省内横向对比

改革开放以来，湖北经济社会发展保持了较快增长，但由于受城乡二元结构、区域发展战略等影响，湖北城乡之间、地区之间的经济社会发展差距明显，造成了省内各地区农村全面建成小康社会发展水平差距较大（见表8—4）。

整体来看，湖北各地区经济社会发展地区差异明显[①]，武汉"一城独

---

① 由于神农架林区经济总量、人口、面积等经济社会指标与其他地区不具可比性，在省内地区比较时，除特殊说明外一般不作为比较对象。

大",各项经济指标占全省比重在 1/3 以上,其中 GDP 占全省的 36.88%,地方财政收入占 42.62%,全社会消费零售总额占 35.85%;宜昌、襄阳两个副中心各项指标在全省比重在两成左右,其中 GDP 占全省的 22.92%,固定资产投资占 21.62%,全社会消费零售总额占 16.39%;其他地区各项指标占全省约四成,其中 GDP 占全省的 40.19%,地方财政收入占 43.99%,全社会消费零售总额占 47.75%。

从城镇发展水平来看,武汉城镇化水平高达 79.77%,远高于其他地区;鄂州、黄石两地城镇化水平虽然明显高于全省平均水平,但城镇人口总量不大;襄阳、宜昌城镇化率基本接近全省平均水平;而其他地区城镇化发展较滞后,低于全省平均水平。特别是黄冈、恩施、随州城镇化水平低于 50%,这些地区大部分都处于集中连片贫困地区。

从产业结构来看,除武汉、黄石外,其他地区第一产业增加值占比仍高于 10%,荆州、黄冈、恩施三地占比在 20% 以上,荆州地处江汉平原,农业是传统产业;黄冈、恩施地区受地理区位、自然气候等因素影响,经济发展水平较低,农业产业比重仍然较大。全省有 8 个地区第二产业占比超过 50%,而只有武汉第三产业比重超过 50%。

表8—4　　　　2016 年湖北省各地区主要经济社会发展指标对比

地区	GDP（亿元）	固定资产投资（亿元）	全社会消费零售总额（亿元）	地方财政一般预算收入（亿元）	城镇化率（%）	三次产业结构比		
全省	32297.91	29503.88	15649.22	3102.06	58.10	11.33	44.51	44.16
武汉市	11912.61	7039.79	5610.59	1322.10	79.77	3.28	43.88	52.84
黄石市	1305.55	1350.83	649.59	105.47	61.9	8.74	55.26	36.00
十堰市	1429.15	1323.81	724.96	100.27	54.11	12.13	47.69	40.17
宜昌市	3709.36	3191.15	1240.33	115.45	58.3	10.75	57.23	32.02
襄阳市	3694.51	3188.64	1325.26	300.04	58.5	11.66	55.40	32.94
鄂州市	797.82	853.26	298.45	320.70	64.9	12.18	54.47	33.34
荆门市	1521.00	1531.46	614.23	52.91	56.01	14.01	51.91	34.08
孝感市	1576.69	1899.43	883.66	91.73	54.92	17.86	47.97	34.17
荆州市	1726.75	2001.67	1056.13	129.23	53.1	22.16	42.65	35.19

续表

地区	GDP（亿元）	固定资产投资（亿元）	全社会消费零售总额（亿元）	地方财政一般预算收入（亿元）	城镇化率（%）	三次产业结构比		
黄冈市	1726.17	2041.65	973.94	119.52	44.67	22.90	37.89	39.21
咸宁市	1107.93	1438.29	442.54	83.34	51.2	16.64	47.64	35.72
随州市	852.18	974.27	446.10	71.91	49.25	16.49	46.76	36.75
恩施自治州	735.70	719.40	500.39	45.55	41.88	20.73	35.98	43.29
仙桃市	647.55	483.93	297.19	29.08	54.6	13.58	52.96	33.46
天门市	602.19	462.32	208.50	17.97	50.5	11.99	51.52	36.49
潜江市	471.27	402.68	289.21	23.32	54.8	15.86	50.71	33.43
神农架林区	23.06	37.08	14.96	4.25	48.31	9.50	35.21	55.29

注：仙桃、天门、神农架城镇化率均为2015年数据。

在认清各地经济社会发展主要指标存在差异的基础上，结合各地区农村全面建成小康社会重点指标进行分析。

1. 农村居民人均可支配收入。农村居民人均可支配收入是湖北农村全面建成小康社会发展水平综合评价体系中权重最大的指标。近年来湖北农村居民人均可支配收入增长较快，但地区差异比较明显。2016年，全省农村居民人均可支配收入最高的为武汉19152元，十堰、恩施两个地区分别只有8514元和8728元，武汉农村居民人均可支配收入分别是两地的2.25倍和2.19倍。此外，黄冈农村居民人均可支配收入低于全省平均水平（见图8—1），咸宁则刚好处于全省平均水平。由此可知，十堰、恩施、黄冈、咸宁四地，贫困人口数量较多、扶贫任务重，农村居民收入低，是湖北全面建成小康社会"重中之重、难中之难，短板中的短板"。

2. 城乡居民收入之比（以农村居民收入为1）。城乡居民收入之比也是农村全面建成小康的重要指标，它反映了各地城乡二元结构水平与程度。从2016年各地区城乡居民收入比来看，山区城乡居民收入差距相对较高，十堰城乡居民收入比最高，为3.06∶1，其次为恩施的2.80∶1；天门为全省最低，为1.73∶1，处于平原地区的仙桃、潜江、荆门、荆州、

(地区)

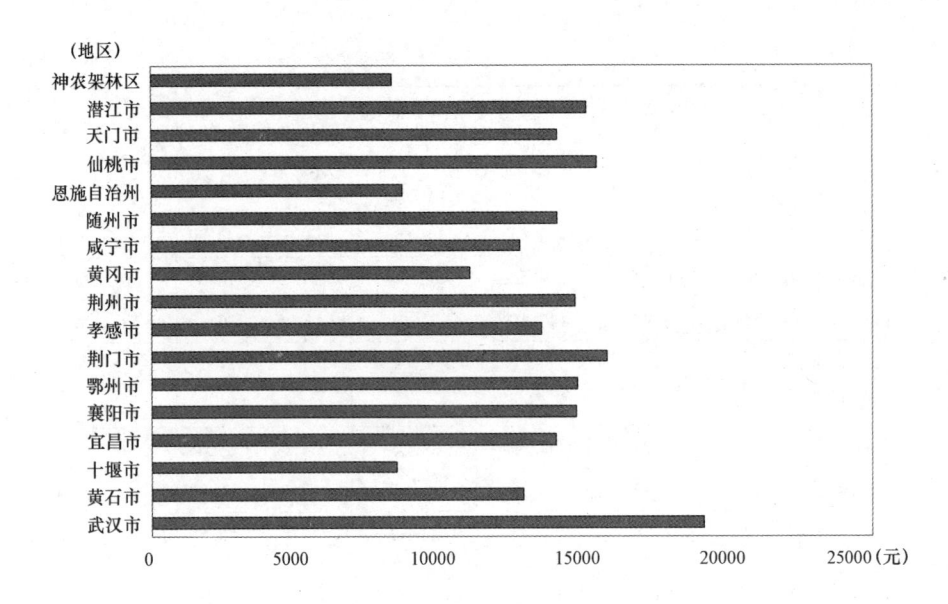

神农架林区
潜江市
天门市
仙桃市
恩施自治州
随州市
咸宁市
黄冈市
荆州市
孝感市
荆门市
鄂州市
襄阳市
宜昌市
十堰市
黄石市
武汉市

0　　　5000　　10000　　15000　　20000　　25000（元）

图 8—1　2016 年湖北省各地区农村居民人均可支配收入

鄂州等地城乡居民收入比也均在 1.9∶1 以下。由此可知，全省城乡居民收入差距的地理特征比较明显，呈现山区较高、平原相对较低的一般规律。

3. 农村恩格尔系数。2016 年全省农民家庭食品支出占消费总支出的比重下降到了 30.13%。分地区来看，恩施和十堰恩格尔系数仍然接近 40% 的水平，处于总体小康的水平；宜昌恩格尔系数已经达到了农村全面建成小康目标值的要求，其他地区大多处于全面建设小康水平[①]。结合城镇居民恩格尔系数来分析，各地区城乡居民用于食品消费支出占比差距相对较小，2016 年武汉和宜昌城乡居民恩格尔系数相差不到 1 个百分点；十堰、咸宁、恩施差别较大，差距在 6.6—7.5（见表 8—5）。

表 8—5　　2016 年湖北省部分地区城乡居民恩格尔系数　　（单位:%）

地区	农村恩格尔系数	城镇恩格尔系数	差距
武汉市	31.5	30.9	0.63
十堰市	39.4	31.9	7.50

---

① 根据表 3—4、表 2—2 和表 7—3，农村总体小康、农村全面建设小康和农村全面建成小康农村恩格尔系数的标准分别为 50%、40% 和 30%。

续表

地区	农村恩格尔系数	城镇恩格尔系数	差距
宜昌市	29.7	29.5	0.20
襄阳市	36.3	34.6	1.70
荆门市	35.7	32.3	3.40
黄冈市	38.2	36.1	2.10
咸宁市	37.6	31.0	6.62
恩施自治州	39.9	33.1	6.80

4. 耕地资源及农村劳动生产率。湖北各地农业资源分布不均，从人均拥有耕地面积来看，荆门、潜江、荆州、襄阳四地均超过1.2亩/人，其中荆门1.39亩/人，为全省最高；武汉、鄂州、黄石三个城镇化水平较高的地区均低于0.6亩/人，其中武汉只有0.26亩/人，为全省最低。为便于比较，我们以农业总产值与乡村从业人口之比来代表湖北各地农村劳动生产力水平，反映农村劳动生产率水平。2016年，武汉、鄂州、荆门、孝感、潜江农村劳动生产率均超过3万元/人，其中武汉为全省最高，达到4.92万元/人。全省共有7个地区农村劳动生产率（包括神农架）低于全省平均水平，其中恩施、神农架、黄冈、黄石3个地区均低于2万元/人，恩施农村劳动生产率只有1.45万元/人，为全省最低水平（见图8—2）。

5. 贫困发生率。湖北各地贫困发生率具有明显的地理特征，东西部山区相对较高，中部平原地区相对较低，武陵山、秦巴山、幕阜山、大别山四大贫困片区贫困县的贫困发生率要明显高于平原地区插花贫困县。从2016年全省17个市（州、区）的贫困发生率来看，位于西部秦巴山、武陵山片区的十堰（22.03%）、恩施（14.86%）、宜昌（8.51%）为全省最高；位于东部大别山、幕阜山片区的黄冈（8.24%）、咸宁（8.15）次之，四大片区贫困发生率均高于全省平均水平；中部平原地区的武汉（2.20%）、荆州（3.16%）、荆门（4.10%）、仙桃（4.13%）、潜江（4.18%）、黄石（4.59%）等地，为全省贫困发生率相对较低的地区。

6. 农村自来水普及率。农村自来水普及率代表了农村生活用水设施发展程度水平，2016年湖北省达到81.71%的水平，实现了小康目标要求。从各地区来看，全省有10个地区比例达到或超过80%的水平，达到小康目标要求，

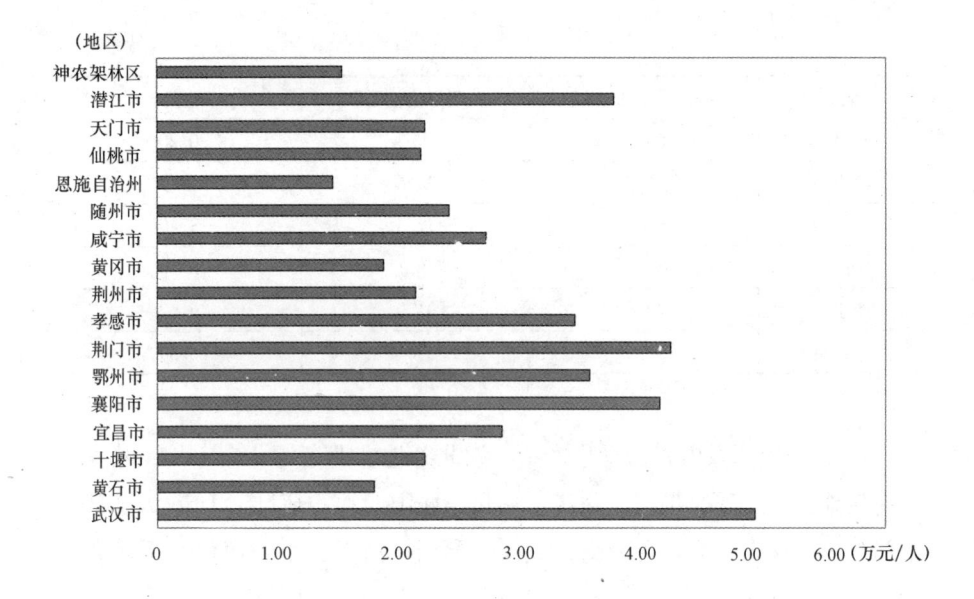

图8—2 2016年湖北省各地区农村劳动生产率

其中仙桃和潜江为全省最高水平，均达到了99%。但全省仍然还有孝感和恩施两个地区的农村自来水普及率低于75%的水平，其中孝感只有69.63%，为全省最低，较全省最高水平低了近30个百分点（见图8—3）。

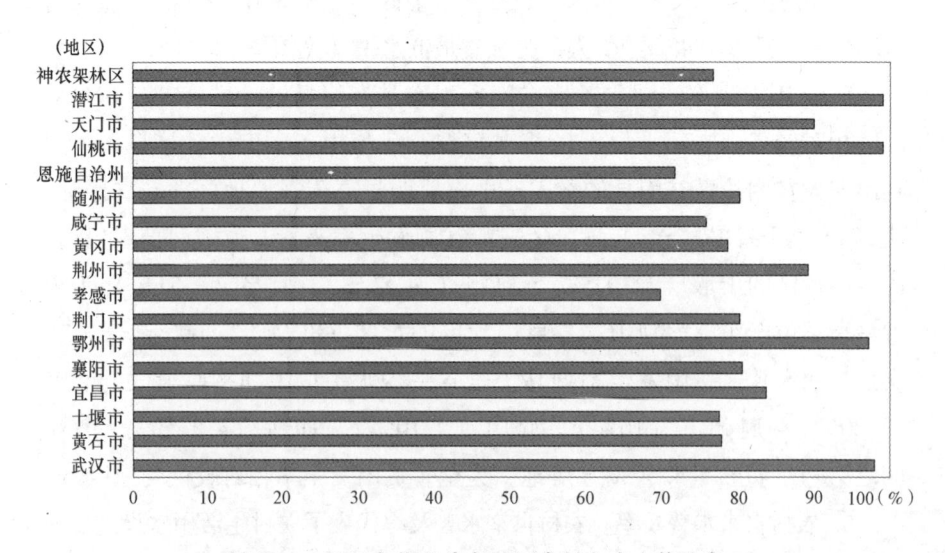

图8—3 2016年湖北省各地区农村自来水普及率

7. 农村卫生厕所普及率。2016年，湖北全省使用卫生厕所农民家庭户数占比为83.01%，根据前面湖北农村全面建成小康社会发展水平综合评价体系中提出的85%目标值，已经实现了2020年小康目标值的97.66%。从各地区来看，有5个地区达到了湖北农村全面建成小康社会目标要求，其中仙桃达到94.21%；武汉、黄石、恩施3个地区农村卫生厕所普及率低于80%（见图8—4）。

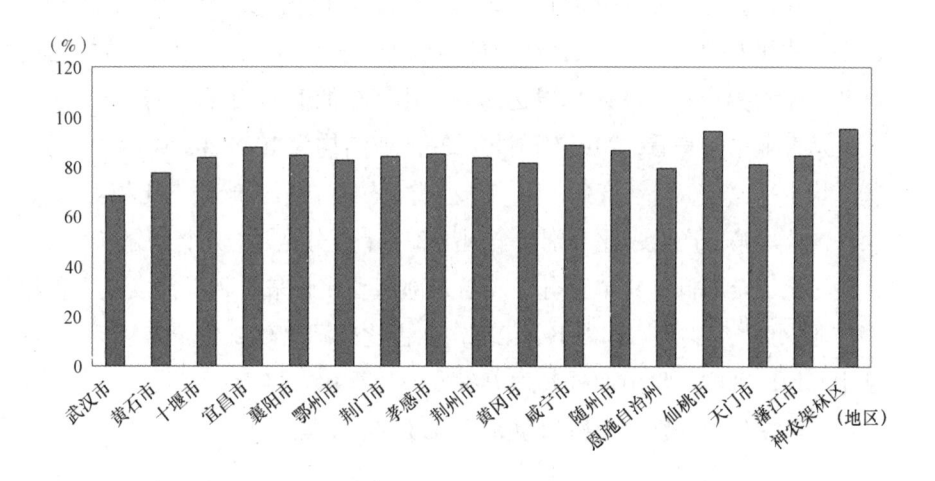

图8—4 2016年湖北省各地区农村卫生厕所普及率

通过以上重点指标分析可知，由于地理区位、资源要素禀赋存在差异，经济社会发展状况不尽相同，造成了湖北各地农村全面建成小康社会发展水平也存在明显差异。总体来看，平原地区农村居民收入较高、城乡居民收入差距较小、农村劳动生产效率较高，农村全面建成小康社会发展情况整体较好，而东、西部山区贫困人口多，脱贫任务重，农村全面建成小康社会发展水平相对落后。

二 省际横向对比

虽然湖北经济总量位列全国前列，但与东部发达省份相比小康社会发展进程相对落后，特别是农村全面建成小康社会发展水平与沿海城乡一体化发展较好的地区差距明显。

从经济社会发展基础来看，2016年湖北地区生产总值、固定资产投资、全社会消费品零售总额、地方财政一般预算收入分别为32297.9亿元、29503.88亿元、15649.2亿元和3102.0亿元。从地区比较来看，湖北各项指标均落后于东部地区的山东、江苏、浙江、广东等发达省份；在中部六省中，地区生产总值、固定资产投资、全社会消费品零售总额、地方财政一般预算收入比河南分别少19.58%、25.78%、11.18%和1.63%，均位列中部第二位（见表8—6）。

从城镇化发展水平来对比，2016年湖北城镇化率为58.10%，高于全国平均水平0.75个百分点；在中部地区处于第一位，比最后一位的河南高9.6个百分点；低于东部发达四省，比广东低11.1个百分点。

从产业结构来看，2016年湖北三次产业结构为10.8:44.5:44.7。与全国平均水平比较，第一产业、第二产业占比较重，第三产业占比相对落后，第一产业、第二产业占比分别比全国高2.2个百分点、4.7个百分点，第三产业占比比全国低6.9个百分点。与东部四省比较来看，东部发达省份第一产业比重均下降到8%以下，第三产业占比较湖北高2.6—7.5个百分点。从中部地区来看，除山西外其他五省农业比重比较接近；湖北第三产业占比位于第三位，分别比山西和湖南低11.1个百分点和1.7个百分点。

表8—6　　2016年湖北省经济社会发展主要指标与相关省份对比

地区	地区生产总值（亿元）	固定资产投资（亿元）	全社会消费品零售总额（亿元）	地方财政一般预算收入（亿元）	城镇化率（%）	三次产业结构比		
全国	744128.0	596500.75	332316.3	87194.8	57.35	8.6	39.8	51.6
山东	67008.2	52364.49	30645.8	5860.2	59.02	7.4	45.4	47.3
江苏	76086.2	49370.85	28707.1	8121.2	67.72	5.4	44.5	50.1
浙江	46485.0	29571.00	21970.8	5301.8	67.00	4.2	44.1	51.6
广东	79512.1	32947.30	34739.1	10346.7	69.20	4.6	43.2	52.1
安徽	24117.9	26577.37	10000.2	2672.8	51.99	10.6	48.4	41.0
江西	18364.4	19378.69	6634.5	2151.4	53.10	10.4	49.2	40.4
山西	12928.3	13859.35	6480.5	1557.0	56.21	6.1	38.1	55.8
河南	40160.0	39753.93	17618.4	3153.5	48.50	10.7	47.4	41.9
湖北	32297.9	29503.88	15649.2	3102.0	58.10	10.8	44.5	44.7
湖南	31244.7	27688.45	13436.5	2697.9	52.75	11.5	42.2	46.4

湖北农村全面建成小康社会重点指标与全国、中部地区、部分东部发达地区的现实发展对比分析如下。

1. 农村居民人均可支配收入。2016年湖北农村居民人均可支配收入与全国平均水平相比高361.6元；在中部地区六省位居首位，比最低的山西高出2642.5元。湖北农村居民人均可支配收入低于东部地区的山东、江苏、浙江、广东四省，仅相当于浙江该指标的55.65%（见图8—5）。

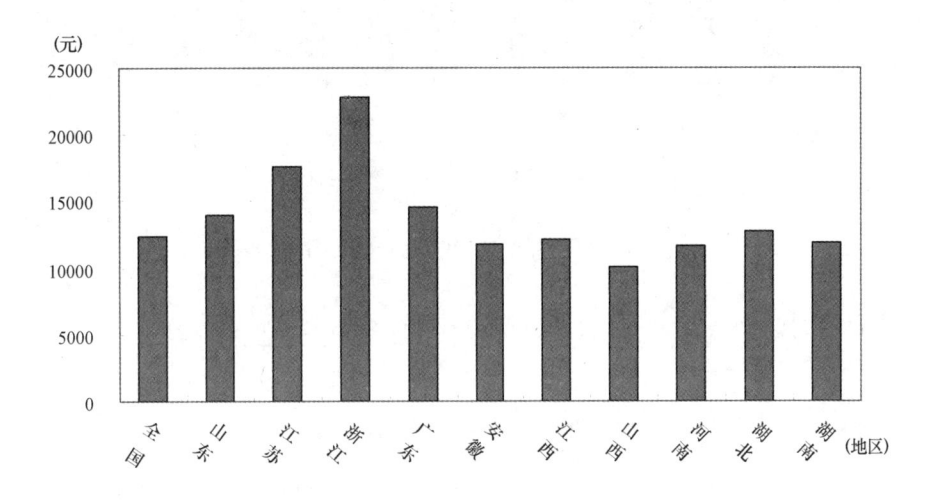

图8—5 2016年农村居民人均可支配收入省际比较

2. 城乡居民收入差距。从城乡居民收入对比来看，2016年湖北城乡居民收入比不仅比全国平均水平低0.41，而且在中部六省中也是最低的。但与江苏、浙江这两个城乡一体化发展水平较高的省份还有一定的差距，分别高于江苏、浙江0.03和0.24。从收入绝对差来看，湖北城乡居民收入差距为16660.8元，既低于全国平均水平，也低于经济发达的东部四省，在中部地区六省也低于湖南、安徽和山西（见图8—6）。

3. 农村恩格尔系数。根据2016年数据，湖北农民家庭用于食品消费支出3295.3元，比全国平均水平高29.2元，虽然低于中部地区的安徽和湖南，但高于东部地区的山东。从食品消费支出占比来看，湖北农村恩格尔系数30.13%，处于较低水平，既比全国平均水平低2.11个百分点，也比浙江、广

（元）

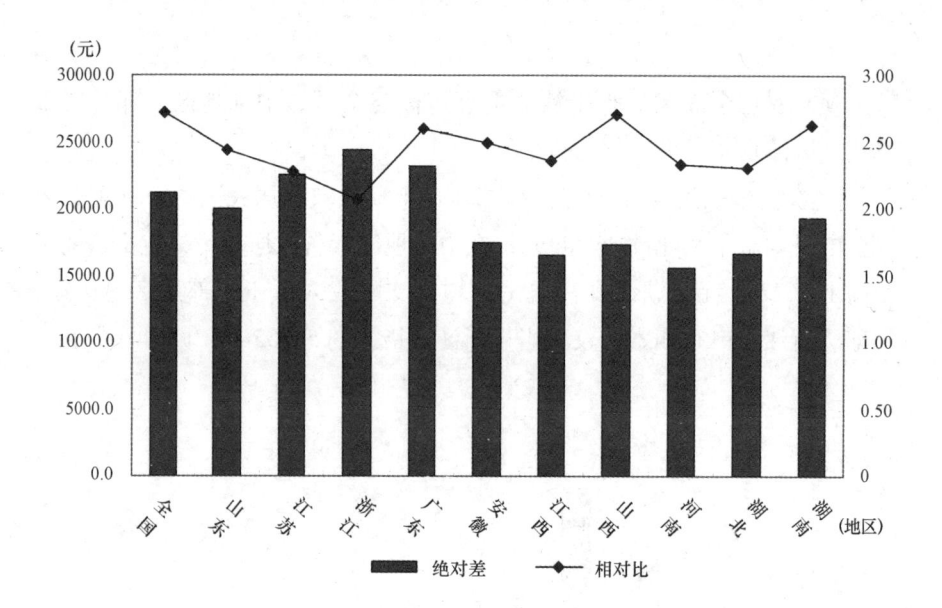

图8—6 2016年城乡居民收入差距省际比较

东2个东部省份都要低，在中部地区高于山西和河南（见表8—7）。

表8—7 2016年农村恩格尔系数省际对比

地区	农村家庭食品消费支出（元）	农村居民人均消费支出（元）	农村恩格尔系数（%）
全国	3266.1	10129.8	32.24
山东	2832.8	9518.9	29.76
江苏	4254.7	14428.2	29.49
浙江	5520.2	17358.9	31.80
广东	5010.5	12414.8	40.36
安徽	3523.0	10287.3	34.25
江西	3221.7	9128.3	35.29
山西	2272.4	8028.8	28.30
河南	2447.3	8586.6	28.50
湖北	3295.3	10938.3	30.13
湖南	3370.7	10629.9	31.71

4. 农村居民文教娱乐消费支出情况。农村居民文教娱乐消费支出是反映农村文化发展和精神文明方面的重要指标。2016年,湖北农民家庭用于文教娱乐消费支出1156.6元,高于全国平均水平86.3元。从中部地区来看,湖北农村居民文教娱乐消费支出水平只比湖南低,位列第二;从东部四省比较来看,比山东和广东分别高143.7元和98.8元。从文教娱乐消费支出占比来看,湖北为10.57%,与全国平均水平相近;在中部地区低于山西、河南和湖南;与东部四省相比,高于江苏、浙江、广东(见图8—7)。

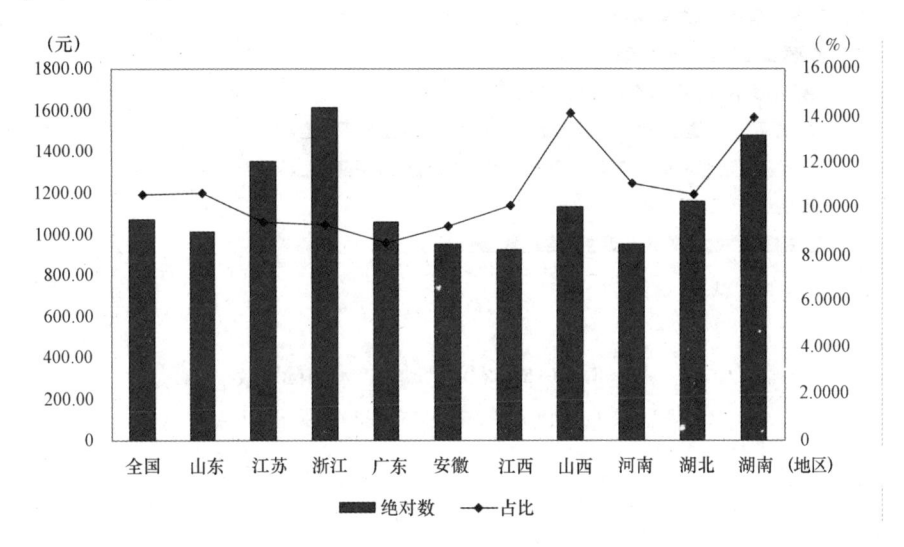

图8—7 2016年农村居民文教娱乐消费支出省际比较

5. 农业劳动生产率。以第一产业增加值与第一产业从业人口之比作为农业劳动生产率的衡量指标。2016年,湖北农业劳动生产率为2.62万元/人,与全国平均水平相比,低0.34万元/人。湖北农业劳动生产率虽然从中部地区来看排在第一位,且比最后一位的山西高出了1.45万元/人;但与东部发达省份相比差距明显,只分别相当于江苏、浙江的54%和62%(见图8—8)。

总体来看,湖北经济总量和发展基础指标在中部地区处于第二位。而与农村全面建成小康社会有关的重要指标,如农村居民人均可支配收入和城乡收入差距2项指标高于全国平均水平且在中部处于第一的位置;农业劳动生产率虽然在中部处于第一的位置,但低于全国平均水平;农村恩格尔系数好于全国平均水平；农村居民文教娱乐消费支出占比与全国平均水平接近。湖北与农村全面建成小康社会有关的各项指标和东部发达省份相比，仍然存在较明显的差距。

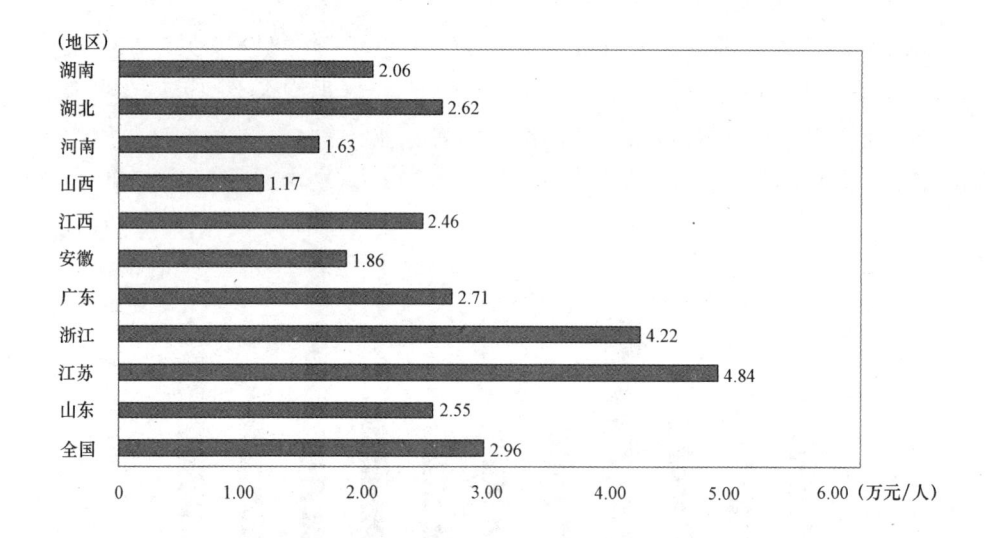

地区	农业劳动生产率（万元/人）
湖南	2.06
湖北	2.62
河南	1.63
山西	1.17
江西	2.46
安徽	1.86
广东	2.71
浙江	4.22
江苏	4.84
山东	2.55
全国	2.96

图8—8　2016年农业劳动生产率省际比较

注：河南、湖南农业劳动生产率根据2015年相关数据计算得到。

第九章

湖北农村加快实现全面建成小康社会目标的路径重构

新时期，党的十九大站在全局和战略的高度，明确提出要坚持农业农村优先发展，实施乡村振兴战略，加快推进农业农村现代化。实施乡村振兴战略，既是决胜全面建成小康社会、开启全面建设社会主义现代化国家新征程的必然要求，也是党中央着眼"两个一百年"奋斗目标导向和农业农村短腿短板的问题导向做出的重大战略安排。乡村振兴战略涉及产业发展、生态环境、精神文明、社会治理、农民生活等"三农"问题的方方面面，体现了经济建设、政治建设、文化建设、社会建设、生态文明建设"五位一体"总体布局在农村的具体落实。湖北农村加快实现全面建成小康社会目标，要按照"产业兴旺、生态宜居、乡风文明、治理有效、生活富裕"总体要求，以实施乡村振兴战略为抓手，深入推进农业供给侧结构性改革，加快补齐农业农村发展的短板，通过"富裕农村""美丽农村""文明农村""民主农村""幸福农村"建设，确保湖北全省建档立卡贫困人口实现全面脱贫，为全面实现"农业强、农村美、农民富"奠定坚实基础。

第一节 提升农村经济发展水平，建设"富裕农村"

农村成为全面建成小康社会短板的根本原因还是在于经济发展水平相对落后。因此，全面建成农村小康社会，要把大力发展农村生产力放在首位，通过发展多种形式适度规模经营，积极培育新型农业经营主体，健全农村社会化服务体系，加快农村一二三产业融合发展，不断提升农村经济发展水平，建设"富裕农村"。

一 强化农业科技支撑

农业增长按来源可分为土地、劳动等生产要素投入，以及科技进步带来的投入产出比提高两个部分。由于湖北土地资源有限，人均耕地面积较少，农村大量青壮年劳动力外出务工，农业依靠增加要素投入的增长方式不可持续。科技是现代农业的先导力量和发展动力，发展适度规模经营、转变农业发展方式需要科技支撑。以农业科技创新为支撑，加快提高自然科学技术进步和政策、经营管理和服务等社会科学技术进步对农业生产带来的贡献，使农业的发展方式转变到主要依靠资源利用率和持续发展能力的方向上来①，让农业插上科技的翅膀。

（一）健全现代农业科技创新体系

加强高等院校、科研院所、农技推广部门、龙头企业、农民专业合作社之间的合作，加强农业科技创新平台建设，完善产学研协同创新机制。开展现代农业共性技术和关键技术协同攻关，推动在农业良种培育及标准化生产、农产品加工与贮运、特色农业发展、农产品质量安全保障、农业信息化等关键环节取得重大突破。做大做强育繁推一体化种业企业，着力培育高产、高效且具有自主知识产权的突破性新品种和新技术，建设一批新品种繁育基地和工厂化育苗基地。

（二）加强科技创新成果推广应用

湖北是科技大省，拥有丰富的农业科技实验室、技术研究中心和科技示范园等平台和优秀科技人才资源，但相关的科技成果转移不足，推广应用能力较弱。建立完善以公益性农技推广机构为主，以高等院校、科研院所、龙头企业、农民专业合作社等为重要补充的多元化农业技术推广体系，进一步理顺基层农业行政管理体制，有效整合乡镇农业技术部门为农村提供农技服务。加大农村实用人才培育力度，重点培养具有较高成果转化能力的农技推广骨干人才和具有较高成果应用能力的职业

---

① 尹广泰：《农村全面建成小康社会需要进一步解决的问题简析》，《毛泽东邓小平理论研究》2015 年第 7 期。

农民。充分发挥农业科研院所、专业人才的示范引领作用，通过建设示范园、示范基地等形式推进先进农业科技成果在农村"落地"、在农业"扎根"。

（三）大力推进智慧农业发展

充分应用现代信息技术成果，集成应用物联网、3S、无线通信等技术及专家智慧与知识，在农业生产基地布局各种传感节点，将农业生产环境温度湿度、土壤水分、二氧化碳、图像等有关数据进行收集、整理、归纳，为农业生产提供精准化种植、可视化管理、智能化感知预警和决策分析，大力推进智慧农业在湖北的发展。围绕农业资源利用、农业生态环境监测、农业生产精细管理、农产品与食品安全管理及溯源等领域，做强农业物联网产业链。加快农业物联网示范应用，在大田种植、设施园艺、生态种养、综合服务等领域建设一批标准化的"互联网＋"现代农业示范基地。

二 积极发展适度规模经营

进入21世纪，随着农村经济的快速发展，农村基本经营制度的自有缺陷开始逐步显现，集体经济组织"统"的职能发挥不足而家庭经营过于分散，即"分有余而统不足"。在坚持和完善农村基本经营制度、稳定土地承包关系的前提下，加快健全土地流转市场体系，积极发展多种形式的农业适度规模经营，将现代生产要素、经营模式、发展理念引入农业发展，进一步释放农村生产活力。

（一）积极推进农村土地"三权"分置改革

在全面完成农村土地承包地经营权确权登记颁证，实现农村土地承包管理信息化、常态化的基础上，根据国家《关于完善农村土地所有权承包权经营权分置办法的意见》，健全和完善承包地"三权分置"制度体系，实现所有权、承包权、经营权分置。要依据"农民集体所有的不动产和动产，属于本集体成员集体所有"的法律规定，落实集体所有权，明晰集体土地产权的归属，使集体产权主体真正清晰。要稳定农民与农村集体之间的发包与承包关系，并保持长久不变。要在确保农地农民有、农业用的前提下，通过探索互换、出租、抵押、入股、拍卖、托管等模式，优化土地资源配置，放活经营权。积极探索农民宅基地所有权、资格权、使用权"三权分置",在坚持所有权归农村集体、资格权归农户不动摇的基础上,适度放活宅基地使用权,宅基地使用可适度放开到城市居民、企业或其他社会组织。

(二) 规范引导农村土地经营权有序流转

根据依法自愿有偿、市场配置资源的原则,农民创新流转形式,将承包地流转给新型农业经营主体。鼓励引导土地经营权在公开市场上向专业大户、家庭农场、农民专业合作社、农业企业流转。对于长期在外务工农民的工地,农民可以通过委托集体经济组织来流转土地经营权。在土地流转过程中,依托农村流转服务平台,为流转双方提供信息发布、政策咨询、价格评估、签约指导等服务,提高土地流转规范率。建立健全土地流转用途管制机制,加强对长时间、大规模流转土地的事前审查、事中监管。

(三) 创新适度规模经营发展模式

依据自然经济条件、农村劳动力转移情况、农业机械化水平等因素,因地制宜确定当地农村土地适度规模经营的面积标准,比如按当地户均承包地面积10—15倍、务农收入相当于当地第二、第三产业务工收入的标准。各地农村根据当地发展实际,总结推广湖北的"福娃模式""彭墩模式""龙岗模式""华丰模式""双丰收模式""沙洋模式"[①] 等经验,创新规模经营方式,提升农业规模化经营水平。以潜江、沙洋、随县等地土地托管服务试点为突破口,创新全程托管、代耕代种、联耕联种、农业共营制等形式多样的托管模式,促进农业适度规模经营。

三 强化新型农业经营主体政策扶持

以培育专业大户和家庭农场、进一步规范发展农民专业合作社、做大做强农业产业化龙头企业为重点,加快构建以财税、基础设施、金融保险、营销市场、人才培养等为主要内容的政策体系,引导新型农业经

[①] 沙洋县结合农村土地确权登记颁证工作,进行"按户连片耕种"试点,形成了确权带连片的"沙洋模式"。其主要特点是:"三稳定,一调整,两集中",即在稳定家庭承包方式、面积、期限的前提下,通过在村小组内调整农户经营的地块,实现经营权连片且不插花,并向单个农户集中,向新型经营主体集中。

营主体健康发展。强化新型农业经营主体政策扶持,要从长远发展角度入手,遵循新型主体的成长规律,明确不同新型农业经营主体的扶持重点。

(一)重点扶持方向

结合不同新型经营主体特征,按照差异化的发展原则,满足不同新型经营主体的相应需求。

重点培育专业大户和家庭农场。探索不同生产领域专业大户、家庭农场的认定标准,对认定的专业大户和家庭农场,新增农业补贴重点向其倾斜;实行以奖代补,对经营耕地、养殖畜禽达到一定规模的专业大户、家庭农场予以奖励;提高财政对专业大户、家庭农场的保费补贴比例。

坚持发展与规范并举、数量与质量并重,增强农民专业合作社实力。深入推进农民专业合作社示范社建设行动,对示范社开展运行监测、动态管理,涉农项目和优惠政策,重点向进入名录的示范社倾斜,继续完善和重点落实相关税收优惠政策,引导支持农民专业合作社开展信用合作业务。

健全完善利益联结机制,做大做强龙头企业。鼓励龙头企业采取订单农业、利润返还、股份合作、设立风险资金等多种形式,建立与农户、农民专业合作社间的利益共享、风险共担机制。充分发挥龙头企业资源和市场优势,发展适度规模经营的现代种养业、农产品精深加工及物流电商等。

(二)重点扶持领域

积极发挥财政政策和资金的公益性作用,加大对农业公共服务平台、服务体系领域的扶持力度,强化服务手段、服务条件和服务能力建设,为新型经营主体发展提供高质量、高水平的农业公共服务。

基础设施建设方面。从改善当前农村生产条件、提高农业综合生产能力方面入手,重点开展农田水利、农村道路、农村电网和生态环境等方面建设。

新品种和新技术研发领域。支持新型农业经营主体与科研机构联合开展本地特色农作物品种和畜禽品种的选育、测土配方施肥、农业废弃物综合利用、农产品加工贮藏、分级包装、质量溯源等关键技术、新技术研发攻关。

人才培养方面。以各地的专业院校和农科院为平台，提供专业技术、综合管理等方面培训或进修；以农业园区为依托，建立农业实践教育基地，开展农业实践教育学习；开展多种形式的教育培训，培养造就一支具有科学文化素质、掌握现代农业生产技能、具备一定经营管理能力，以农业生产、经营或服务作为主要职业，以农业收入作为主要生活来源的新型职业农民队伍。

（三）重点扶持方式

健全和完善多层次、多元化资金投入机制，综合运用各种扶持方式，发挥财政资金的引导、放大效应，撬动社会资金扶持各类新型农业经营主体发展。

项目支持方式。探索参股分红方式，将一定比例项目资金股份化，分配给农村集体经济组织及相关农户，以自愿入股方式投入新型农业经营主体，让农户收益增值。鼓励地方将新型农业经营主体带动农户数量和成效作为相关财政支农资金和项目审批、验收的重要参考依据。采取PPP形式，鼓励社会资本支持农业新型经营主体发展，将建成后项目转交给新型经营主体。

金融支持方式。以财政资金吸引金融资金对新型农业经营主体的支持，通过建立担保平台、拓宽农民抵押物范围等手段为资金实力不强、发展基础较弱的新型农业经营主体获得信贷提供便利。政府对带动性较强、促进农户增收大的新型农业经营主体贷款进行贴息。

生产性服务补贴方式。按照"谁生产、谁服务、补贴谁"的原则，政府通过"购买服务"、发放农业生产性服务消费券等方式向提供农技推广、农机等生产性服务的新型农业经营主体实施资金支持，扩大向农业新型经营主体购买农业生产服务的领域和范围，提升其对社员和非社员农户的带动能力。

四 完善新型农村社会化服务体系

发展多种形式适度规模经营，培育新型农业经营主体，重点是要完善新型农村社会化服务体系，建立多层次、多渠道、一体化的新型农村社会化服务体系网络，公益性服务与经营性服务兼有，综合性服务与专业性服务兼顾,从根本上解决当前农村社会化服务体系体制机制不顺、经费紧张、人员匮乏、服务效率低等实际问题。

(一)服务主体多元化

在服务主体上,应建立以公共服务机构为依托、合作经济组织为基础、龙头企业为骨干、其他社会力量为补充的多元化农村社会化服务体系。

公共服务机构主要是政府相关部门及村集体组织,主要提供一些公益性、基础性的服务,例如基础设施、科技创新与推广、市场信息发布以及农村教育、文化、卫生等社会事业服务。这些方面的服务都具有明显的公共产品特征,服务外溢性显著,需要国家运用政府配置资源的方式作支撑,而公共服务机构的角色相当于新型农村社会化服务体系中的"国家队"。

合作经济组织包括农民专业合作社、供销合作社等。"家庭经营+发达的合作社体系"是农业生产经营最为有效的组织模式,既能促进农业的现代化,又很好地实现了农户自身的利益。农民专业合作社作为农民自己的组织,是农村社会化服务供给的基础。供销合作社充分利用其物流商流网络、信息平台优势,在引导农民进入市场,沟通连接农民与政府及其他社会利益群体方面具有优势。

农业产业化龙头企业作为农业产业化经营的市场开拓者和运营中心,在农产品的生产、加工、流通等方面与农户有机结合,从而在农村社会化服务体系当中巩固了自己不可或缺的独立地位。通过龙头企业将分散的农户组织起来,纳入社会化大生产中,同时解决社会化服务"最后一公里"问题,增强服务的针对性和有效性。

同时,其他参与农村社会化服务的部门、科研院所、机构或个人,如商业、物资、外贸、金融、工商管理、质量监管、产品认证、司法援助、农村经纪人等,都是农村社会化服务过程中的重要补充力量。

(二)服务内容差异化

在服务内容上,虽然农村社会化服务体系应提供农业产前、产中、产后各个环节的全过程服务,如农业生产资料供应、农产品加工销售、农业科技、农村金融、农业保险、农业信息等全方位的服务,但根据湖北各地农村经济发展实际,服务内容也存在差异。

在经济发展较好的农村，逐步满足农民的要求，提供较高质量的农村社会化服务。这些地区的服务体系也已经基本具备系列服务的能力，同时开始形成综合配套服务的能力，主要为农民提供系列服务乃至综合配套服务。

在社会经济发展中等水平的农村，突出解决产后加工、流通服务的问题。这类农村地区的服务体系建设既有一定基础，但又显得力量不足，在现阶段则应当以产后加工、流通服务为重点，由此推动产前、产中和产后系列服务的实现。

在经济落后的农村地区，重点解决农业生产过程中最急需的服务。这类地区主要是湖北贫困山区，商品化程度较低，服务体系建设还处于起步阶段，农民迫切需求的多数属于产前、产中的服务内容。服务体系在提供农民要求最迫切的某些单项服务的同时，注重解决阻碍农业生产商品化程度提升的关键问题。

（三）服务模式多样化

根据不同的服务内容确定不同的服务方式，纯公共品完全由政府提供；准公共品可以以政府为主导，其他社会力量为补充。生产性公共服务可以适当引入市场机制，政府给予参与农业生产性服务的社会组织一定的政策优惠和补贴，鼓励建立专业化服务组织，并引入服务竞争模式，实现公益性服务与经营性服务、综合性与专业性服务并举的服务发展模式。对于市场性较强的服务或产品要充分发挥龙头企业、合作社以及其他社会力量的主导作用，让市场在资源配置中起决定性作用，逐步扩大龙头企业、合作社等的生产和组织带动范围和能力。目前，湖北应重点加强基层公共服务机构为农民提供的公益性服务模式和农村合作经济组织为社员提供的自我服务模式。

五 分类推进农村三产融合发展

在推进农业现代化过程中，要以农村三产融合发展为重要路径，使农村一二三产业在同一农业经营主体下交叉融合，或者是在具有紧密利益联结机制的不同市场主体之间实现融合，实现农产品产加销、农工贸一体化，推进农业延长产业链，融入供应链，提升价值链，最终让农民更多地分享第二、第三产业创造的价值增值和收益分配。湖北农村地区要立足当地特色和发展实际，发展多类型的三产融合模式。

（一）农业内部融合

以农牧结合、农林结合的循环发展为导向，调整优化农业种植养殖结构，提高无公害、绿色、有机农产品和地理标志农产品比例。着力构建粮经饲统筹、农牧渔结合、种养加一体的现代农业产业体系，加快发展绿色农业，提升农业废弃物综合利用水平，实现农业经济效益与生态效益统一。在平原地区，因地制宜发展"虾稻共作""稻鱼共生"等种养结合模式。在山区农村因地制宜发展林下经济，通过发展林药、林菌等林下种植和林禽、林蜂等林下养殖，推进农林复合经营，提升林地综合效益。

（二）农业产业链融合

以农业向后延伸或者农产品加工、农业生产生活服务业向农业生产领域延伸，促进农业产业链各环节的紧密结合。鼓励家庭农场和农民专业合作社发展农产品加工和农产品直销，实现农超、农企、农校、农批、农餐等多种形式的产销对接。结合农业资源禀赋、农产品加工基础，围绕当地特色农产品开展农产品精深加工，有效提高农产品附加值，并让农民更多分享附加值、增加值收益。大力推进新型农业经营主体发展农业生产性服务业，鼓励合作社、龙头企业开展代耕代种代收、大田托管、良种供应、统防统治、烘干储藏等市场化和专业化服务。

（三）农业功能拓展融合

通过农业与其他产业的功能互补，延伸拓展农业的多功能性。推进农业与旅游、教育、文化、健康养老等产业深度融合，发展以农业体验、采摘、垂钓、游园、餐饮、生态观光休闲等为主题的乡村旅游。结合农村农业资源、山水风光等禀赋，重点发展都市农业、民族民俗风情、鄂东四季花木、鄂西北山地生态、江汉平原水乡田园等乡村旅游。结合文化创意、能源工业等产业，发展创意农业、能源农业等农村产业融合新模式。

（四）新技术渗透融合

以大数据、云计算和物联网等现代信息技术为支撑，创新农产品生产、交易和农业融资的技术密集和信息化方式，大力发展智慧农业、精准农业，促进信息化与农业深度融合。加快农业物联网在大田种植、设施园艺、生态种养、综合服务等领域的应用,带动农业物联网整体发展。加快农村电商发展,实现农药化肥等农资和特色农产品网上销售。在条件较好的农村,发展农业生产租赁业务,积极探索农产品个性化定制服务、会展农业、农业众筹等新型业态。

(五) 产业园区与小城镇融合

将农村产业融合发展与推进新型城镇化建设有机结合,实现农村产业融合与新型城镇化联动发展。优化空间发展布局,形成与产业发展相融的新型城镇化布局和融入新型城镇化的农村产业布局。发挥小城镇人口集聚和城镇建设的带动作用,促进农村第二、第三产业在县城、乡镇及产业园区高度集聚。因地制宜培育壮大县域特色农村产业,扶持发展"一乡一业、一村一品",发展农产品加工、商贸物流等一批专业特色小城镇。

第二节 加强生态环境改善,建设"美丽农村"

农村环境是指以农村居民为中心的乡村区域范围内各种天然的和影响人类生存、发展以及经过人工改造的农村自然要素的总称[1]。改革开放以来,湖北农村经济获得了长足发展,但由于长期依靠拼资源、拼投入的农业生产方式影响,农村生产生活环境污染问题日趋严重,并成为阻碍农村全面建成小康社会发展的重要因素。加强湖北农村生态文明建设,坚持走乡村绿色发展之路,让农村的生态优势变成农村发展的宝贵资本,要以发展资源节约的生态循环农业为重点方式,从源头上解决农业生产环境污染问题;以加强水环境为重大领域,推进农村生活环境治理;以建立健全农村可持续发展制度为重要保障,建设"美丽农村"。

一 积极发展生态农业

发展生态农业是未来农业发展的总体趋势,是提高农业自然资源利用率和减少农村环境污染的有效途径。加快转变农业生产方式,积极发

---

[1] 胡久生、邢晓燕、汪权方、胡洋:《湖北农村环境污染治理现状与对策研究》,《现代农业科技》2010年第22期。

展生态农业，有利于提高农村自然资源综合利用效率和进一步拓宽农业多功能性。结合湖北农村发展实际和农业资源禀赋，创新发展种养结合立体农业、农林融合和生态循环农业三种模式。

（一）依托大田种植，发展种养结合立体农业

湖北水系资源丰富，水稻、水生蔬菜种植和水产、水禽养殖基础条件好，并形成了一定的规模。重点在江汉平原的农村地区，积极发展以水田、水域为基础，拓展水产、水禽、水生蔬菜等种养结合的立体农业发展模式，促进农业生产提质增效发展，实现农业资源绿色、生态、有机、循环利用。

围绕稻田综合种养和资源综合利用，湖北潜江探索了在稻田养殖小龙虾的"稻虾共作"模式，这种模式在湖北其他农村地区具有很好的推广价值。可以充分借鉴潜江等地方的经验，以高标准农田建设为基础，配套建设农田基础设施，加强农民相关种养技术培训，推广信息、物联网和现代物质装备应用，探索"水稻+水产"（如"水稻+小龙虾""水稻+鱼""水稻+鳖""水稻+鳅""水稻+蟹"等）、"水稻+水生蔬菜"（在稻田水沟及周边水域种植莲藕、茭白、芡实等水生蔬菜）、"水稻+水禽"（如"水稻+鸭"）等高效种养模式，形成多元化、多样性和多层次的大田种植与水产、畜牧结合的生态立体复合种养模式。

（二）以经济林果为基础，探索林农融合模式

湖北山地、林地资源丰富，特别是在经济相对落后的山区，茶叶、核桃、柑橘、桃、花卉苗木等经济林果面积大。在这些农村地区，以经济林果为基础，积极发展林下种植、林间养殖，探索林农融合发展模式，逐步形成林间立体种养体系，实现经济效益和生态保护的统一。

一是经济林与瓜蔬套种。在经济林生长初期或没有形成郁闭前，采取林间套种方式发展瓜果、蔬菜种植。水果等经济林木与瓜果蔬菜间种，可互补生长空间，改善田间小气候，促进作物协调生长，有利于做好水果苗木的管护。二是经济林的长短套种模式。在核桃、茶叶、花卉苗木等生长周期长、经济效益见效慢的经济林，采取"以短养长"方式，种植生长周期短、见效快的中药材。三是经济林畜禽养殖模式。在不破坏生态环境的前提下，以经济林为基础，在林间套养鸡、鸭、猪等畜禽，探索发展林畜融合模式。

（三）依托畜牧养殖小区，发展生态循环农业

湖北是畜牧养殖大省，万头以上规模化养猪场近800家，生猪出栏数位居全国第五。养殖业的迅猛发展，保障了市场供给，促进了农民增收，但带来的农村环境污染问题也日显突出。一方面，家庭散养的畜牧养殖，粪便、污水任意堆弃和排放现象普遍存在，对农村水源、土壤和空气等环境造成直接的污染；另一方面，一些规模养殖场的环保处理设施因资金投入大、运行成本高、处理效果不稳定等，很多处理设施成了摆设，污水中畜禽粪便占COD（化学需氧量）排放量的70%，畜禽粪污利用率不足50%。

要依托农村标准化、规模化的生猪、牛羊养殖场或养殖小区，以资源高效和循环利用为核心，以"减量化、再利用、资源化"为原则，发展"资源—产品—消费—再生资源"生态循环农业。结合农村降水、水系、地形、粪便养分含量、土壤性质、种植作物等特点，将畜禽粪污转化为沼气、有机肥料、生物饲料，积极发展资源利用节约化、生产过程清洁化、废弃物利用资源化等多种形式的"畜牧—沼（肥）—果蔬"生态循环模式。

二 提高水土资源利用效率

湖北农业可持续发展存在着农业资源约束不断加剧、环境污染突出等问题，也存在农业用水利用效率低于全国平均水平，可以利用开发的土地资源严重不足，耕地质量不高等问题。以提高水、土资源利用效率为重点，加快发展资源节约型、环境友好型和生态保育型农业，转变发展注重提高质量和效益的集约经营方式，为湖北农村全面建成小康社会提供坚实的生态保障。

（一）大力发展节水农业

一是推进农业节水灌溉。加强灌区渠系节水改造、农业用水管理，实现输水、用水全过程节水，有效新增和恢复灌溉面积，提高农田灌溉水有效利用系数。因地制宜，分区域规模化推广使用喷灌、微灌、低压管道输水灌溉等高效节水技术，支持山丘区小水窖、小水池、小塘坝、小泵站、小水渠等"五小水利"工程建设。二是充分利用雨水灌溉农业。在干旱、降水量少的山地，建设农田集水等设施，优化种植结构，扩大

优质耐旱高产品种种植面积,严格限制高耗水农作物种植面积,鼓励种植耗水少、附加值高的农作物。三是完善农业用水制度体系。以农村小型水利设施管护机制为重点,发展农村用水合作组织,鼓励采取承包、租赁、拍卖、股份合作和委托管理等方式,引入竞争机制,择优选择经营管理主体。进一步完善农业水资源有偿使用、分配、民主决策及分级负责的管理等制度。推进农业水价综合改革,探索实行分类和季节水价制度,逐步建立农业用水精准补贴机制和农业节水奖励机制。

(二) 保护提升耕地质量

结合农村耕地实际状况,采取工程、生物等综合措施,恢复提升耕地土壤地力。完善耕地地力保护补贴政策,严格控制未利用地开垦,落实和完善耕地占补平衡制度,逐步推行建设占用耕地耕作层土壤剥离再利用。大力推广保护性耕作技术,最大限度地减少农业耕作对土壤层的破坏;积极开展化肥和农药使用量零增长行动,提高化肥、农药利用率,以龙头企业和新型经济组织带动,推广测土配方施肥技术,鼓励农民实施秸秆腐熟还田、增施有机肥、种植绿肥,科学施用化肥,提高肥料利用率;健全耕地质量监测制度,加快土壤墒情、土壤肥力等监测点网络建设,及时发布信息,开展预测预报。

三 加强农村水体环境治理

湖北省有着"千湖之省"的美誉,总体水力资源居全国第四位,平原湖区占全省总面积的20%,浅层地下水储藏量丰富。水资源丰富也意味着面临着巨大的水污染治理的挑战。湖北正处于传统农业向现代农业转型的重要时期,由于自然地理特征、生产生活方式、农民群众环境保护意识以及当地经济快速发展等因素影响,农村地区水污染尚未得到根本性遏制,农村地区水体污染负荷总体压力较大。同时,农村居住环境"脏、乱、差",农村生态环境频遭破坏等现象依然存在。因此,应以农村水环境污染防治为重大领域,改善农村生态宜居环境。

(一) 加大农村生活污染治理力度

采取分散与集中处理、生物与土地相结合等多种处理方式,因地制宜处理农村生活污水。对于居住比较分散、不具备条件的地区可采取分散处理模式;而人口相对集中、条件相对较好的地区要推进生活污水集中处理模式。在水环境污染较严重的地区及水污染治理重点流域，根据农村实际情况，有针对性地采取生物浮岛、污水净化池、人工湿地、地埋式污水处理等技术手段，建设污水处理设施。在饮用水源水质污染较重、对当地群众身体健康构成严重威胁的农村地区及水污染治理重点流域，划定水源保护区范围，建设水源周边截污工程，强化农村饮用水源地环境污染防治[①]。

（二）控制农业面源污染扩大

在农田种植生产方面，要科学使用化肥、农药、农膜等对农村环境影响较大的生产资料，积极推广测土配方施肥、秸秆还田等农业生产技术，采取综合措施控制农业面源污染面积继续扩大。在水产养殖污染方面，要根据水质要求和水体承载能力，合理控制水库、湖泊网箱养殖规模，防止集约化养殖污染向水源地和大中型湖库扩散，同时开展水产养殖废水循环使用的技术攻关，积极探索生态养殖的技术途径。在畜禽养殖污染方面，根据发展实际，限期关闭、搬迁禁养区内的畜禽养殖场，规模化畜禽养殖场污染物必须达标排放，鼓励生态养殖场和养殖小区建设，同时依据土地消纳能力，进行畜禽粪便还田，通过发展沼气、生产有机肥等综合利用方式，实现养殖废弃物的减量化、资源化、无害化。

（三）推进农村人居环境综合整治

从村庄规划和环境处理基础设施两个方面，加强村庄公共空间整治，整体推进农村人居环境综合整治。一是村庄规划方面。强化乡村建设规划管理，完善县域村镇规划体系，合理确定不同区位、不同类型村庄人居环境改善的重点和时序。新村庄建设规划要有环境保护的内容，配套建设生活污水和垃圾污染防治设施，在具有较好社会基础、较强经济实力的乡镇、村，建设一批环境优美乡镇和生态村。二是农村环保基础设施建设方面。在大部分农村地区逐步推广组保洁、村收集、乡镇转运、县处置的城乡统筹垃圾处理模式，生活垃圾定点存放、统一收集、定时清理、集中处置，提高农村生活垃圾收集率、清运率和处理率，边远地区可采取资源化就地处理方式。完善农村污水收集处理设施，推进城镇

[①] 胡久生、李兆华、邢晓燕、康群、王荆州：《湖北省农村水体污染成因及治理办法研究》，《中国农业资源与区划》2009年第1期。

污水收集处理系统向农村延伸。

四 完善农村可持续发展机制

农村可持续发展是指在不超越资源与环境承载能力的条件下,促进农村经济发展的同时,提高生活质量和保护生态环境,实际上就是要协调好人口、资源和环境的关系,要控制人口、节约农业资源、保护农业生态环境①。农村环境保护的制度建设和创新已迫在眉睫。建立和完善农村可持续发展机制,是解决农民生产、生活环境问题的根本,也关系到农村生态文明建设和全面建成小康社会的顺利实现。

(一)建立以绿色 GDP 为导向的政绩考核机制

政绩考核是领导干部的"指挥棒""风向标",建立科学的考核体系,可以从根本上明确领导干部追求政绩遵循的根本价值取向②。长期以来,受以 GDP 为核心的传统政绩观影响,政府官员只重视经济投入与产出,而忽视了对生态环境资源方面的投入和产出,从而导致生态环境与经济发展失衡,加大了生态脆弱地区和生态建设重点地区的生态保护压力。

因此,要改变传统的政绩考核制度,将资源环境因素纳入干部政绩考核体系中,建立包含生态资源因素在内的以绿色 GDP 为导向的政绩考核体系,促进农村可持续发展,推动全面建成小康社会进程。结合湖北生态功能区划分③,确定不同地区各考核指标的相应权重,以体现地区差别和不同的重点要求,实行各有侧重的绩效考评。农产品主产区以增强农业综合生产能力为首要任务,重点生态功能区以提供生态产品为主体功能,在这些农村地区,赋予农村生态环境指标更高的权重。

(二)完善农村环保投融资机制

一直以来,制约农村环境保护的瓶颈就是资金不足,为了摆脱这种

---

① 王冰:《我国农业可持续发展问题的探讨》,《辽宁科技大学学报》2008 年第 1 期。
② 盛克勤:《建立体现科学发展观要求的干部政绩考核机制》,《领导科学》2007 年第 21 期。
③ 根据《湖北省主体功能区规划》,湖北全省国土空间分为重点开发区域、限制开发区域和禁止开发区域三大类,其中限制开发区域又可分为农产品主产区、重点生态功能区。

困境，必须广开资金来源渠道，逐步建立全方位、多元化的投入机制①。

在全面建成小康社会的发展过程中，要改革财政、金融对农村环保方面的投入机制，加大对农村环保基础设施建设的投入力度，逐步完善投融资机制。在重大公益生态环保领域，以国家和各级政府财政投入为主，确保各级财政对农村环保投入、补贴和配套，并在农业、土地、水利等有关农村发展和经济建设的财政投资中，拿出一定比例资金，专门用于农村环境保护开支。同时，建立科学合理的生态补偿机制，运用国家的宏观调控、法律、市场调配等手段解决由于农村地区提供了生态公共品，经济发达的城市应向农村地区给予相应补偿的问题。在农村工业企业等微观领域，充分发挥市场在资源配置中的决定性作用，鼓励其他社会资金进入农村环境保护领域，倡导"谁污染、谁付费、谁受益、谁负担、谁开发、谁保护"的发展理念，不断拓宽投融资渠道。

（三）加强农村环境监测评价机制

建立和完善农村环境监测体系，研究制定农村环境监测与统计方法、农村环境质量评价标准和方法，开展农村环境状况评价工作。加大执法检查力度，强化农村环保的执行力。明确相关部门的职能和权限划分，建立集成管理体制和联合执法制度，加强对各类污染源的巡查、联查、督查和抽查，切实提高农村环境监管的质量和水平。加强农村饮用水水源保护区、自然保护区、重要生态功能保护区、规模化畜禽养殖场和重要农产品产地的环境监测。实施环境影响评价制度，从源头上防止环境污染和生态破坏。建立健全农村各类发展和建设规划的环境影响评价制度，通过环境影响评价分析、预测人为活动造成环境质量的变化，规划和决策中考虑环境因素。

第三节 提高农村社会文明程度，建设"文明农村"

全面建成小康社会，实现中华民族伟大复兴，必须推动社会主义文化大发展大繁荣。关注农民的"文化小康"问题，让农民享有健康丰富的精

---

① 陈润羊、花明：《构建农村环境保护长效机制研究》，《农业环境与发展》2010年第5期。

神文化生活，是农村全面建成小康社会的重要内容。农村文化是农村经济社会发展的智力支持、精神动力和政治保障，具有广泛性、复杂性、全民性等特征。推进农村文化建设，要从农村文化建设的实际和农民的根本需求出发，考虑广大农民群众的根本利益，着眼于提高农民群众的思想觉悟、道德水准、文明素养，提高农村社会的文明程度，建设"文明农村"。

一 明确农村小康文化建设价值取向

当前，中国仍处于并将长期处于社会主义初级阶段的基本国情没有变。全面建成小康社会，这意味着人民美好生活需要日益广泛，对物质文化生活的要求更高。文化具有凝聚、整合、同化、规范农民群体行为和心理的功能，对广大农民的思想意识、价值取向和行为习惯发挥着广泛而持久的影响[①]。农村文化建设是农村全面小康建设的灵魂，通过深入践行社会主义核心价值观，培育引导农民的现代价值观念和法治意识，提升农民精神风貌，树立农村社会文明新风尚，逐步形成农村小康文化正确的价值取向。

（一）以社会主义核心价值观引领农村文化建设

文化自信是一个国家、一个民族发展中更基本、更深沉、更持久的力量。相对于城市文化而言，农村文化在地域性、民间性和非商业性等方面具有鲜明的特点[②]。经济的加快发展、交通通信条件的明显改善，使农村社会逐步走向开放，农民受到外来文化的影响越来越大。农民传统的生产方式、生活方式也随之改变，与此同时，农村思想观念、价值取向也潜移默化地发生了变化。

农村文化建设需要有统一的主流价值观来引领并指明方向，否则极易陷入目标不清、方向不明的困境。党的十八大从国家、社会、个人三个层面，提出了"富强、民主、文明、和谐；自由、平等、公正、法治；爱国、敬业、诚信、友善"的社会主义核心价值观。在加快全面建成小康社会的背景下，为避免农村文化建设过程中目标不明确、思想混乱、方向错误等问题，要大力培育广大农民群众深入践行社会主义核心价值

---

① 曾长秋、李昱：《加强新农村文化建设是当务之急》，《光明日报》2009年4月3日。
② 党国英：《论农村文化对农村社会稳定与经济发展的作用》，《新视野》2015年第5期。

观,以社会主义核心价值观引领农村文化建设,将其渗透到农村的各个方面中去。这样,才能有效地形成自尊自信、理性平和、积极向上的社会心态,最大限度地统一思想,形成农村全面建成小康社会的强大合力。

(二)树立农村社会文明新风尚

社会风尚是一个时期社会风气、生活方式和环境氛围的综合反映,体现着人们的精神风貌和行为习惯,标志着社会文明进步的程度[①]。农村全面建成小康社会不仅要大力发展农村经济,而且要改变农村面貌,提高社会文明程度;不仅要积极促进农业生产方式的现代化转变,而且要积极推动农村生活方式和价值观念的转变,树立农村文明新风尚。

农村社会文明新风尚可以从道德和法规两个方面进行引导。思想道德建设可以为农村社会文明提供有力的思想保障和文化引领作用,引导广大农民群众树立正确的道德观念。一是要大力倡导社会公德,不搞宗派活动,反对家族主义,树立良好的民风、村风,营造邻里团结、诚信友爱、扶贫济困的社会氛围;二是保持团结和睦的家庭关系,积极破除陈规旧俗,遵循婚姻自由、男女平等、一夫一妻等文明准则,通过开展家庭文化活动,形成农村讲科学、讲文明、讲道德的新风尚。在农村法律法规方面,一是制定切实可行的法规、乡规,加强科学管理和引导,创造安居乐业的社会环境;二是树立农村法治理念,每个村民都要学法、知法、守法,提高村民法律意识。

二 夯实农村文化发展经济基础

上层建筑的发展从来都离不开经济基础的建设[②]。一方面,经济发展所产生的物质基础水平,始终决定着文化活动扩张的边界,也决定着文化活动的形式。另一方面,经济发展给社会活动开辟了空间,经济越是发达,人们社会交往的范围、性质越会发生改变,各种文化类型的社会作用也随之改变,农村经济发展影响各种农村文化类型的社会功能[③]。因

---

① 戴宗芬:《湖北农村改革发展与思想文化建设》,《湖北社会科学》2011年第11期。
② 马玉姣:《全面建成小康社会进程中我国农村文化建设面临的问题及对策》,《商》2016年第12期。
③ 党国英:《论农村文化对农村社会稳定与经济发展的作用》,《新视野》2015年第5期。

此，农村全面建成小康社会的文化建设发展必须要有坚实的经济基础作为重要支撑。

（一）增加财政投入强度，提升资金使用效率

农村文化基础设施落后是导致农村文化建设发展缓慢的直接原因，而根本的原因还在于缺乏经费投入，农村文化基础设施没有充足的经费保障。农村文化基础设施具有典型的公共产品特征，因此需要有充足的国家财政投入作为可靠的资金保障。国家在农村提供的不以营利为目的的公益性文化服务，要以服务农民大众为根本出发点和落脚点，不仅要增加财政投入强度，更要注重提升资金使用效率，确保财尽其用。

第一，政府财政支付转移积极向农村文化事业领域倾斜，提高财政投入用于农村文化建设的比例。农村文化基础设施的建设是推进农村文化建设的前提，农村小康文化建设离不开财政资金支持，应不断加大对农村文化建设资金投入的倾斜力度，加大对图书室、文化室、阅览室等提高科学文化知识的基础设施和一些农民群众日常需求的休闲文化设施的投入。

第二，加大对投入资金的监管力度，提高文化建设资金的使用效益。要规范农村文化经费的使用，不挪用、占用、挤用农村文化建设经费，及时公布使用途径，提高文化建设资金使用的公开透明度。

（二）进一步拓宽农村文化发展的资金渠道

农村文化除了文化基础设施建设和文化事业发展，还有包括文化旅游在内的文化产业发展。农村文化产业更多地具有准公共品或是私有产品的性质。因此，农村文化发展的资金不能单方面靠政府，也需要依靠企业等社会资本和农村合作组织、农民等农村自有资金，进一步拓宽投资渠道，不断优化资金投入结构，形成政府、社会、市场多元化的投入机制。一方面，政府要引入市场化运作方式，制定优惠政策，降低社会资本进入农村文化产业的门槛，鼓励社会力量投资农村文化建设，引导社会资本以多种形式投资农村文化产业；另一方面，农村文化发展各类社会主体要勇于创新，抓住文化龙头产业和支柱产业，形成有特色、有内涵、有创新的文化产业链。

（三）构建以城带乡的文化资源共享机制

统筹城乡文化建设是城乡融合发展普遍遵循的规律，城乡融合发展

亟须强化农村文化建设。农村文化建设需要构建现代农村文化服务体系，形成以城带乡的文化资源共享新机制。

充分发挥现代信息技术优势，促进城乡文化信息交流，以信息化带动城乡文化发展均衡化，实现城乡文化信息资源共享。加强城乡文化资源互补，实施城乡文化双向互动，促进城市文化下乡、农村文化进城，改变农村在资源互补中"输入多、输出少"的非均衡状况，通过构建城乡一体的文化网络体系，实现城乡信息资源共享。

三 加快发展农村休闲文化旅游

湖北农村拥有丰富的历史文化内涵、独特的人文景观、美丽的自然风光等一系列文化资源和旅游资源。因此，湖北农村要借助鄂西生态文化旅游圈战略机遇，因地制宜，找准特色文化定位，依托乡土文化、民风民俗，发展农村文化旅游。同时，通过积极配套农业文化旅游产业政策，提升农村文化消费能力，带动农村文化产业发展。

（一）深入挖掘农村文化资源潜力

农村传统文化是休闲农业和乡村旅游的灵魂，休闲农业和乡村旅游发展较好的地方，普遍都重视对传统农耕文化、民俗风情、历史村落、特色民居的挖掘保护和开发利用。特别是对一些有着丰富文化底蕴的农村，要积极发掘其文化资源。广大的农村地区要深入挖掘本地历史变迁、历史人物、神话传说、民间故事、民间艺术、民间工艺、民俗风情、村寨文化、古镇风韵、园林艺术、宗教文化、名味餐饮等文化资源潜力，使资源优势转变为经济优势，从而带动农村当地特色文化产业的发展。依托农耕文化、农事节庆活动、农家生活、乡村美食和农业设施，通过生产创意、产品创意和品牌创意，积极推广"农业嘉年华+智慧农业+休闲娱乐"等创新发展模式。

（二）注重农业生产与休闲文化相结合

推动乡村文化与特色农业有机结合，实现农业与旅游业的互促发展。一方面将农村本地的文化符号、文化元素注入农业，打造独具特色的主题文化，提高农产品文化附加值。另一方面将农业生产过程各环节与旅游要素的融合，打造具有观赏价值的农业景观，设置可让游客参与的农业生产过程，利用可供游客现场采摘品尝的生态农产品，举办吸引游人的农事活动，创办田间地头的自然超市。比如，开展乡村风情、乡村婚俗等表演活动，提供具有乡土气息的文化服务；开展乡村耕织、乡村种养、地方风味餐饮等活动，让城市居民和游客到农村体验、感受乡村生活。

四 合理取舍农村文化

与社会存在的层级结构相对应，小康社会存在着积极向上的先进文化、健康有益的大众文化、历史遗留下来的落后文化以及消极颓废的腐朽文化①。毛泽东曾指出："一切民族、一切国家的长处都要学，政治、经济、科学、技术、文学、艺术的一切真正好的东西都要学。但是必须有分析有批判地学，不能盲目地学，不能一切照抄，机械照抄，机械搬运。他们的短处、缺点，当然不要学。"② 我们要科学合理地对待农村各种文化，取其精华、去其糟粕，结合农村社会结构、方式等现实情况，不断丰富农村小康文化建设手段。

（一）保护农村传统优秀文化

农村是中国传统文明的发源地，乡村文明是中华民族文明史的主体。广大的农村文化资源丰富、文化积淀厚重，有着无限的文化生长空间。乡土文化的根不能断，农村不能成为荒芜的农村、留守的农村、记忆中的故园，而是要看得见山、望得见水、留得住乡愁。湖北作为楚文化的发源地，拥有筚路蓝缕的进取精神、大象无形的开放气度、一鸣惊人的创新意识、上善若水的和谐理念、九死未悔的爱国情怀和一诺千金的诚信品德等传统文化正能量。要加强乡村优秀农耕文明等农村乡土文化的传承和保护，充分挖掘和保护古村落、民俗村落和特色村落，家庙祠堂、标志建筑、古树名木等，为农村留住乡土味道、乡村风貌和田园乡愁。通过农村优秀文化的滋养，促进乡村社会风气的根本好转，让现代文明逐步渗透到农村经济社会的各个领域和各个层面。

（二）摒弃农村落后文化糟粕

长期以来，农村文化发展始终滞后于农村的经济发展水平，农村的

---

① 王金瀛：《我国农村小康文化建设研究》，硕士学位论文，山东理工大学，2004年，第34页。

② 《毛泽东文集》第7卷，人民出版社1999年版，第41页。

思想文化阵地曾受到封建主义、资本主义等落后腐朽文化的侵蚀。与此同时，随着城镇化和全球化发展，一些新的落后文化也在逐步进入农村。受这些落后文化的影响，全面建设小康社会的实现无疑受到强大的阻碍①。如何把那些迷信、愚昧、颓废、庸俗的糟粕文化摒弃，有效地抵制、消除各种不健康思想和落后文化对农村全面建成小康社会的不利影响，是农村文化建设中必须处理好的问题。

在当前农村文化建设中，我们要以中华民族优秀传统文化、伟大的红色革命文化、中国特色社会主义文化等优秀文化来抵制农村文化中的"负能量"。摒弃落后文化，一是要加强对农民的集体主义、爱国主义教育，克服封建余孽思想、西方腐朽思想、非法宗教思想、庸俗思想的影响。二是规范农村文化市场，对文化活动场所从严监管，对黄赌毒、封建迷信等不良的文化产品采取重典治乱、猛药治疴的方法，彻底清除农村文化市场的"毒瘤""残渣"。

（三）丰富农村小康文化发展手段

在农村经济发展水平提高和农村社会开放程度提升的新形势、新情况下，农村小康文化建设要坚持与时俱进，尊重农民群众的首创精神，根据不同内容、对象、特点和条件，进行大胆创新，不断丰富农村小康文化发展手段。

一是增强文化活动乡土味。中国文化的根在乡村，"新中国的芽必须从旧中国的老根——乡村中长出来，中国复兴的前提是乡村文化的复苏，而其最重者在于农民的精神重建"②。抓好民间文化资源挖掘，开展群众喜闻乐见、紧贴群众生活的活动，发挥广大农民群众参与文化活动的积极性、创造力，在文化创造上各显其能，引导村民自发活动，让农民群众共育共享文化成果。

二是从对象上来看，文化活动要结合农村的实际情况，要兼顾农村各个年龄阶层群体的精神文化需求，开展的文化活动要适度向儿童、妇女和老人倾斜，增加适合妇女、儿童和老人使用的文化设施；对于青壮

---

① 胡珊、张珍华：《探究我国新农村文化建设中存在的问题及对策研究》，《今日中国论坛》2013 年第 7 期。

② 梁漱溟：《乡村建设理论》，上海人民出版社 2006 年版，第 35 页。

年劳动力,以开展职业技能教育为依托,开展多种形式的文化活动以满足其文化需求。

三是创新文化活动载体。一方面,对于农家书屋、农村科普文化长廊等传统文化宣传场所要以提高使用效率为重点;另一方面,积极利用互联网、手机等信息传播新型载体,向农民传播农村的文化精品及具有特色的农村优秀传统文化。

第四节 完善基层社会治理,建设"民主农村"

改革开放以来,中国乡村逐步由相对封闭的静态社会转型到流动加剧的动态社会,农业生产方式日益变革、农村社会结构不断分化、农民思想观念日益多元,传统的乡村治理模式越来越难以适应新形势不断变化的要求。党的十九大把乡村治理作为国家治理体系的有机组成部分,乡村治理是国家治理的基石。农村全面建成小康社会过程中要注重现代治理理念、手段和传统治理资源相结合,由政府、社会组织、村民个人等多元主体进行共同治理,促进农村和谐稳定,建设"民主农村"。

一 发挥基层党组织核心作用

乡村治理不仅是农村的自我治理、自我发展问题,更是关系到中国共产党的执政基础,关系到中国特色社会主义民主政治的发展。乡村治理体系格局的形成必须始终坚持在党的领导下,农村基层党组织是党在农村全部工作的基础,是农村各种组织和各项工作的领导核心,在农村全面建成小康社会过程中扮演着组织者、推动者和实践者的角色[1]。

(一)加强基层党组织建设

基层党组织建设核心是建好基层党支部,要不断创新组织结构,扩大基层党组织对农村新型组织的覆盖面,逐步在农民专业合作社、专业协会、外出务工经商人员相对集中点建立党组织,强化村党支部的战斗堡垒作用,密切党同广大农民的血肉联系,巩固党在村民当中的威信。

---

[1] 曾平生:《全面建设农村小康社会与农村基层党组织建设》,硕士学位论文,江西师范大学,2004年,第5—6页。

强化村级班子建设，重在提高农村党支部和村委会履职水平，打造出一支政治坚定、本领过硬、作风扎实的优秀村"两委"干部队伍，重点解决好部分党组织软弱涣散、村委会权力错位等问题。加强对村党支部、村委会换届选举的领导和指导，确保选举平稳有序，防范和制止利用宗教、宗族等势力干预农村公共事务。统筹城乡基层党建工作，创新完善农村流动党员教育管理服务制度，对于外出打工、经商等农村转移流动党员在半年以上的，将流动党员的组织关系转到流入地党组织；对流动人口中入党要求迫切、表现优秀的入党积极分子，经过培养、教育和考验，及时吸收入党。

（二）完善基层党组织的工作机制

党和政府在群众中的形象最主要的是要靠基层党员干部去体现和维护。农村基层党组织要构建有效的工作机制，充分调动乡村党员全面建成农村小康社会的积极性，促进农村党员干部与农民群众关系的协调发展。

一是建构有效的基层干部激励机制。针对部分农村基层党员干部收入少，经济上和政治上都得不到保障等问题，要建立和实施一套便利、管用、奖罚分明、有约束力的制度和机制，对农村党员和干部实行有效的管理和监督。要根据经济发展水平，从农村的实际出发，鼓励乡镇干部到村级组织任职，在优秀村干部中选拔乡镇干部，有条件的地方对村干部可以实行工资由财政发放的办法，不断改善农村基层干部的政治前途和经济待遇。

二是建立有效的干群沟通机制。目前，部分农村地区仍然存在着党员干部与农村群众关系紧张，缺乏有效的干群沟通机制，导致基层工作难以开展，直接影响到农村小康建设的顺利进行。干群沟通机制从方法上来看，要注重多层面、全方位的沟通，主要包括政策沟通、利益沟通、感情沟通等。党员干部与农民群众之间的沟通既要制定一些有利于保持干部与群众密切联系的制度，如干部结对扶贫帮困制度、干部定期下基层、定期接待群众来访制度和接受群众监督制度等，也要制定和完善一些抑制不正之风、防止损害干群关系方面的制度。

（三）采用多种手段化解农村社会矛盾

农村社会矛盾多样而复杂，触点多、燃点低，要以基层党组织为载体，构建多元化纠纷解决机制，综合利用多种手段方式把矛盾纠纷调解在基层，消除在萌芽状态。一要加强社会稳定风险评估，把专家论证、合法性审查列为重大行政决策的前置程序，刚性门槛，用好法律顾问制度，最大限度预防和减少社会矛盾。二是强化法律维护群众权益、化解社会矛盾的权威地位，引导农民理性表达利益诉求、依法维护合法权益，按照"法定途径优先"的原则，厘清信访与诉讼、仲裁、行政复议等途径的受理范围。三是全面推行阳光信访，建立信访信息综合平台，把网上信访打造成为农民上访的主渠道，执行依法逐步上访制度，对于越级上访群众，要善于做深入细致的思想疏导工作。

二 构建"三治合一"的乡村治理体系

乡村治理是实现乡村振兴战略的重要基础，党的十九大报告提出了加强农村基层基础工作，健全自治、法治、德治相结合的乡村治理体系的具体要求。自治、法治、德治"三治合一"的乡村治理体系，既相互独立又紧密联系，自治重点解决治理的具体形式和载体，德治重点解决治理主体的素质修养，法治重点解决治理的依据和手段，将三者有机结合起来，有利于构建完善中国特色社会主义乡村治理体系。

（一）在实践中完善村民自治制度

村民自治在中国宪法和法律中均有明确的表述，乡村治理体系建设的根本遵循应是实现乡村自治。村民自治作为推进乡村治理的基本形式，是中国社会主义基层民主制度的重要组成部分，也是村民直接参与社会主义民主政治建设的主阵地和重要平台。

首先，要严格法律规范行使自治，实行民主选举、民主决策、民主管理、民主监督等基层民主制度，让村民知晓并运用手中的权利，并在村民会议和村民代表会议中真正参与进去，保证村民在村民自治中的参与权。其次，完善农村村务公开制度，以财务公开为重点，扩展村务公开内容的范围，使用公开栏、会议、媒体等多种方式和手段，将村务事项真实、全面地向村民公开，保障农民在村民自治中的知情权。最后，村民自治时要处理好村民委员会与政府的关系，要明确村民委员会与乡镇政府各自的职责范围。在乡村治理中，村民委员会要配合好基层政府，依法协助乡镇政府开展工作，自觉接受乡镇政府的指导，完成村民自治的各项工作任务，形成乡镇政府对乡村社会管理与乡村社会的自我管理有机结合，使乡政与村治达到良性互动。

结合湖北发展实际，以扩大有序参与、推进信息公开、健全议事协商、强化权力监督为重点，建立村民议事会决策、村委会执行、村监事会监督的村民民主自治运行机制。一是健全村民议事会议事机制。进一步完善"一事一议"、民主听证会等议事决策机制，规范村民议事的范围和程序，凡是涉及村庄规划、农田水利等基础设施建设、土地、山林承包、工程发包等重大事项，在村民会议授权下交村民议事会讨论决定。二是发挥村委会作用。村委会主要负责村级公共服务和议事会议的执行。三是充分发挥村监事会监督职能，落实群众监督权。凡是村民议事会通过的决定由村务监督委员会负责监督执行，对群众反映的问题进行实地调查核实。

（二）不断推进农村法治工作

实践证明，法治是以理性和平方式解决社会矛盾纠纷的最佳途径，是社会治理的基本手段和有效模式。以法治推进乡村社会治理在新的历史起点上实现新的跨越，不仅是建设社会主义法治国家的应有之义，也是全面建成小康社会的必然之举[①]。

一是正确处理好国家法律与乡规民约的关系。农村法治建设是坚持依法调节农村社会活动中的各类关系，运用刚性的标准和要求约束人的外部行动和建设人的行为。但同时，农村法治建设应该给乡规民约留出合理的发展空间，乡村治理法治化过程要发挥乡规民约应有的作用，让乡规民约成为法律的有益补充。二是提高农村居民法律方面的综合素养。对于普通村民，要提高农民的文化素质，在此基础上深入开展农村普法教育，引导农民牢固树立法治理念，提供公共法律服务，使其增强依法维护权益的能力；对于农村基层干部，建立健全干部学法常态化、长期化制度，把依法行政的理念贯彻到农村工作中，运用法律手段解决乡村

---

① 尹广泰：《农村全面建成小康社会需要进一步解决的问题简析》，《毛泽东邓小平理论研究》2015年第7期。

治理过程中的矛盾和问题，提高其依法行政水平①。三是完善体制机制，维护群众的合法权益。通过整合相关涉农部门、司法部门和社会公益组织，构建融普法宣传、人民调解、法律服务为一体的乡镇级乡村法治建设资源共享服务平台，为推进乡村治理法治化提供渠道保障②。在推进乡村依法治理中，要健全村民信访、司法等诉求表达机制，确保村民依法享有充分的表达权，给不同利益群体提供平等公平机会，充分表达自身的利益诉求，及时化解社会矛盾风险③。

（三）强化农村德治宣传引导

"国无德不兴，人无德不立"。乡村治理不但要依赖于乡村自治这个基础，依赖于法治这个保障，还要将德治作为升华④。发挥中国农村所承载的中华优秀传统文化的德治作用，无疑是实现村民自治的重要基础和重要内容。农村德治在价值取向和导向上，着力于通过提高人的内心觉悟和建设人的动机文明，强调人的义务意识、责任意识，倡导榜样的道德力量，以润物无声、潜移默化的方式，引导村民提升道德修养与境界。

一是培育新乡贤道德模范典型。中国历来都有乡贤凭借其掌握的优势资源对乡村实现良性治理的传统，当今农村涌现出以返乡创业能人、大学生村官等为代表的新乡贤，他们在许多地方成为乡村道德建设的精神领袖。新乡贤群体拥有人脉、技术、资本、信息等方面资源，依托自己的学识、专长、技艺、财富回报农村，重点在乡村道路整修、公共水电设施、文化设施等农村公共服务方面反哺农村⑤，树立道德模范典型。

二是依托中华传统文化和农耕文明，挖掘传统道德资源，开展讲仁爱、重民本、守诚信、崇正义、尚和合等时代道德价值传播，特别是结合全面建成小康社会宣传"奔小康、求大同"的思想理念，按照现代社会发展规律与社会主义市场经济要求，重建由正确价值观支撑的乡村道

---

① 孙静：《乡村治理法治化的现实挑战与路径选择》，《湖南行政学院学报》（双月刊）2015年第5期。

② 卢旭华：《乡村治理法治化的原则与路径》，《中共珠海市委党校珠海市行政学院学报》2016年第1期。

③ 周挺、杨秀英：《论乡村治理的法治化》，《攀登》（双月刊）2015年第6期。

④ 马彦涛：《打造自治法治德治相结合的乡村治理格局》，2017年11月1日，理论网（http://www.cntheory.com/zydx/2017-11/ccps171101068V.html）。

⑤ 李建兴：《乡村变革与乡贤治理的回归》，《浙江社会科学》2015年第7期。

德体系。

三 构建完善的服务型政府

1980年,广西宜山县等地部分村民选举产生村民委员会,负责全村的公共事务。村民委员会这一草根经验总结推广后被写进1982年宪法,乡村治理体制也相应地从"政社合一"逐步过渡到"乡政村治"的政府主导型模式①。1984年,湖北人民公社解散,乡镇政府成立,村民小组和村民委员会等农村基层组织也应运而生。"乡政村治"虽然通过村民自治推动了基层民主政治的发展,但其本质特征是控制大于自治、地方政府控制处于支配地位。在该模式下,乡镇基层政府的财政主要依靠地方工商税收和农业税收、各种摊派和各种收费维持运转。国家对农民的索取过多,导致农民除缴纳农业税外,还有"三提五统"、各种集资收费等沉重负担。

(一) 乡镇组织体系不能适应新时期乡村社会治理的需要

2006年,随着中国取消农业税以及一系列强农惠农政策的实施,基层乡镇政府失去了赖以维持的农村税费基础,在农村的权威地位日渐减弱,与农民的关系日益松散,基层政权从过去的索取型变为"悬浮型"②。税费改革促进了乡村关系的转变,传统的管理体制与治理格局已经远远不能适应农村社会发展的现状。与此同时,大量的农村劳动力转移,农村常住人口日益减少,流动人口日渐增多,不少农村村组实行合并,乡村机构和人数大量减少,村组干部能维持普通村务管理和完成上级任务已是不易,根本无暇考虑为农民提供社会化服务。但在传统自上而下的压力型体制影响下,乡政权力对村治的渗透没有发生改变,大部分村委会实际上被乡镇政府直接操控。乡镇大多是以行政命令的方式干预着村委会,村治权力被弱化的趋势越发明显③。由于种种因素的影响,导致村

---

① 付翠莲:《我国乡村治理模式的变迁、困境与内生权威嵌入的新乡贤治理》,《地方治理研究》2016年第1期。

② 周飞舟:《从汲取型政权到"悬浮型"政权——税费改革对国家与农民关系之影响》,《社会学研究》2006年第3期。

③ 谭志松、陈瑶:《武陵山片区乡村社会治理模式研究——以湖北秭归县"幸福村落"治理模式为例的分析》,《吉首大学学报》(社会科学版)2015年第6期。

委会面临着信任危机和合法性危机,农村社会管理粗放、管理人员素质不高、社会治安存在隐患等问题逐渐显露出来。为此,要界定清楚乡镇政府的权力,列出相应的权力清单,严格遵守权力边界,按照权力清单办事。乡镇政府通过更好地发挥指导和服务职能,尊重村民自治的法律地位,把乡村社会的自我管理权还给自治组织。

(二)积极构建服务型乡镇政府

政府在乡村治理中发挥着主导性的作用,对于改善农村弱势地位、缩小城乡差距、提高农民经济收入等方面都具有不可推卸的责任[①]。作为连接国家和农村最关键环节的乡镇政府,必须从过去的统治观向现代服务观转变,农村治理理念要实现将以往的"汲取、控制、治理"功能转化为"供给、互动、服务"功能,构建服务型的基层政府。在乡村治理实际过程中,乡镇政府在遵循乡村社会发展规律的前提下承担社会治理和公共服务的职责,把工作重点放在乡村社区建设、民生服务和公共安全上,为乡村社会营造一个和谐安定的大环境。

政府对于乡村治理方面的支持,首先体现在通过制定相关法律法规,出台各类政策章程,从制度层面对乡村治理进行宏观指导与整体调控。其次,政府在物力和财力上支持农村现代化建设,改善农民的生产生活环境,兴办乡村公益事业等。

第五节 提高农村社会发展水平,建设"幸福农村"

社会民生是农民群众最关心、最直接、最现实的利益问题,农村全面建成小康社会要让农民群众更多地分享到经济社会发展成果,增强农民群众获得感。这需要在保证农民收入快速增长的基础上,提升农村社会公共事业发展水平,顺利完成农村扶贫开发任务,全面提高农村社会发展水平,建设"幸福农村"。

---

① 沈费伟、刘祖云:《发达国家乡村治理的典型模式与经验借鉴》,《农业经济问题》(月刊)2016年第9期。

一 努力增加农民收入

围绕全面建成小康社会目标,千方百计拓宽农民增收渠道,优化农民收入结构,加快构建农民收入持续增长的长效机制,不断提高农民收入水平,实现农民收入的增速高于全省 GDP 增速、高于城镇居民收入增速,进一步缩小城乡居民收入差距。

(一)有效提升家庭经营收入

近年由于人工、农业投入品价格上涨,农产品生产成本"地板"抬升效应不断提升,国内外农产品价格的倒挂现象时有发生,国内农产品利润空间将遭受严重挤压,农民依靠农业经营收入持续增收的难度将进一步加大。为此,提高农民家庭经营收入应该从农业内部和外部两个方面来考虑。

在农业内部,以市场需求为导向,以提高质量和效益为中心,着力提高土地产出率、资源利用率和劳动生产率。加快推进农业供给侧结构性改革,努力转变农业增长方式,积极调整农业经营结构,发展特色、高效农业。把优质、绿色、生态、安全的农产品生产摆在重要位置,大力发展"三品一标"农产品,使产品进入市场能卖出较高的价格,稳步增加农民生产经营收入。

在农业外部,大力发展农村第二、第三产业,通过农村三产融合发展,引导农民从传统种植、养殖经营为主转变到种植、养殖、农产品加工、乡村休闲旅游多种经营方式相结合。不断健全产业链利益联结机制,通过股份合作、订单合同、服务协作、流转聘用等利益联结模式,建立龙头企业与农户风险共担的利益共同体,让农民更多分享农业生产以外的增值收益。

(二)持续提高工资性收入

目前,湖北农村人口数量仍然较大,第一产业从业人口 1300 多万人,占全社会从业人口的 36.83%,但农业增加值占比只有 10.8%。农民数量太多,均化了农村经济发展成果,必须跳出农业抓收入[1]。

增加农民收入的另一个重要途径是进一步增加农民的工资性收入。

---

[1] 陈艳、王雅鹏:《湖北省农民收入增长长效机制研究》,《统计与决策》2005 年第 3 期。

一方面，加快湖北农村土地流转和提升适度规模水平，让农民将部分土地流转给农业企业后，在从事家庭农业生产时拥有更多的闲暇时间，短期能间断性地在企业打工赚取劳务工收入。另一方面，加强农村劳动力转移就业职业技能培训，增强农民工务工经商本领，让更多的农民特别是青壮年将土地全部流转后，长期进城、进厂务工经商，要加快引导农村剩余劳动力集中、有序向非农产业转移，通过大力发展劳务经济有效增加农民工资性收入。

（三）稳定保障转移性收入

农业是受自然风险和市场风险双重制约的弱质产业，国家必须建立健全农业支持保护体系，加大支持力度。目前，政府各项支农、惠农政策性补贴是农民转移性收入的主要来源。在新时期，政府在农村的基本政策已日趋完善，农村全面建成小康社会需要保持政策的稳定性和连续性，继续加大对"三农"的政策扶持力度，提高农业补贴的精准性、指向性和政策效能，保障农民转移性收入稳定增长。

一是构建以中央和省级财政为主、以市县乡为辅的财政支农投入保障机制，确保财政支农支出的增长速度超过财政支出的增长速度。二是农业补贴不应局限于数量，应将补贴范围扩大到质量安全与生态安全高度，如针对种植高营养值的农产品品种、低农药使用和改善土壤型品种等农业生产行为进行倾向性额外补贴，为农业结构转型深化奠定基础。三是按照增加总量、优化存量、用好增量的原则，瞄准农业生产专业大户、家庭农场、农民专业合作社等新型生产经营主体，使补贴与农户生产决策相挂钩，促进农业投入政策由生产者支持向一般服务支持转型。

（四）让农民获得更多的财产性收入

长期以来，由于农民的承包地、宅基地、房屋以及集体经营性建设用地难以用于抵押、变现，农民手中的资产难以变成资本，财产性收入来源有限。因此，要大力推进农业农村资源资产资本化，不断增加农民财产性收入。

一是积极推进承包地"三权分置"的改革，赋予农民对承包地占有、使用、收益、流转及承包经营权抵押、担保权能。二是探索农村宅基地流转机制，允许闲置宅基地在本集体经济组织内，向符合宅基地申报条件且无宅基地的农户有偿转让；对于退出的宅基地，进行有偿收回和补偿。三是推进农村集体产权制度改革，将农村集体资产确权量化到户、到人，盘活农村资产，让农民变股东，农民将按照股份获得增收后的财产性收入。

二 持续推进农村精准扶贫

消除贫困、实现共同富裕，是社会主义的本质要求。没有实现全面脱贫，就不存在农村的全面建成小康社会，农村贫困人口全面脱贫是农村全面建成小康社会的"硬指标"。因此，在全面建成小康社会决胜时期，要加快农村贫困地区贫困人口脱贫步伐，特别是要加快对大别山、武陵山、秦巴山、幕阜山四大集中连片特困地区主战场的脱贫攻坚，大力推进新时期农村精准扶贫。

（一）坚持因地制宜发展，促进特色产业扶贫

脱贫攻坚关键在产业，没有产业的支撑，就难以真正脱贫。要发挥好湖北的农业资源优势，逐步培育一批特色优势产业，变资源优势为产业优势和经济优势，促进农村特色产业发展。

明确扶贫产业的选择。产业扶贫的必须首先选准、选好产业。农村合理开发利用当地特色资源、优势资源、闲置资源，宜农则农、宜牧则牧、宜林则林、宜商则商、宜旅则旅，发展产品销售市场大、提供就业岗位多、带动效益明显的第一、第二、第三产业，如林果、茶叶、特色农产品加工、生态旅游、物流电商等。对于已经确立的主导产业，要持之以恒地发展下去，力争做出规模和效益；对于不适合本地发展的产业，要作适当的调整。

解决产业发展的资金问题。湖北农村贫困地区产业发展的资金瓶颈问题比较突出，产业扶贫过度依赖补贴，贫困户小额信贷受益面较小。要探索符合农村发展实际、体现贫困群体愿望、有效发挥政策资金扶持效应的金融扶贫新方法、新途径。健全利用扶贫资金建立担保金的新机制，充分发挥扶贫专项资金倍数的作用，将专项资金作为抵押，商业银行按一定比例放大贷款规模给农户用于产业发展。小型金融机构要结合贫困户特点和产业发展的实际需求创新金融产品，重点向没有外出就业、拥有一定技能并有创业意愿的贫困户提供小额信贷。

有效提升农民专业合作社带动能力。湖北农村还存在着产业发展市场主体不强，带动农户脱贫的辐射能力非常有限等问题。虽然农民专业

合作社基本实现了贫困村全覆盖，但与贫困户之间尚未建立紧密的产业合作关系，仍以简单、松散的买卖与服务合作关系为主。要注重提高农民专业合作社的带动能力，通过提供技术指导、产品销售等服务，提升生产农产品的农户与市场有效对接能力。进一步完善农民专业合作社与贫困户的利益联结机制，贫困户通过入股分红等模式，抱团入股参与农民专业合作社生产经营，提高贫困户在农民专业合作社的组织化程度。对吸纳贫困户参股、带动增收效果好的农村合作组织在财政扶贫资金、扶贫贴息贷款等方面给予重点支持。

（二）注重文化教育扶贫，提升贫困群众自身脱贫能力

部分农村贫困地区，地处偏远，贫困户长期受传统思想束缚，自我发展动力不足，"等、靠、要"思想还未完全消除，文化水平总体偏低，脱贫致富技能单一。精准扶贫要与扶志、扶智同时开展，"输血"与"造血"同步进行，从而提升贫困户自我积累、自我发展能力。

思想文化扶志。在实施精准扶贫中，人的因素永远是第一位的。坚持治贫先治愚、扶贫先扶志，坚决摆脱"等、靠、要"的思想，引导贫困群众开阔视野，树立自尊自强意识，培养市场意识、竞争意识和创新意识，通过贫困户自我发展将当地资源优势转化为市场优势，将产品转化为商品，实现从"要我脱贫"到"我要脱贫"的思想观念转变。

人才培训扶智。根据市场需求和贫困户个人意愿，以促进农村贫困家庭劳动力转移就业为重点，加大具有劳动能力的贫困群众职业技能培训力度，动员和组织社会力量就近就地开展培训，让贫困户劳动力拥有一技之长。积极开展贫困村创业致富带头人创业培训，支持创业致富带头人在贫困村创办企业、农民专业合作社，鼓励创业致富带头人带动扶贫对象积极参与创业项目。加强教育、科技、文化、医疗卫生、法律等专业技术人才对贫困地区的智力支撑与保障。

（三）强化政策保障兜底，全面提高社会保障水平

对于完全或部分丧失劳动能力，无业可扶、无力可脱贫的"两无"贫困人口，实行政策性社会保障兜底，完善养老、医疗卫生、社会救助体系，进一步牢固贫困人口基本生活的社会保障网。

提高社会保障水平。对于农村低保对象通过自身努力脱贫致富，在一定时期内实行低保渐退，保留低保对象身份，逐步减发低保金，提供

保障过渡期，做到不稳定脱贫不彻底脱钩。进一步提高新型农村合作医疗财政经费支出水平，适度提高贫困户参与新农合就医报销比例。进一步扩大市、县两级财政出资设立大病救助基金规模，降低贫困户大病保险起付线，扩大重特大疾病医疗求助病种和救助对象范围。对于通过基本医保、大病保险和其他补充保险支付后，贫困户仍无力承担且符合规定的剩余费用，由民政医疗救助给予补助。

健全"三留守"和残疾人关爱保护体系。强化社会保护，通过政府购买服务岗位和服务项目的方式，帮助农村"三留守"人员解决生产、生活困难。引导和鼓励社会力量参与，建立以维护儿童、妇女、老人合法权益为主的各类社会服务组织。全面建立困难残疾人生活补贴和重度残疾人护理补贴制度，在康复医疗、残疾预防、教育就业、文化体育、法律维权等方面，对残疾人给予更多的关怀与保护。

三 全面提升农村人口素质

进入 21 世纪，一方面由于计划生育政策效果显现，农村人口出生率降低，农村儿童数量较以往减少；另一方面，城镇化进程的加快，大量进城务工人员随迁子女涌进城市接受教育，这些都使得农村教育生源数量逐年减少。由此，政府在广大农村地区开展了摒弃"村村办学"，将邻近学校进行合并的"撤点并校"运动。然而旨在有效配置教育资源、合理调整教育布局的"撤点并校"也带来了孩子上学难、教师流失、校舍闲置浪费等一系列问题。湖北农村全面建成小康社会指标体系中存在农村平均受教育年限较低的问题，缩小城乡差距首要的是保证教育公平。为有效解决"城镇挤""乡村弱"等问题，要大力发展农村义务教育和职业教育，全面提高农民人口素质。

（一）不让农村孩子输在起跑线上

一是加大农村教育投入。建立城乡统一、重在农村的义务教育经费保障机制，全面改善农村义务教育薄弱学校基本办学条件，加大乡村两级公办和普惠性民办幼儿园建设力度，进一步改善贫困地区农村学生营养和乡村教师生活状况。综合考虑城镇化、产业发展、人口变动等因素，统筹农村学校布局，合理规划学校服务半径，优化教育资源配置。二是通过完善的聘用、交流、考核等相关制度建设，提高师资管理水平。要进一步提高农村教师待遇，建立灵活的教师聘用制度，农村教师队伍既能"进得了"，又能"出得去"；加强城乡教师的交流，通过相应的激励政策使之能够在条件较差的农村安心教育事业。三是重点关注农村留守儿童教育问题。积极建设和不断改善学校寄宿条件，针对留守学生，采取灵活的办学方式，在有条件的学校开办"寄宿学校"，丰富留守学生节假日生活。定期开展农村留守儿童心理健康教育，对儿童的显性和隐性的心理压力进行疏导，为留守儿童排忧解难，让政府、学校及社会共同关注其身心健康发展。

(二) 进一步加强农村职业教育

实践证明，农村教育发展不能只是义务教育，也不能只是普通教育，没有发达的职业教育，就没有发达的农村教育。湖北要积极转变农村教育发展思路，优化高中阶段教育结构，进一步加强农村职业教育。开展以农业生产技术和农民务工技能培训为主要内容的职业培训，不仅有利于农民提高农业生产技术、管理水平，增强科学种田能力，在城镇化发展不可逆的趋势下，也有利于农村外出务工人员提升综合职业技能，促进农村劳动力平稳有序转移。农村教育必须按统一性和多样性相结合的原则，实行多种形式办学，培养多种规格人才，打通普职教育之间衔接沟通的通道，让接受各级各类教育的农村青年实现"升学有望，就业有门，致富有术"；探索校企合作模式，发展"订单式培训"，提高职业教育发展效果；强化农村职业教育费用分担责任，建立以政府为主体，企业、个人、学校共同分担教育投资成本的机制。

四 提高农村社会公共事业水平

提高改善农村基础设施水平，统筹医疗、卫生、养老、就业等城乡公共服务资源配置，不断缩小城乡公共事业发展差距，促进城乡社会公共服务均等化，提高农村地区社会民生发展水平。

(一) 加强农村基础设施建设

加强用水、用电、道路、能源、信息等方面的基础设施建设，通过规划引导，合理布局，完善功能，提升农村公共基础设施服务水平。进一步巩固和加强农村饮水安全，对于邻近城镇的农村，加快供水管网设施向农村延伸，实行城乡区域供水；对于人口居住分散、联网困难的偏远农村地区，建设相对集中连片或独立供水的设施。根据农村用电需求快速增长的趋势，加快农村电网改造升级工程，重点解决好中心村的电网改造、农村机井通电、贫困地区通动力电等问题。紧抓"四好"农村路建设机遇，重点加强农村断头路建设，解决好"最后一公里"的问题，提升城乡客运一体化水平。发展农村清洁可再生能源，推进农业废弃物资源化、清洁化利用，因地制宜发展规模化沼气、农村户用沼气。加快农村信息基础设施建设，推进宽带网络全覆盖，进一步提升带宽能力，健全农村综合信息服务体系。

（二）提升农村就业创业服务水平

建立覆盖城乡的公共就业创业服务体系，提升农村就业创业服务水平。一是大力发展中等职业教育，以农村新成长劳动力为重点，整合职业教育和培训资源，分类组织实施各具特色的职业培训。二是综合运用财政支持、创业投资引导、创业担保贷款等政策，引导支持农民创业。加强对拥有市场经济头脑、技能、资金的农民工、大学生等返乡创业人员的支持力度；鼓励设立农村妇女就业创业基金，加大妇女小额担保贷款实施力度，支持农村妇女发展家庭手工业。三是统一城乡就业政策和管理体制，推动就业信息、就业政策咨询、职业介绍和职业指导、就业失业登记等服务向农村延伸。

（三）推进城乡公共服务均等化

医疗卫生、社会保障、文化体育等社会公共服务水平的落后，是农村社会发展的重要瓶颈因素，直接制约着农村全面建成小康社会发展进程。一是建立城乡居民基本医疗保险可持续性筹资机制，重点是提高新型农村合作医疗筹资水平、政府补助标准和实际报销比例，顺利实现新型农村合作医疗、农村医疗救助与城镇医疗水平的并轨衔接。二是在家庭保障和土地保障功能减弱的背景下，优化农村养老保险制度设计，分类建立多层次农村社会养老保险制度，积极发展农村养老服务，探索应对农村人口老龄化的有效办法，同时注重农村与城镇居民养老保险的有序衔接，进一步完善城乡统一的居民基本养老保险制度。三是建立稳定的农村文化体育投入保障机制，针对农村文化体育设施成"摆设"、运行效率低等问题，重点是提高农村文化站、文化室、农村电影放映、农家书屋、农村体育场所等基础设施的综合利用效率。

第 十 章

加快湖北农村全面建成小康社会发展的动力机制分析

全面深化改革为全面建成小康社会提供了强大动力,全面建成小康社会,必须要深化重要领域改革,坚决破除相关体制机制阻碍。坚持把深化改革作为湖北建成惠及全省人民小康社会的动力源泉,着力推进农村综合改革创新,健全完善机制,全面激发湖北农村小康社会的发展动力。深化农村改革的动力来源:一方面以完善要素市场化配置和农村集体产权制度为重点,从土地、资金、人力资源等生产要素出发,促进农村生产力水平提升;在巩固完善农村生产经营制度的基础上,深化集体产权制度改革,优化调整农村生产关系,实现农村生产力和生产关系之间的相互促进,从而形成湖北农村全面建成小康社会的内在推力。另一方面以建立统一城乡户籍制度为突破口,配套完善教育、医疗卫生、社会保障等城市公共服务,构建合理的成本分担机制和完善的相关激励机制,有序推进农业转移人口市民化,形成湖北农村全面建成小康社会的外在拉力。

农村改革是一项系统而复杂的工程。加快形成湖北农村全面建成小康社会过程中的发展动力,要正确处理好以下几个方面的关系。

一是政府与市场的关系。政府和市场是配置资源的两种不同方式。农业是国家经济发展中的基础产业,为工业发展提供重要原料,为人类生存提供生活、生态功能等,具有明显的正外部性;但由于农业生产周期长、自然风险大,具有天生的弱质性,因此需要政府在公共基础设施、公共服务、农村经济发展外部环境等领域发挥作用。同时,要坚持以社会主义市场经济为改革方向，调整不适应生产力发展要求的农村社会生产关系，充分发挥市场在资源配置中的决定性作用，健全农村经济体制，重点在产业发展、资源要素流动等方面发挥"无形的手"的作用。

二是乡村振兴战略与新型城镇化的关系。党的十九大做出了实施乡村振兴战略的重大决策部署，这对推进"三农"工作具有里程碑式的意义。乡村振兴战略与党的十八大以来提出的新型城镇化是相辅相成、相互促进的，它们都是解决"三农"问题，推进全面建成小康社会的重要途径。乡村振兴为新型城镇化发展提供了大量的农村剩余劳动力和农产品，而新型城镇化让符合条件的农业转移人口在城市落户安居，推动城乡基础设施和基本公共服务一体化，促进城市现代化的要素更好地配置到农业和农村当中。城市化是人类社会发展一个必然过程，其最高阶段是城乡一体化，主要目标是消除二元结构，解放和发展生产力[①]。因此湖北农村全面建成小康社会发展，要坚持协调发展，齐头推进乡村振兴战略和新型城镇化双轮驱动，从内部与外部两个层面，以改革为动力统筹推进农村农业发展，加快促进城乡融合发展。

三是公平与效率的关系。长期以来城乡二元体制的存在，复杂多样的地理环境和颇具差异的资源禀赋，造成了湖北经济发展的城乡、地区之间差异，最终也导致农村成为湖北全面建成小康社会的短板，而资源极度匮乏、经济相对落后的贫困地区更是短板中的短板。在全面建成小康社会中如果仅考虑公平，则会影响各方面的发展积极性；但如果只考虑效率，则会造成城乡、地区间的差距更加扩大。因此，在湖北农村全面建成小康社会过程中，既要处理好城镇与农村之间的公平与效率关系，也要处理好经济发展较好的平原农村与扶贫任务繁重的山区贫困农村之间的公平与效率关系。

---

① 廖信林、周加来：《统筹城乡经济发展的制约因素分析》，《山东省农业管理干部学院学报》2004年第4期。

第一节　加快农村土地制度三项试点改革

土地制度是农村的基础制度，也是决定经济社会发展的核心制度。因此，农村改革最基础、最核心内容是土地制度改革。虽然改革开放以来以农村土地所有权和经营权分离为重要特征的家庭联产承包责任制极大地调动了农民生产积极性，但在市场经济机制日益完善和新型城镇化快速推进的当今，农村经济社会结构发生了深刻变化，土地细碎化分割、抛荒撂荒等现象不断显现。由于土地资源与劳动力和资金生产要素相比，具有总量相对不变性，因此，湖北农村土地改革必须更加注重土地要素的市场化改革，促进土地使用效率的提升，激发耕地及相关产业所蕴含的巨大潜能。从更宏观的角度来看，土地制度改革将对城镇化进程、宏观经济和社会稳定产生一系列积极影响[①]。湖北在农村土地征收、集体经营性建设用地入市、宅基地制度改革试点走在全国前列，在系统总结经验的基础上，大力推动三项试点工作深度融合，逐步扩大试点范围。

一　农村宅基地改革试点

长期以来，我国法律规定农村宅基地的使用原则是"一户一宅"，农民的宅基地能无限期地无偿使用，但是其使用权不能流转。我国法律禁止城镇居民购买农村宅基地，由于农村居民购买力有限，这一限制买方的规定势必会导致宅基地的价格失真，农民不能享受资产增值收益[②]。然而在新型城镇化过程中，农村劳动力大量转移到城市，出现了农村房屋和宅基地闲置的现象。虽然，天津、嘉兴、温州、重庆、成都等地结合当地实际，探索出了"宅基地换房""两分两换""宅基地征用""地票""联建"等模式，但由于现有法律的限制，农村宅基地方面仍然面临着诸多问题和困境。主要表现为：农民住房所有权的交易被限制在村民所在

---

① 付宗平：《中国农村土地制度改革的动力、现实需求及影响》，《财经问题研究》2015年第12期。

② 李勇坚、袁锦秀、李蕊：《我国农村宅基地使用制度创新研究》，《西部论坛》2014年第6期。

的集体经济组织以内，宅基地交易范围受到了限制；农民的住宅不能向城镇居民出售，城镇居民也不能在农村占用土地修建住宅房屋，宅基地的交易对象受到了限制。

湖北结合全国新型城镇化试点改革机遇，以破解耕地红线保护与城市扩张中的用地需求的土地供需矛盾为根本出发点，提高农业转移人口市民化成本分担能力，在县级层面深入推进农村宅基地制度改革试点。其基本思路和方向是：在保障农户依法取得的宅基地用益物权基础上，改革完善农村宅基地制度，探索农民住房保障新机制，对农民住房财产权做出明确界定，探索宅基地有偿使用制度和自愿有偿退出机制，探索农民住房财产权抵押、担保、转让的有效途径[①]，让农民宅基地的用益物权得以真正实现。

（一）划定农村宅基地标准

农村宅基地用地控制标准为：农民使用农村宅基地（含附属设施）总面积，使用农用地的每户不得超过140平方米，使用未利用土地（建设用地）的每户不得超过200平方米；中心城区农村宅基地每户不得超过100平方米。开展一户多基、超标建设、闲置空置宅基地的调查、清查和评估工作，严格执行农村宅基地用地和农村居民点人均建设用地控制标准，对超标宅基地视情况分别予以处理（详见表10—1）。

表10—1　　　　　　　　超标准宅基地分类处置

类别	处理办法	奖惩措施
村庄规划原因造成	①予以确权登记颁证，"记事档"标注超标面积 ②乡镇国土所与农户签订协议，规定现有房屋拆迁、改建、翻建或政府依法实施规划重新建设时，按农村宅基地用地控制标准重新确定宅基地面积	将超标占用面积退还集体的，参照国有划拨土地基准地价进行评估，适当给予经济补偿
		对不愿将超标占用面积退还集体的，参照相关补偿标准按年收取租金

[①] 资料来源于《中共中央办公厅、国务院办公厅关于深化农村改革综合性实施方案》。

续表

类别	处理办法	奖惩措施
因继承或赠予造成的一户多宅、闲置空置	①予以确权登记,"记事档"标注 ②变更产权人之前,不得对房屋进行翻建、改建、扩建	可向符合宅基地申报条件且无宅基地的本集体经济组织农户有偿转让
		自愿退还给集体经济组织的,参照国有划拨土地基准地价给予经济补偿
		不愿退出或交易的,按年征收闲置费(闲置费标准参照国有划拨土地基准地价评估)
违法超占	①不予颁发证书,按照实际占地面积建立档案,单独存放 ②宅基地颁证工作结束后再依法处理	依法惩处

(二) 扩展农村宅基地所有权权能及实现形式

探索农村宅基地所有权权能实现形式和途径,在保障集体土地所有人权益的前提下赋予宅基地使用权人更多权益。

1. 收益权。对通过宅基地置换等形式收归集体经济组织统一经营或处置的宅基地,原使用人对差额面积享有收益权,应根据集体经济组织成员商定的利益分配方式,包括现金或集体股份等形式,合理分配相应收益。对通过宅基地腾退并复垦换取的城乡建设用地增减挂钩指标,宅基地原使用权人享有指标收益分配权。

2. 使用权的继承和赠予。宅基地的使用权可通过继承方式确定给合法的继承人,也可通过赠予方式确定给指定的中国公民。相关部门对通过继承、赠予方式获得的集体土地建设用地使用权和房屋所有权重新确权登记颁证,并在房屋所有权证书上注明来源。通过继承、赠予方式获得宅基地使用权的主体,享有与其他集体经济组织成员同等的宅基地收益权、处置权。

3. 抵押、担保、转让权能。试点农村房屋的抵押、担保、转让权能,试点农村宅基地的抵押、担保权能。(1) 对于合规的农村房屋、宅基地,允许农业转移人口以房屋所有权证和集体土地使用证作为抵押物进行抵押登记,参照同区域同用途的国有划拨土地使用权进行评估后,按评估价值的一定比例向金融机构申请贷款,或者提供担保。(2)采用封闭运行的方式,农村房屋转让可在县级城乡建设用地交易服务中心达成协议,也可自行达成协议;房屋受让方必须是县域内农村集体经济组织成员;超占、权属不清的宅基地不能入市进行抵押、担保,相关交易行为不受法律保护。(3)农村房屋抵押人、流转方应在办理抵押和流转时,将房屋所占用范围内的宅基地使用权向集体土地所有人申请办理集体建设用地使用权的出让,并在国土部门办理集体建设用地使用权登记手续;居民将原有房屋转让给他人的,不得再申请新的宅基地。

(三)构建合理的收益分配机制

宅基地退出中的土地收益主要归原使用人、集体经济组织、交易中心、地方政府所有,其中个人和集体所占份额不得低于80%。探索宅基地有偿退出机制,对已经在城市登记户口,并自愿腾退宅基地的农户,制定并实行"双保底"政策。

(1)"面积保底"。保底面积为140平方米。对于宅基地确权登记面积不足140平方米,且在登记为城镇常住户口后1年以内自愿腾退宅基地的农户,其宅基地换取的城乡建设用地指标按照140平方米计算;对于宅基地确权登记面积超过200平方米,且在登记为城镇常住户口后1年以内自愿腾退宅基地的农户,其宅基地换取的城乡建设用地指标按照200平方米计算,超出200平方米的建筑物按建筑折旧价补偿。(2)"价格保底"。根据县域经济发展实际情况,确定的保底价能基本保证农业转移人口在城镇购置一套小户型住房。设定建筑物及其所占宅基地的保底价;设定未被农房覆盖的宅基地保底价,收益归集体经济组织所有。

二 农村集体经营性建设用地入市改革

在中国农村,农民集体拥有土地所有权,而农民仅拥有土地使用权,农村集体土地与城市国有土地存在"同地不同权"。由于农村集体土地所有权权能不健全、不清晰,农民土地使用权不能自由流转等原因,使得城乡建设用地统筹使用困难重重。这也就造成了一方面城市建设用地市场供不应求,寸土寸金;另一方面农村出现了大量土地闲置以及土地低效利用。中国城镇化进程加快，需要大量农村土地转为城乡建设用地，现行农村土地制度已经不能适应现阶段国民经济发展的需求，亟待改革①。

党的十八届三中全会已明确提出了允许农村集体经营性建设用地入市，建设城乡统一的建设用地市场。随着农村集体经营性建设用地入市政策的实施，农村建设用地的价值不断提升，进入市场的农村建设用地规模也将越来越大，相应的收益也逐渐增加，包括出让金、租金、股利、转让金等各种收益。然而，目前农村集体建设用地入市后仍然存在多方面的问题：一是收益分配缺乏理论依据和实践经验，技术与理论支持体系研究仍显不足；二是对收益分配的内涵、分配主体、分配方式还存在诸多分歧；三是缺乏统一完整的收益分配体系；四是对入市后收益的使用缺乏应有的制约监督，欠缺统一规范的管理②。

湖北农村集体经营性建设用地制度改革的基本思路和方向是：允许土地利用总体规划和城乡规划确定为工矿仓储、商服等经营性用途的存量农村集体建设用地，与国有建设用地享有同等权利，在符合规划、用途管制和依法取得的前提下，可以出让、租赁、入股，完善入市交易规则、服务监管制度和土地增值收益的合理分配机制③。湖北农村集体经营性建设用地改革中要正确处理好国家、农村集体和农民三者之间的利益分配关系。只有合理兼顾好各利益主体间的分配关系，才能有效调动各方积极性，促进农村土地入市改革的顺利推进。

一是建立全省城乡统一的建设用地市场。建立以市场为导向的建设用地交易市场，合理调配农村土地资源的利用。在符合规划和用途管制前提下，重点加大城中村、城边村、村级工业园等可连片开发区域土地整治入市力度，允许农村集体经营性建设用地出让、租赁、入股等权能，明确农村建设用地入市范围和途径，实行与国有土地同等入市、同权同价。积极推进以武汉农村综合产权交易所为龙头、全省联网的农村综合

---

① 韩德军、朱道林：《中国农村土地制度历史变迁的进化博弈论解释》，《中国土地科学》2013年第7期。
② 于建嵘：《集体经营性建设用地入市的思考》，《探索与争鸣》2015年第4期。
③ 资料来源于《中共中央办公厅、国务院办公厅关于深化农村改革综合性实施方案》。

产权市场体系建设，促进农村集体经营性建设用地入市后的有序流通。

二是健全完善土地入市利益分配机制。农村集体经营性土地入市过程中既要强化政府的公共管理和经济调节职能，又要严格规范集体土地收益内部管理，同时也要让农民个人享有集体土地收益。由于农村集体用地入市后，政府投入了大量的资金用于基础设施建设从而使土地增值，因此，政府通过征收土地增值税、契税、印花税等税收收入来调节收益分配。这不但是对政府基础设施建设投入资金的补偿，也能在一定程度上调节平衡土地增值收益不公平。农村集体作为建设用地所有者，应当充分享有土地增值权益，建设用地入市后的收益应当由农民集体共享，实现集体土地与国有土地同等对待。农村集体经营性建设用地出让总价款在扣除政府和农民补偿后的部分，可与集体经营性建设用地租赁收益、集体农用地有偿发包收益等纳入统一管理，严格规范内部分配和使用办法。农民个人作为农村集体的组成部分，在保障农民腾退土地补偿的基础上，集体土地收益的分配使用，必须经本集体经济组织村民会议 2/3 以上成员或者村民代表的同意，并接受公众监督。包括婚嫁迁入妇女在内的所有集体经济组织成员，对集体土地收益享有平等的收益权，婚嫁妇女一经迁入本集体组织即对本集体土地收益享有与其他成员平等的收益权[1]。

三 农村土地征收制度改革

农村土地制度把农民的身份权和土地权利捆绑在一起，转变农民身份就意味着会同时失去土地权利，且得到的补偿少，从而增加了农村人口向城市永久性迁移的成本。

现在不少地方政府在征收农村土地，通过土地"剪刀差"来支持城市建设。在征地过程中，一方面征地补偿标准不合理，农民的权益得不到保障，农民在土地征收过程中没有话语权，处于弱势地位，成为被动接受方。另一方面土地征收变性后的增值收益部分，农民所分配的比例很低，没有充分获得土地增值后的收益。这些都导致了失地农民的就业

---

[1] 王小映：《论农村集体经营性建设用地入市流转收益的分配》，《农村经济》2014 年第 10 期。

和生活问题日显严峻，恶性群体事件时有发生。大部分失地农民虽然失去了农村户口，身份上不再是农民，但由于生产方式、生活方式、社会角色、思想观念及行为与城市居民存在着差别，难以融入城市生活。因此，失地农民群体边缘化，受到农村和城市的双重排挤。正如一些学者所说的"农民失地后，他当不成农民，而领到的那点补偿金，也当不成市民，既不是农民，又不是市民，只能是社会游民"。

湖北深入农村土地征地改革的基本思路和方向是：缩小土地征收范围，规范土地征收程序，完善对被征地农民合理、规范、多元保障机制，建立兼顾国家、集体、个人的土地增值收益分配机制，合理提高个人收益[1]。

一是完善被征地农民多元保障机制。目前，土地作为一种生产要素仍然是大部分农民的主要经济来源和重要依靠，对于这部分农民来说，他们离开了土地，就失去了根本的物质保障。由于我国长期实行城乡二元体制，社会保障制度不健全，失地农民享受不到与城镇居民一样的社会保障[2]。要逐步探索由政府、村集体、农民等多种主体共同出资的被征地农民养老保障资金筹集机制；加强劳动就业服务，为失地农民免费提供求职登记、择业指导、职业介绍、推荐安置等服务，为失地农民提供稳定的生活收入来源；加强社会最低生活保障对失地农民的倾斜，把失地人员中绝对贫困且个人能力较低的群体纳入最低生活保障范围。

二是建立土地增值收益分配机制。在现有的征地制度下，农民拿到的征地补偿款只占整个土地增值收益的5%—10%[3]。部分农民甚至享受不到土地征收增值后的收益。土地征收过程中，要合理分配土地增值收益，超出征地拆迁补偿和城镇配套建设之外的其他溢出部分，主要用于缩小城乡差距、提高农民社会保障水平等公益性事业，确保增值收益让包括被征地农民在内的全体居民共同分享。

---

[1] 资料来源于《中共中央办公厅、国务院办公厅关于深化农村改革综合性实施方案》。

[2] 关瑞捷、李伟毅：《以农村土地确权促进集体产权制度改革》，《毛泽东邓小平理论研究》2015年第1期。

[3] 乔爱书：《思考与对策：全面建设小康社会中的"三农"问题》，《理论建设》2008年第5期。

第二节 健全资金的多元化投入保障体系

资金是农业生产过程中最重要的生产要素之一。加快湖北农村全面建成小康社会要健全资金投入保障机制，一方面要坚持财政优先保障，继续完善政府投资体制，引导和撬动社会资本；另一方面要坚持充分激发社会投资的动力和活力，从完善金融机构、业务产品、风险预警等方面入手，加大金融对农业农村经济发展的支撑与服务，最终形成财政支农与金融支农"双管齐下"的农村资金投入保障体系。

一 加大财政支农力度

农业是国民经济的基础，同时天生又是弱质产业，面临着自然和市场双重风险，因此"三农"问题的解决离不开财政的支持。财政资金作为一种公共资源，除了具有增加农业产出的经济效益外，还具有政策性、导向性、非营利性和不可替代性等功能特征。

财政支农是政府的一种资金投放方式，是政府通过财政杠杆实施的以支持农业和农村经济发展为目的的各种直接和间接的经济行为总和。政府通过财政支持农业发展，实现对农业的指导、鼓励、帮助和管理，有利于巩固农业的基础地位和促进整个国民经济的协调稳定发展。财政政策支持主要通过财政直接投资和财政补贴支持农业发展，并通税收优惠等方式增强农业的自我发展能力[①]。

狭义来看，财政支农支出主要包括农林水气等部门的事业费和支援农业生产支出。广义来看，财政支农支出包括农业基本建设支出、支援农业生产支出、农业科技三项费用、农林水气部门事业费、农业综合开发、农业税灾歉减免补助和农产品政策性补贴、提高农副产品收购价格等。按照财政支农资金适用类型划分，财政支农支出可划分为预算内支出和预算外支出，预算内支出又可分为直接支出和间接支出。预算内直接支出包括支援农村生产支出、农林水气等部门事业费、农业基本建设支出、农业科技三项费用等。预算内间接支出包括农村救济费、农产品

---

① 唐启国：《财政支农问题研究》，《金陵科技学院学报》（社会科学版）2013 年第 3 期。

价格补贴等。预算外支出包括基本建设支出、农业科技三项费、行政支出、事业费支出等。

在新时期新形势下,如何持续增加财政对"三农"的投入总量,优化财政支农结构,创新财政支农政策,完善财政支农管理体系,有效地减少各种不必要的耗损,提高支农资金使用效率,激发各类农业要素活力,对增加农民收入、发展现代农业,全面建成农村小康社会具有重要的理论价值与实践意义①。

(一)健全财政支农稳定增长机制

进入 21 世纪以来,虽然财政农业投入资金的绝对规模和相对比重都增长较快,但是农业投入资金相对于"三农"的弱势地位而言,仍然显得十分不够,县、乡(镇)级财政普遍存在"捉襟见肘"的问题,本级财政用于支持农业农村的支出较少。健全农业农村财政支出优先保障和稳定增长机制,持续加大财政支农资金投入力度,特别是国家、省级对"三农"投入的稳定增长显得尤为重要。

在财政收入实力增强的背景下,要通过不断的调整和优化财税结构,加大财政资金对"三农"的倾斜,在支农资金规模扩大的同时,提高财政支农支出占财政总支出的比重,扩大公共财政项目在农村的建设领域。从各级财政来看,构建以中央和省级财政为主、以市县乡为辅的财政支农投入保障机制,确保财政支农支出的增长速度超过财政支出的增长速度。中央除在保障重大基础设施建设投入中发挥主导作用外,还应不断扩大与农民利益直接相关的小型项目投入的覆盖面,促进农业投入政策效应更好地发挥作用。省级财政要增加财政扶持资金投入量,按照一定的比例纳入财政预算,把扶持专项资金通过文件的形式固定下来,确保财政扶持资金落实到位,并逐年有所增长。

(二)优化财政支农结构

财政支农资源是有限的,因此优化财政支农结构显得尤为重要。农业投入应具有显著的公益性特点,要坚持"有所为、有所不为"的原则,财政投资重点应集中在农业基础设施建设、农业科研教育及科技推广体

---

① 马晓河、刘振中、郭军:《财政支农资金结构性改革的战略思路与对策》,《宏观经济研究》2016 年第 7 期。

系、农产品市场体系、农村生态环境等公益化程度较大的项目方面。同时,通过政策导向将大部分资金集中投向农业农村发展的重点领域,充分发挥政府"资金引擎"的作用,依靠较少的财政资金,调动更多的金融资本、个人资本和其他社会资本投入到农村全面建成小康社会建设当中。

从财政投资方向来看,要保护和稳定提高粮食综合生产能力,加强国家对粮食主产区的扶持,采取有效措施保护好农民种粮积极性,支持粮食生产;要加强农田水利设施、农业科技、农村教育和农村公共基础设施等方面的支持,具体涉及粮食仓储、高标准农田建设、农业科技推广、精准扶贫等重点领域和薄弱环节。

从财政投资主体来看,要厘清中央与地方政府间涉农事权与责任支出,清晰界定支农资金类别。根据涉农事权的重要性、外部性、存续时间长短和范围大小,合理确定各级政府的权责范围和支出边界。中央主要负责对宏观性、全局性或关乎国家安全和发展的重大事权和支出;地方政府主要负责阶段性和局部性的事权和支出。在明确中央与地方事权与支出的基础上,建立符合公共事项服务层次管理要求、事权与支出责任相适应的资源纵向配置制度,划分中央与省级支农权责和比重。中央和地方既要保证各自支出责任到位,又要避免越界形成交叉重复。在公益性较强的领域,适度加强中央事权和支出责任,充分发挥中央投资主导和推动作用,降低甚至取消地方配套投资比例[①]。

(三)创新财政支农方式

财政资金支持方式要灵活多样,坚持多渠道、多层次投入,财政支出政策和财政收入政策并用,其中财政支出政策的主要方式包括投资、补贴等;财政收入政策的主要方式包括减税、退税等。

财政补贴作为一种有效的经济调节手段,对促进农业经济的发展具有积极的作用。在当今国际贸易格局中,各国都不遗余力地在世界贸易规则的框架下进行农业补贴。国际上对农业支持政策正不断改进补贴方式,如减少对中间环节的间接补贴,增加生产环节的直接补贴;农业补

---

① 马晓河、刘振中、郭军:《财政支农资金结构性改革的战略思路与对策》,《宏观经济研究》2016年第7期。

贴与农产品质量、环境保护、生态建设等挂钩；注重对农业保险业务亏损的补贴，强化农业保险防灾补损职能等[①]。

湖北现阶段应将政策目标着眼于发展农业生产，逐步建立以绿色生态为导向的农业补贴制度，形成完善的政策体系，进一步提高农业补贴政策的指向性和精准性。农业补贴要转变传统的注重数量导向，而以注重质量与生态并重为导向，在逐步增加补贴总量的基础上，不断优化存量，充分用好增量。

（四）完善财政支农管理体制

一是加大财政支农资金整合力度。对现有财政支农资金进行整合不只是对资金的简单调整和归并，也不是单纯地将某一部分资金划归某一个部门或机构管理，而是要形成分类科学、分工明确、管理规范、运转有序的资金使用管理机制，提高财政扶持资金使用效益。在不调整原有管理体制、不改变资金原有性质的前提下，要着重寻找资金整合的切入点和着力点，努力构建资金整合的载体。可通过打造"项目"或"产业"平台，构建整合载体，按照"有机捆绑、相互衔接、匹配投入、各司其职"的思路，对农业资金进行整合，实现项目共建、资源共享、利益均沾和政绩共现。以高标准农田建设项目为例，湖北将发改、财政、国土、农业、水利五部门涉及高标准农田建设的项目资金以县为整合单位进行统筹，有效避免了项目建设重复等问题。理顺项目主管部门和财政主管部门在项目资金分配管理方面的职能定位，改变单个部门既管项目又管资金的格局，建立部门间合理分工、共同协商、相互制衡和有效监督的机制，从源头上改变投资渠道多、使用分散的状况。

二是坚持公开、公平、公正的原则，加强财政支农资金事前、事中、事后的全过程监管。按照逐级把关、各负其责，专家评审、择优立项的原则，健全"集体决议、公开透明、优胜劣汰"的评审机制，做好项目申报的前期考察、论证。重点审查、验证、核实项目资金申请报告的合规性、真实性，从源头上加强资金监管。加强项目财务管理，严格实行专人、专账、专户管理。专项资金项目单独设账、独立核算，并将资金

[①] 杜强、谭德林、周小红：《我国财政支农政策存在的问题及对策》，《北京农业职业学院学报》2009 年第 2 期。

管理使用情况及时公示。监察、审计、财政等部门要联合对专项资金使用情况进行监督检查，建立严格的责任追究制度；强化法律、制度、纪律的严肃性和权威性。项目验收按规定程序进行，防止因管理不善或项目违规实施等原因造成资金损失浪费。项目完成后实施财务决算审计，实行阳光操作，推行项目资金公示制度。

三是完善财政支农项目绩效评价体系。建立客观、有效的财政支农项目绩效评价体系和相关的责任追究制度，能强化涉农财政专项资金管理，而对财政支农资金使用情况进行考核，有利于提高项目建设质量和资金使用效益，逐步实现财政支农资金分配与绩效考评挂钩。

二 强化农村金融支撑

现代农村金融服务体系是为农村经济实体的发展而服务，对实现农业结构合理调整、促进农民收入持续增长、全面建成小康社会意义重大。要强化农村金融支撑，健全适合农业农村特点的金融体系，推动农村金融机构回归本源，更好地满足农村全面建成小康社会发展中多样化的金融需求。

（一）构建合理的金融服务主体

一是发展农村普惠金融。推动大型银行和政策性银行设立普惠金融事业部等专营机构的建设，继续深化农业银行、邮政储蓄银行"三农"金融事业部改革，把"三农"发展、农民致富、小微企业、农民工返乡创业、精准扶贫、农村生活消费等领域作为服务重点，将更多金融资源吸引到农村经济社会发展的薄弱环节。

二是鼓励发展村镇银行、小额贷款公司等农村小微型金融机构。完善村镇银行准入条件，支持各地设立村镇银行、乡镇新型合作金融组织、贷款公司等新型农村金融机构，以满足众多农民群众对资金的需求。通过加快完善新型信贷服务主体的市场机制和竞争机制，推进利率市场化进程。

三是支持农村信用社加快发展。推动农村信用社改革，保持农村信用社县域法人地位和数量总体稳定。积极引进战略投资者，适时推进农村信用社增资扩股。加大对农村信用社的支持力度，清理和取消各种对农信社的歧视性政策、放宽办理各类金融业务的限制，巩固和加强其服务"三农"主力军的作用。

四是规范农村民间金融。支持有条件的农民专业合作社内部开展信用合作、股金合作等资金互助形式，按照社员制、封闭性原则，稳妥推进农村资金互助合作组织建设。适度放宽准入条件，对具备一定的注册资本金、能够依法正当营运、履约率较高的民间金融机构，允许其在一定期限内转为合法民间金融机构。加强对民间金融活动的管理和风险防范，金融监督部门可依法对风险达到一定程度或者有重大违法违规行为的机构强制进行清理、关闭、兼并和重组，将所有民间金融活动在监管机构登记备案，重视行业自律、机构的内部控制以及市场约束的补充与配合。

(二) 加快金融业务和管理创新

根据农业生产和农村中小企业资金需求特点，加快农村金融产品和服务方式创新，不断延伸农村金融服务链条。

一是在单一、分散的农户因种养业所需短期流动资金向农民专业合作社等新型农村经济联合体进行规模化、产业化经营所需中长期融资需求转变的情况下，传统的面向单个农户的小额信贷方式面临挑战，金融机构应加快适应农村经营方式的转变，努力满足农村信贷多元化、大额化、长期化的需求。

二是在信贷业务管理上，将信贷责任终生追究制度改进调整为责任追究与业务奖励并重的激励约束双向机制，既对不负责任的放贷行为予以约束，又对拓展开发农村金融市场业绩突出的信贷人员给予奖励。

三是探索农村"互联网+金融"发展模式。加快推进农村信用信息平台建设，探索开发新型信用类金融支农产品和服务。引导互联网金融、移动金融在农村的规范发展，将新农保现金支取，农民水电费、电话费、子女学费存缴等支付结算并入农村金融业务范围。

(三) 健全风险预警和规避机制

一是构建风险监管、预警体系。探索保险同农村小微金融结合的模式，建立政府主导的"村镇银行+农业担保公司+农业保险公司"的风险共担机制。建立小额贷款风险补偿基金，按一定比例补偿涉农贷款的损失类贷款。改进农村金融差异化监管体系，合理确定金融机构发起设立和业务拓展的准入门槛。守住不发生系统性金融风险底线，强化地方政府金融风险防范处置责任。通过监测不良资产比例、资产流动性、信贷风险度变化等指标及时发现、预警金融风险,并及时采取有效措施控制和防止金融风险的加大。

二是完善农业保险体系。采取政府引导、农民自愿、市场运作、适度保障的运作模式,在保险公司设立政策性农险保费专户,对保险公司经营的政策性农业保险适当给予补贴,逐步建立农业保险发展的长效机制。结合农村实际,进行农业保险补贴方式、品种和比例的试点,鼓励和引导县市政府结合实际开办特色农业保险品种,探索符合当地情况的农业保险发展模式。积极推进农业大灾保险试点,探索农业巨灾保险,推动保障水平覆盖全部生产成本。

三是健全完善抵押担保机制。完善农业信贷担保体系,探索建立"政、银、担"三方共同参与的合作模式。政府牵头组建符合农村经济需求的评估担保机构,设立由财政、企业、农户出资的信用担保基金,进一步发展农村互助担保组织,建立区域性信用再担保机构。完善农村产权的流转和交易机制,健全耕地、林地交易市场,积极探索以土地经营权、农民住房财产权、林权和农产品为抵押物的抵押方式。

第三节 创新农村人才发展机制

在知识经济和互联网时代,人力资源是最重要的资本性资源,是影响经济社会发展的关键因素,人力资源已发展成为经济增长的重要源泉。当今,经济社会发展已开始由以物质资源尤其是稀缺的自然资源为主要依托的物质经济时代,转向以信息、知识、技术等智力资源为主要依托的知识经济和信息时代。在自然资源、物质资源和人力资源三大经济资源系统中,作为既能开发自然资源,又能创造出新的物质资源以弥补其不足的人力资源的核心性地位开始日益突显,逐渐成为现代经济运行的灵魂和主要的推动力量[①]。

美国经济学家舒尔茨在《对人进行投资:人口质量经济学》中提到:

---

① 吴锋:《试析全面建成小康社会阶段的人力资源支撑》,《人力资源管理》2014年第11期。

"改善穷人福利的关键性生产要素不是空间、能源和耕地,而是提高人口质量,提高知识水平。"他认为,人力资本即人的能力和素质是农业生产力迅速增长和农业生产率提高的重要因素。因此,以农业科技人才①和农村实用人才②为主要内容的农业农村人才是强农的根本。决胜农村全面建成小康、实现中华民族伟大复兴的中国梦,归根结底要靠人才③。

目前农村劳动力的文化知识水平和操作技能不能满足改造传统农业、发展现代农业的需要。湖北存在着农村人力资源总量过度"富足"与人力资本严重"贫困"的问题,这也成为实现农业现代化、农村全面建成小康社会的巨大瓶颈④。通过人力资源方面的机制再造与合理整合,增加农村人力资本存量,提高农村人力资源资本化程度,提供强大的科技支持和智力保障,已经成为农村全面建成小康社会的关键因素。在湖北农村全面建成小康社会过程中,遵循社会主义市场经济规律和人力资源发展规律,创新人才发展机制,重点是创新农村人才培养教育机制、选拔任用机制、激励保障机制和评价考核机制等方面的政策体系,形成激发农村各类人才创新创造活力的人力资源制度优势⑤。

一 农村人才培育机制

以现代农业发展需求为导向,以农业科研领军人才、农业技术推广骨干人才和农村实用人才带头人、农村生产型人才、农村经营型人才、农村技能服务型人才为统领,带动湖北农业农村多层次人才队伍全面发展,逐步建立以素质提升和创新能力建设为核心,自主培养与人才引进

---

① 农业科技人才是指受过专门教育和职业培训,掌握农业行业的某一专业知识和技能,专门从事农业科研、教育、推广服务等专业性工作的人员。
② 农村实用人才是指具有一定知识和技能,为农村经济和科技、教育、文化、卫生等各项事业发展提供服务,做出贡献,起到示范和带动作用的农村劳动者。按照从业领域的不同,一般划分为 5 种类型:生产型人才、经营型人才、技能服务型人才、社会服务型人才和技能带动型人才。
③ 张妮妮、张丽霞:《全面建成小康社会视阈下农村人力资源开发的价值分析》,《黑河学刊》2017 年第 1 期。
④ 曹晓峰、徐海燕:《新农村建设中农村人力资源资本化的效应与路径选择——基于舒尔茨人力资本理论的分析》,《农业现代化研究》2010 年第 5 期。
⑤ 吴锋:《试析全面建成小康社会阶段的人力资源支撑》,《人力资源管理》2014 年第 11 期。

相结合，学历教育、技能培训、实践锻炼等多种方式并举的人才培养开发机制。

（一）构建多层次人才培养体系

综合利用教育培训资源，依托农业大学、职业院校、科研院所、现代远程教育系统、农业技术推广机构以及各类农民教育培训项目，建立"层次分明、结构合理、布局科学、规模适度、开放有序"的人才教育培训体系。一是培养、引进高层次农业农村人才。积极适应现代农业发展对科技创新的要求以及农业产业结构调整需求，以培养农业科研领军人才为重点，注重引进掌握核心技术、具有先进管理经验、能够引领产业发展的科技创新人才和科技创业人才及团队。加强科研生产一线高层次专业技术人才和高技能人才培养，高等农业院校根据产业发展需求调整优化学科结构，为农业农村发展培养输送更多合格的专业人才。二是加快农村职业技能人才培养。针对农村实用人才队伍整体素质偏低、示范带动能力不强的状况，以村组干部、农民专业合作组织负责人、大学生村官为重点，重视农村实用人才培养。建立健全培训认定、政策扶持、跟踪服务"三位一体"的新型职业农民培育体系，重点培养技能服务型职业农民。三是培育农业农村生产经营型人才。结合农业适度规模化发展趋势，注重提高土地产出率、资源利用率和劳动生产率，以中青年农民、返乡创业者和农村女性劳动者为重点，着力培养农村生产型人才。适应农业产业化和市场化发展要求，以增强经营管理水平和市场开拓能力为核心，以农村经纪人、农民专业合作组织负责人和农业产业化龙头企业经营者为重点，着力培养农村经营型人才。

（二）积极探索和创新农业农村人才培育方式

职高、职业院校综合利用教育资源，创新人才培养模式，改革教学内容、课程体系和教学方法，采取扩大招生范围、降低门槛、定向就业等招生培育方式，大力培养农村实用人才和农业科技人才。要改革职业中学的专业与课程设置，在教学内容上应突出实践性和可操作性，同时发展农村职业教育，提高劳动者技能。高校专业（方向）发展过程中要根据小康社会建设的阶段性进展适时调整专业设置，确保专业设置的定向明确，专业建设的目标清楚，人才培养的特色鲜明，不断地丰富专业内涵，使高校的教育能够符合农村全面建成小康社会发展的需求，培养出的人才是急需的、能用的和好用的①。农民专业合作社、专业技术协会、龙头企业等主体创新培训组织形式,通过探索田间课堂、网络教室等不同方式开展农业农村人才培训。新型职业农民通过弹性学制、"半农半读"等方式就地、就近接受中高等农业职业教育。

二 农村人才选拔任用机制

按照"民主、公开、竞争、择优"原则,改革人才选拔任用方式,完善农村人才合理流动机制,形成有利于各类优秀人才脱颖而出、充分施展才能的选人用人机制。引导农村基层组织以及企业、农民专业合作等社会组织通过公开招聘、民主选举等方式,多渠道选拔高素质人才。

加强农业农村人才流动的政策引导,促进农业农村人才资源有效配置。完善事业单位人员聘用制度和岗位管理制度,实行公开招聘制度,建立健全农业科技人才"按需设岗、竞聘上岗、按岗聘用、合同管理"的选拔机制,引导和鼓励科技人才面向农业生产一线开展研究、加强服务、创业兴业。全面建立高等院校、科研院所等事业单位专业技术人员到乡村和企业挂职、兼职或离岗创新创业制度,激发高校、科研院所等事业单位农业科技人员创新活力和创业热情,促进人才在涉农企业间、农业产业间的流动。

建立完善农村基层人才吸纳机制,让农村管理干部和专业技术人才留得住,稳定基层"三农"工作队伍。鼓励大学生到乡村实习实训、创业就业,政府通过完善创业兴业政策支持体系、公共服务体系、信息交流体系,为他们提供广阔的发展舞台。把到农村一线工作锻炼作为培养干部的重要途径,注重选派熟悉"三农"工作的干部进市、县党政领导班子,拓宽县级"三农"工作部门和乡镇干部来源渠道,形成人才向农村基层一线流动的用人导向。以"市民下乡、能人回乡、企业兴乡"为抓手,大力实施"三乡工程",创新乡村人才引进使用机制,鼓励社会各界积极投身农业发展和农村建设。

---

① 刘霖:《建立适合新农村建设发展的经济人才培养机制》,《中国集体经济》2009年第2期。

三 农村人才激励保障机制

坚持以人才业绩和贡献为导向,不断完善农村人才的分配、激励、保障制度,充分体现农村人才价值,积极调动人才积极性。

人才激励机制只有使智力付出与业绩收益的连接通道畅通无阻,人才才能被用好,劳动和创造的活力才能完全释放[①]。完善内部分配制度,制定知识、技术、管理、技能等生产要素按贡献参与分配的办法,构建政府、单位、社会"三位一体"的农村人才奖励体系。突破现有政策框架限制,对做出突出贡献的农村科技人才,在职称晋升、科技奖励、项目申报等方面适当放宽条件、降低门槛,对农村实用人才创业兴业,在进修培训、项目审批、信贷发放、土地使用、税费减免等方面给予优惠。

探索适合农村不同地区的各种保障形式,完善农业农村人才社会保障制度,扩大人才养老、医疗等社会保障范围,提高社会保障水平。引导符合条件的新型职业农民参加城镇职工养老、医疗等社会保障制度。保障和不断提高基层农业科技服务人员的待遇,缩小其与公务员的差距,加大办公经费投入力度。工资待遇要有保障,统一将农村科技服务人员的"三险一金"列入财政预算,调动农村科技服务人员积极性。同时开放对于现有技术人员的专业技术职称通道,并将职称与工资待遇挂钩。定期开展技术培训与交流活动,促使现有技术人员知识更新,不断提升农技人员自身素质,适应新形势下"三农"对复合型人才的需要。

四 农村人才评价考核机制

以能力和业绩为导向,完善人才评价标准,改进人才评价方式,拓宽人才评价渠道,在生产实践中发现人才,以贡献大小评价人才,把评价人才与发现人才结合起来,建立科学化、社会化的农村人才评价发现机制。

改进农业科技人才评价考核方式,基础研究人才以同行学术评价为主,应用研究和技术开发人才突出市场评价。推进高校、科研院所科技

---

① 郜亮亮、杜志雄:《中国农业农村人才:概念界定、政策变迁和实践探索》,《中国井冈山干部学院学报》2017年第1期。

人员分类评价改革，建立以创新质量和实际贡献为导向的科技人才评价标准。改革职称制度和职业资格制度，对从事应用开发和成果转化的农业科技人员，将其对产业发展的贡献、创造的经济社会效益作为职称评定、岗位聘用的重要指标，突出科研成果转化后形成的产值、利润等经济效益的考核权重。

农村实用人才评价注重群众认可，根据农村实用人才的成长规律和特点，以知识、技能、业绩、贡献为主要考核内容，分层级、分地区、分类型制定农村实用人才认定标准，采取灵活、务实的评价方式，开展农村实用人才评价认定。鼓励和引导农民参加农业职业技能鉴定，鼓励企业和用工单位按照技能等级评聘岗位人员，并建立配套的薪酬制度。

第四节　推动农村生产关系变革

以土地、劳动力、资金为代表的生产要素相关制度改革带来的直接影响是生产力的提高。然而生产力水平的提高不仅与生产要素直接相关，同时还受生产关系的影响。马克思认为生产力和生产关系存在着辩证关系。生产力是生产关系形成的前提和基础，决定着生产关系的性质，生产关系是适应生产力发展的要求建立起来的。当生产力发展到一定阶段，生产关系不能适应生产力要求时，就会产生阻碍作用。

中华人民共和国成立以来，我国农村生产关系经历了农村土改及合作化（1949—1957年）、人民公社（1958—1978年）和家庭联产承包经营（1978年以后）三个时期。家庭联产承包经营制度是现在我国农村的基本经营制度的重要基础，也是影响农村生产关系的最重要因素。改革开放以来，中央连续的"一号文件"大部分都是围绕提高农村生产力方面而做出的决策，在农村生产关系调整不太重视。在湖北农村全面建成小康社会的新形势下，巩固完善基本经营制度，深化农村集体产权制度改革，发展壮大农村集体经济，对以农村生产关系变革促进生产力发展具有重要意义。

一　巩固和完善农村基本经营制度

基本经营制度是我国农村政策的坚定基石。我国现行农村基本经营制度是 20 世纪 70 年代末期农村改革的产物,它从农民的实践经验总结和升华出来,并被党的十三届八中全会正式表述为"统分结合的双层经营体制"①。统分结合的双层经营体制将家庭承包经营方式与集体经济有机结合,使得其具体形式和内容上有很大的灵活性,一方面让农户自主拥有生产经营权,另一方面又保证了土地等生产资料的公有制和统一经营。因此,在改革开放初期,统分结合的农村基本经营制度最大限度地激发了农村活力,极大地释放了农业生产力。

(一) 稳定现有土地承包关系且长久不变

进一步巩固和完善农村基本经营制度,落实农村土地承包关系稳定并长久不变政策。一方面要保持现有的农村土地承包关系稳定。依法落实土地承包经营过程中所涉及各方的权利、义务,全面完成土地承包经营权确权登记颁证工作,明确承包合同到户、承包地块四至范围和面积,积极探索农村承包地确权的具体方式和方法,拓展农地确权成果应用范围和领域。另一方面要确保农村土地承包关系长久不变。党的十九大明确提出了"保持土地承包关系稳定并长久不变,第二轮土地承包到期后再延长三十年",湖北农村要衔接落实好第二轮土地承包到期后再延长 30 年的政策,让农民吃上长效"定心丸"。农村土地承包关系长久不变就意味着,除法律另有规定外,农民对承包经营的土地拥有的权利和承担的义务长久不变,涉及的耕地面积、地块范围保持不变。土地承包的长久不变加强了对土地承包经营权的物权保护,从而使得农民土地承包经营权作为用益物权得以真正实现。

(二) 充分赋予农民土地用益物权

在完善相关法律法规让农民土地承包经营权的保障进一步加强的基础上,还要让土地承包经营权的用益物权性质更加充分、更加彻底,赋予农民对承包地占有、使用、收益、流转及承包经营权抵押、担保的权能,充分实现农民承包土地的其他权益。根据《中华人民共和国物权法》和《中华人民共和国土地承包法》,农民依法对承包的土地享有占有、使用、收益、继承等权利,并且有权将土地承包经营权采取转包、互换、

---

① 孔祥智、刘同山:《论我国农村基本经营制度:历史、挑战与选择》,《政治经济学评论》2013 年第 4 期。

转让等方式流转；承包地被征收的，承包人可以依法获得相应补偿。这些权利构成了土地承包经营权的权能结构，是法定权利，是设立在农村集体土地所有权之上的承包人的用益物权①。在全省农村改革试验区、现代农业示范区等有条件的地方开展农户有偿退出土地承包经营权试点。积极探索完善承包土地的经营权抵押担保机制，并建立完善配套的抵押资产处置机制。

（三）加强农村土地经营管理

建立健全农村土地承包经营权流转市场，增强土地承包经营权流转管理和服务。加快建立全省统一的农村土地承包管理信息数据库和管理信息系统，推进土地承包管理服务信息化，实现承包土地信息联通共享。完善县、乡、村三级土地流转服务和监管体系，完善土地流转服务、监管和风险防范机制，加强土地经营权流转和规模经营的管理服务。加强工商资本租赁农户承包地的用途管制，坚持农地农用，鼓励粮田种粮。

二　深化农村集体产权制度改革

土地的产权制度是现代国家土地制度的基本内容之一，它是为了保护产权人的合法权利，是整个土地制度的基础②。以土地集体所有为基础的农村集体所有制，是社会主义公有制的重要形式。在土地集体所有基础上建立的农村集体经济组织制度，为农业农村现代化提供了基本的制度支撑。

党的十九大提出了"深化农村集体产权制度改革，保障农民财产权益，壮大集体经济"。湖北是农业大省，农村人口众多，积极探索村级集体经济实现形式，发展壮大村级集体经济，是推动农村发展、实现农民增收的重要途径，也是农村实现全面建成小康社会战略目标的重要基础③。在推进湖北农村集体产权制度改革中，要以《湖北省委省政府关于稳步推进农村集体产权制度改革的实施意见》为指导，进一步明晰集体

---

① 孔祥智、刘同山：《论我国农村基本经营制度：历史、挑战与选择》，《政治经济学评论》2013年第4期。
② 陈锡文：《关于农村土地制度改革的两点思考》，《经济研究》2014年第1期。
③ 梁昊：《中国农村集体经济发展：问题及对策》，《财政研究》2016年第3期。

所有产权关系,建立符合市场经济要求的集体经济运行新机制,健全农村集体资产管理制度。

(一) 明确农村集体资产权属

由于相关法律的缺位,我国农村集体资产产权不明晰,这直接导致了集体经济组织成员身份界定成为农村集体产权制度改革的首要难题。虽然当农村集体资产闲置或是没有产生经济效益时,农村集体资产产权不明晰带来的严重后果可能不会显现出来,但当集体资产产生或预期会产生经济效益时,由于集体成员资格涉及面广、利益关系复杂,相关的问题和矛盾就会显现出来。因此,要发展好农村集体经济,明晰产权是必要条件之一。

一是界定农村集体经济组织成员资格。农村人口构成情况复杂多样,在进行成员资格的界定时,应依法依规、程序合法公开,同时兼顾历史问题和现实情况,统筹考虑户籍关系、土地承包关系、对集体贡献等因素,开展集体经济组织成员身份确认工作,明确成员与集体之间的权利义务关系。具体操作过程中,成员资格要由农村集体经济组织成员充分协商、民主决定,建立农村集体组织成员登记备案制度,编制名册,建立成员档案,规范成员资格认定和取消、登记、变更等程序。同时,还应妥善处理外嫁女、义务兵、迁入户等特殊群体的成员身份界定问题,防止多数人侵犯少数人权益[1]。当成员家庭出现新增人口时,通过分享成员家庭内部的集体资产权益来获得集体成员身份和集体资产份额。

二是分类开展农村集体资产清查、确权。集体资产的范围有狭义与广义之分。狭义的集体资产仅指集体账面资产,也就是经营性资产和非经营性资产;广义的集体资产还包括土地等资源性资产,资源的使用、处置、经营收益分配也是集体资产管理的重要内容[2]。对所有集体资产进行全面清查,将集体资产的所有权确权到村、组不同层级的集体,防止虚置集体资产所有权,切实维护农村集体所有权。对于不易量化的土地

---

[1] 宋洪远:《中国农村改革40年——回顾与思考》,《南京农业大学学报》(社会科学版) 2018年第3期。

[2] 方志权:《农村集体经济组织产权制度改革若干问题》,《中国农村经济》2014年第7期。

等资源性资产确权登记颁证；对于非经营性资产，重点是探索建立由集体统一运营管理的有效机制；对于经营性资产，重点是开展股份合作制改革，探索多种形式的股份制，将资产折股量化到各集体经济组织成员，通过实行集体资产股权登记制度，将经营性集体资产股权"量化到人、固化到户"。

三是建立和完善农村集体经济组织治理结构。农村集体经济组织的法人治理结构的建立和完善，可采用有限责任公司、社区股份合作社等形式，按照法人组织管理对农村集体经济组织实行民主决策、民主管理和民主监督。具体操作中，要制定农村集体经济组织章程，建立包括成员代表大会（股东大会）、理事会、监事会的完善治理结构。成员代表大会是农村集体经济组织的权力机构，涉及集体资产和成员切身利益的重大事项，必须经成员代表会议讨论通过。理事会是成员代表大会的执行机构，负责集体经济组织的日常事务管理工作。监事会是集体经济组织的监督机构，对集体资产经营管理活动进行监督。理事会理事和理事长由成员代表大会选举产生，理事会可以聘请职业经理人参与集体经济组织经营管理。

(二) 发展新型农村集体经济

推进农村集体经济组织产权制度改革不仅是要进一步明晰集体资产的产权关系，建立适应社会主义市场经济体制的新型经济主体，更重要的是探索建立符合市场经济要求的农村集体经济运行机制，发展新型农村集体经济，让农民共享集体经济发展的成果。

一是稳步拓宽集体经济经营领域。发展新型集体经济，不能盲目地跟风发展工业项目，或是进入风险较大、竞争激烈的经营性领域，而是要盘活农村集体资源资产，寻求可持续性的稳定收入。立足农村优势和农业资源禀赋，结合农业供给侧结构性改革和农村三产融合的发展机遇，发展休闲农业、乡村旅游等新产业新业态。支持集体经济组织发展农产品生产、加工、营销和农业生产性服务，实现由传统农业生产、加工向高附加值、高端化产业发展。在风险可控的提下，鼓励经济实力较强的农村集体组织参与资本市场的投资和运营，以土地、物业等资源，参与城市开发、产业投资和基础设施建设。支持集体经济组织按要求自主开发利用集体建设用地等土地，在当地建设或异地兴建、购置物业项目。

二是积极探索农村集体经济多元化发展方式。支持集体经济组织领办土地股份合作社,引导集体经济组织成员以承包土地的经营权折股入社,积极整合未承包到户的集体土地等资源。引导集体经济组织盘活闲置办公用房、学校等不动产,开展租赁经营。鼓励集体经济基础较好的村与较差的村联合开发物业经济等经营项目。探索集体经济组织以集体资产资源参股供销合作社、农民专业合作社和经营稳定的工商企业等经济实体。探索集体经济组织与其他经济实体采取 BOT（建设—经营—转让）等模式联合开发产业项目。整合利用集体自有积累资金和财政投入资金等,通过入股或者参股农业企业、跨村合作、村企共建、扶贫开发等多种形式发展集体经济。有条件的地方,可以以资本为纽带,通过集体资产管理体制变革,建立集体资本授权运营新机制①。

（三）规范农村集体经济组织管理

理顺集体经济组织与其他村级组织的职责关系,健全农村集体"三资"管理监督和收益分配制度,建立符合实际需求的农村产权流转交易市场,促进农村集体经济组织的规范管理。

一是推进农村村级组织"政经分离"。结合湖北发展实际,在农村发展条件较适宜的地区,探索实行"党组织＋自治组织＋经济组织"的三级农村治理模式。其中,党组织主要发挥领导核心作用,自治组织主要开展村民自治和社会管理活动,经济组织实行独立经营,主要从事集体经济发展。厘清村党组织、村民自治组织与集体经济组织的关系,发挥党组织对集体经济的领导核心作用,防止内部少数人控制和外部资本侵占集体资产,真正让农民成为集体经济的决策者、投资者和受益者。在已经建立了集体经济组织的村、组,村民自治组织与集体经济组织从成员权利、组织功能、干部管理、账务资产、议事决策等方面推进"政经分离"。

二是加强农村集体经济组织运营管理。集体经济组织依法开展市场经营活动,通过合同、章程、协议等方式明确权利义务和责任,严格控制集体经营性资产用于承担经营风险的比例。建立健全村级集体经济财

---

① 孔祥智、高强:《改革开放以来我国农村集体经济的变迁与当前亟需解决的问题》,《理论探索》2017 年第 1 期。

务管理制度，做好日常财务收支、审计监督等工作。规范集体经济组织收入分配，逐步缩小集体福利分配的范围，根据共同持股和个人持股的分类特性，合理确定股份收入分配方式。集体经济组织不得以任何形式开展或参与非法集资活动。县、乡两级主管部门要对集体经济组织的投资领域、投资规模和经营性债务规模加强监控和预警。

三是引导农村产权规范流转交易。充分利用信息化的管理手段和民主化的监督方式，进一步完善农村集体"三资"管理制度，在农村集体资产登记、保管、使用、处置等管理环节实行台账管理。鼓励各地依托集体资产管理、土地承包经营权流转管理等平台，建立符合农村实际需要的农村产权流转交易市场，开展包括农村集体经营性资产、农村承包土地经营权等在内的流转交易，保障农村产权依法自愿公开公正有序交易。坚持以政府主导、公益性为主，建立全省统一联网的农村集体资产管理信息平台，实现集体资产管理信息化。逐步放开集体资产股权流转限制，允许农村集体资产股份可在本集体经济组织内部转让；在农村集体资产价值的不断变化、股权流转制度的不断健全、风险可控的前提下，审慎探索试行农村集体资产股权对外流转，实现生产要素的进一步优化组合。

第五节 健全农业转移人口市民化机制

一个国家的现代化是与工业化、城市化紧密联系、同步发展的。伴随现代化、工业化的不断发展，农业剩余劳动力从农业中释放出来，逐步涌向工业性城市，在集聚效应下迅速膨胀扩张，即形成所谓的城市化。马克思在《资本论》中将城乡关系变迁总结为"合—分—合"的过程，由于现代化的发展伴随了城市的产生，原来的"城乡混沌"变为"城乡分离"，而工业化与城市化的进一步发展又促进了城市与农村的相互依赖，逐步走向"城乡融合"。

由于中华人民共和国成立初期实行的"重工轻农"的发展战略取向，导致了我国城乡二元结构的形成，也造成了农村经济社会发展明显落后于城市，农村成为全面建成小康社会的"短板"。长期以来，城乡分治的户籍制度把农民限定在农业生产、农村生活。20世纪末，大量的农民

"离土离乡",外出到城市务工,形成了大批的农业转移人口。农业转移人口既包括农业剩余劳动力,也包含农村非劳动适龄人口,如农民工的随迁子女等。他们中的大部分是主动从农村迁往城市,虽然户籍仍在农村,但已经从农村迁移到城镇工作生活或在农村与城镇之间流动的农业人口;还有一部分是由于承包地、宅基地被征用,被动地从农村居民转变为城镇居民。

农业转移人口市民化,是指农村人口在经历生产生活地域空间的变迁、户籍身份的转换、综合素质的提升、市民价值观念的形成、职业与就业状态的转变、生活方式与行为习惯的转型后,真正融入城市生活,被城市居民所接受的过程和结果。推进农业转移人口市民化,不仅是我国加快推进新型城镇化进程的重要内容,也是实现经济社会平稳健康发展的战略举措。基于刘易斯、费景汉、拉尼斯、乔根森等学者的城乡二元结构经典理论,从人口流动的角度出发,加快农业、农村的剩余劳动力向城市、工业转移是破除城乡二元结构的根本对策。陈东琪认为二元结构转换的切入点是在提高农业和土地生产率的前提下,减少农业剩余劳动力和相关人口,实施"有效减少农民"的战略[1]。张桂文认为,以促进农业剩余劳动力转移为核心,通过工业化、城市化与农业现代化相互促进的良性循环,实现工业与农业、城市与农村的协调发展[2]。

在农村全面建成小康社会发展进程中,湖北要跳出农业和农村的圈子,抓住工业化和新型城镇化发展机遇,加大户籍及相关公共服务领域制度改革,完善市民化成本分担机制,建立健全有效的相关激励机制,为农村全面建成小康社会提供良好的外部环境,从而促进农村富余劳动力向城镇化转移,真正实现农业转移人口市民化。

一 破除城乡二元结构体制

城乡二元体制的破除需要对有关制度进行根本性的变革,是一个长期、复杂的系统工程。由于我国城乡二元结构的有关制度是长期积累形成的,造成的危害也是积重难返,因此这个过程不可能一蹴而就,也不

---

[1] 陈东琪:《论二元结构转换》,《福建论坛》2002年第2期。
[2] 张桂文:《统筹城乡发展促进二元经济结构转换》,《辽宁大学学报》2005年第1期。

可能一劳永逸。现阶段,农业转移人口虽然长期生活在城市,但与城市居民在综合素质、价值观念、职业分布、生活方式、行为习惯、社会地位等方面仍然存在着较明显的差别。葛云伦[①]、王一鸣[②]、刘祖云[③]等人认为,要打破城乡相关制度壁垒,实现资源在经济、政治、社会层面上的自由流动,促进生产力在城乡之间的合理分布,使城市和农村融为一体。

在湖北农村全面建成小康社会过程中,加快推进农业转移人口市民化,关键在于破除现有的城乡二元结构体制,具体包括两方面:一是加快户籍制度改革,放宽落户条件,让有意愿、有能力的农业转移人口在城镇落户定居成为市民;二是推进公共服务均等化,将社会福利与户籍剥离,让暂不符合落户条件或没有落户意愿又有常住需求的农业转移人口,能享有基本公共服务。

(一)健全完善分类落户制度

户籍制度人为构造了城乡壁垒,形成了城乡二元结构,是阻碍农业转移人口市民化的最主要因素[④]。破除城乡二元结构必须要对以户籍制度为核心的一系列制度进行改革。改革排斥农民进城落户的城乡二元体制,让农村转移劳动力真正融入城市,首要的任务是对城乡隔离的二元户籍制度进行改革。

一方面,各类城市要进一步放松有关户口迁入的管制,允许具备一定条件的农民自由选择进入城镇就业和生活,实施有利于农业转移人口的落户政策。各地根据城镇综合承载能力水平,细化不同区域、不同规模和不同行政级别城镇的接收能力和落户条件,对于不同类型的农业转移人口制定具体落户标准和政策措施,以解决农业转移人口融入城镇的制度障碍[⑤]。针对不同规模城镇实行差别化落户政策,逐步使符合条件的

[①] 葛云伦、杨华书:《二元社会经济结构与三农问题根源探索》,《南方经济》2003年第6期。
[②] 王一鸣、高峰:《城乡二元结构:体制性因素和改革对策》,《中国经济时报》2004年9月2日。
[③] 刘祖云、胡蓉:《论社会转型与二元社会结构》,《中南民族大学学报》2005年第1期。
[④] 黎智洪:《农业转移人口市民化:制度困局与策略选择》,《人民论坛》2013年第7期。
[⑤] 黄露霜、郭凌:《中国农业转移人口市民化:历史演进、现实困境与路径选择》,《农业经济》2016年第12期。

农业转移人口落户城镇,放开小城镇落户限制,放宽大中城市落户条件,适度控制特大城市人口规模。在制定落户标准时以农业转移人口的合法稳定住所、合法稳定职业和社会保险参保年限为基本条件,引导农业转移人口在城镇落户(见表10—2)。

表10—2　　　　　　　　湖北省城镇落户政策导向

城市类型	城区人口规模	落户政策
特大城市	500万人以上	在中心城区推行积分落户制度。以具有合法稳定就业和合法稳定住所(含租赁)、参加城镇社会保险年限、连续居住年限、年龄、文化程度等为主要指标,合理设置积分分值。放开非中心城区户籍人口夫妻、父母、子女投靠落户限制
大城市	100万—300万人	以一定合法稳定就业年限、城镇社会保险参保年限以及有合法稳定住所(含租赁)为落户条件。对参加城镇社会保险年限的要求不超过3年
中等城市	50万—100万人	以合法稳定就业、合法稳定住所(含租赁)为落户条件。城市综合承载能力压力小的地方,可以参照小城市和建制镇,全面放开落户限制;城市综合承载能力压力大的地方,可以对合法稳定就业的范围、年限和合法稳定住所(含租赁)的范围、条件等做出具体规定,但是对合法稳定住所不得设置住房面积和金额等限制,对参加城镇社会保险年限的要求不超过2年
小城市和建制镇	50万人以下	以合法稳定住所(含租赁)为落户条件,在县级市市区、县人民政府驻地镇和其他建制镇全面放开落户限制

注:最新城市划分标准城区人口100万—500万人为大城市,而300—500万人为Ⅰ型大城市,100—300万为Ⅱ型大城市。湖北现只有Ⅱ型大城市,故"城区人口规模"一栏填写的是"100万—300万人"而没有写"100—500万人"。

资料来源:《湖北省新型城镇化规划(2014—2020年)》。

另一方面,要推进人口管理制度改革,创新和完善人口服务和管理制度,逐步消除城乡区域间户籍壁垒,建立统一、开放的人口管理体制,促进农业转移人口有序流动。完善城乡统一的户口登记制度,加强和完善人口统计调查制度,全面、准确掌握人口规模、人员结构、地区分布等情况,还原户籍制度的人口登记管理功能。与此同时,逐步建立与统一城乡户口登记制度相适应的教育、卫生计生、就业、社会保障、住房、土地及人口统计制度和信息系统,逐渐摆脱政府部门将户籍作为附加管理手段。农业转移人口在当地居住半年以上的,可以申请领取居住证,而符合一定条件的居住证持有人,可以在居住地申请登记常住户口。

(二) 配套公共服务制度改革

城乡分治的户籍制度是破除城乡二元结构的突破口,但解决城乡二元结构并不只是从形式上将城乡户口统一登记,更深层、更根本性的措施还在于与户籍有关的教育、就业、社会保障、社会福利等方面进行配套改革。姜作培认为,城乡二元结构关键在制度,突破也在制度,要在户籍、土地、市场、就业等方面建立城乡统一制度体系,推进城乡体制改革①。要改革社会公共服务与户口挂钩的制度,废除针对农业转移人口的歧视性体制安排,让他们享有城镇基本公共服务。这些方面涉及农业转移人口在市民化过程中与城镇人口享受到相同的各项社会保障和社会福利。如让进城落户的农业转移人口在就业、子女入学、社会保障等方面享有与城镇居民同等的待遇;对于不能落户的农业转移人口,建立健全以居住证为载体,与居住年限等条件相挂钩的基本公共服务提供机制。因此,在新型城镇化过程中,要注重"人的城镇化",最终实现城乡居民社会保障和公共服务方面的均等化和一体化。

一是就业方面。农业转移人口由于没有城镇户口,在择业就业、劳动报酬、失业保险等方面得不到有效保障,也因而造成了农民工在用工、收入、职业、岗位等方面仍然遭受歧视。由于他们自身综合素质不高,从事的工作往往是城市居民不愿意从事的工作,不仅工作环境差,工资待遇低,而且用人单位基本没有为他们购买社会保险,甚至拖欠农民工工资的事件时有发生,城市对农民工"经济接纳,社会排斥"的做法没有得到根本改变。在促进农民工就业方面,政府主要是完善公共就业创新服务体系,建立有利于公平竞争的、城乡统一的劳动力市场。一方面,针对农民工开展包括就业技能培训、岗位技能提升培训、高技能人才和创业培训、劳动预备制培训、社区公益性培训、职业技能培训能力建设

---

① 姜作培:《建立城乡统筹发展的政府运作机制》,《国家行政学院报》2004年第3期。

等在内的农民工职业技能提升工作;另一方面,针对企业制定促进农民工就业的政策,充分发挥民营企业、中小企业等人力资源密集型企业在解决社会就业方面的优势。同时,健全农民工劳动权益保护机制,实现农民工与城镇职工同工同酬。

二是教育方面。农业转移人口受教育方面除了农民工自身的职业教育外,他们的子女受教育问题已经成为当前的突出社会问题之一。由于没有城镇户口,住房没有对口的学校,或是供不起高昂的借读费等原因,农业转移人口随迁子女在城镇接受教育存在"上学贵、上学难"的问题。他们大部分只有被迫在农村接受教育,长期与父母缺乏沟通联系,家庭辅导教育更是缺失,这也成为"留守儿童"产生的重要原因。在保障农业转移人口随迁子女平等享有受教育权利方面,以流入地政府管理为主,通过财政直接支持或政府购买服务等形式,加大全日制公办学校和普惠性民办学校对农民工随迁子女的倾斜力度。符合条件的随迁子女在义务教育、升学考试等方面享有与当地城镇学生同等的待遇,结合随迁子女在当地连续就学年限等情况,逐步享有在当地参加中考和高考的资格。

三是社会保障和其他社会福利方面。建立与经济发展水平相协调的社会保障与社会福利发展机制,保险费率征收与经济发展水平相适应。要进一步完善健全农业转移人口的社会保障和社会福利制度,将农业转移人口纳入所在城镇的养老保险、医疗保险、住房保障、最低生活保障等社会保障和社会福利的覆盖范围,为其生存和发展提供同等的社会公共服务。重点是扩大农民工参保缴费覆盖面,在养老、医疗、失业、工伤、生育保险方面与当地城镇职工享有同等待遇。完善城乡居民基本养老保险制度,整合城乡基本医疗保险制度,进城落户农民在农村参加的养老保险和医疗保险,要规范接入城镇社保体系,保证他们在农村缴纳费用的时间能够延续计算。逐步将有意愿的农民工纳入城镇职工基本养老和基本医疗保险,允许灵活就业农民工参加当地城镇居民基本医疗保险。

农业转移人口市民化过程中,应根据不同群体市民化意愿以及能力的差异、不同地区人口承载能力的差异,因地制宜、有序推进公共服务制度改革①。根据农村劳动力流动特征和程度的差异，农村转移劳动力可以划分为"候鸟型""双栖型""筑巢型"三大类，这三种类型的群体市民化意愿和市民化能力存在着显著差异。需要根据不同农村转移劳动力群体类型的市民化意愿和市民化能力，选择不同的政策和支持关注侧重点，实现农村转移劳动力市民化意愿与市民化能力的制度安排与政策措施相协调、相匹配。

第一类是"候鸟型"。这类群体的主要特征是长年进城务工经商、季节性往返于城乡之间，他们长年在城市打工，在城里有相对稳定的职业、收入和居住地，但又具有一定流动性（主要是春节返乡）的农民工。"候鸟型"的农民工群体具有较强的市民化意愿，但自身的市民化能力较弱，政府应重点解决就业、住房等方面的问题，为他们提供安居工程和就业培训。

第二类是"双栖型"。这类群体的主要特征是他们仍以农业为主、务工为辅，或务工、务农兼业并重，间歇性或短期季节性在城镇务工。"双栖型"的农民工群体虽然自身市民化的能力较弱，但他们的市民化意愿也不强。他们主要生活在离城市中心较近的农村，政府的侧重点要鼓励他们在城乡间流动，同时保障他们的相关权益。

第三类是"筑巢型"。这类群体的农村转移劳动力虽然户口还在农村，但多年工作在城市且举家迁往城市居住并基本融入城市。由于在城市生活、工作多年，他们具有较强的市民化意愿，自我的市民化能力相对较强，政府重点要解决他们的落户问题，并让他们尽快融入企业，随迁子女融入学校，家庭融入社区。

二 建立合理的农业转移人口市民化成本分担机制

二元经济结构下，农业转移人口所创造的主要社会财富被用工单位以利润形式和被所在地政府、中央政府以管理费用与税收形式抽走，自身工资已接近"生存工资"②。因此，农业转移人口单独承担市民化成本

---

① 黎智洪:《农业转移人口市民化：制度困局与策略选择》,《人民论坛》2013 年第 7 期。
② 张国胜:《基于社会成本考虑的农民工市民化：一个转轨中发展大国的视角与政策选择》,《中国软科学》2009 年第 4 期。

既不合理也缺乏可行性。市民化成本分担机制是推进农业转移人口市民化过程中的核心问题，要按照公平享有基本公共服务的原则，强化各级政府责任，合理分担公共成本，分清成本分担优先时序，构建政府主导、多方参与、成本共担、协同推进的农业转移人口市民化机制，实现农业转移人口市民化资金来源多元化。

（一）构建"三位一体"的成本分担机制

根据农业转移人口市民化成本分类，明确成本承担主体和支出责任，构建由政府、企业、个人"三位一体"的农业转移人口市民化成本分担机制。

1. 合理确定各级政府事权及成本支出

政府承担农业转移人口市民化在义务教育、就业创业、社会保障、保障性住房以及市政设施、公共服务等方面的公共成本。按照事权责匹配的原则，各级政府根据基本公共服务的事权划分，合理确定在农业转移人口市民化过程中相应的财政支出责任，增强政府的公共服务保障能力。

中央财政主要负责承担基本公共服务成本，制定基本公共服务全国最低标准，考虑农业转移人口的公共服务支出因素，优化对地方一般性转移支付结构，增加对接受跨省农业转移人口较多省份的支出补助。省级政府负责制定全省的公共服务标准体系以及农业转移人口市民化总体安排和配套政策，承担公共服务成本省级负担部分，增加对接受跨市农业转移人口较多城市的支出补助。县级政府负责制定本行政区城市和建制镇农业转移人口市民化的具体方案和实施细则，承担公共服务成本县级分担部分，以及基础设施建设和运营成本。

2. 监督激励企业承担农民工社会保障和自我发展成本

企业应落实同工同酬制度，承担职工技能培训成本，依法按时支付职工养老、医疗、工伤、失业、生育等社会保险费用，为农业转移人口解决后顾之忧。

从政策上扶持企业发展，努力探索和解决企业在发展过程中遇到的新情况和新问题，促进企业更好更快发展，提升企业的成本承担能力。加强对企业劳动用工的规范和指导，切实保障农民工的劳动权益。强化企业缴费责任，扩大农民工参加城镇职工工伤保险、失业保险、生育保险比例。监督企业按照职工工资总额的一定比例足额提取教育培训经费，并确保企业将这笔资金真正用于职工的职业技能培训。建立企业农民工权益保障信用体系，将企业保障农民工正常工资待遇、缴纳"五险一金"和职工技能培训情况作为企业诚信考核重要内容，建立健全守信激励机制。充分调动和发挥媒体、行业协会的作用，建立信息披露机制，通过社会舆论和道德压力促使企业履行社会责任。

3. 增强农业转移人口承担市民化成本的能力

从个人层面来讲，农业转移人口自身应积极参加城镇社会保险，承担住房等市民化个人成本，以提高城镇生活水平。努力壮大集体经济，加快建立各类农村资产的交易流转平台，通过市场化手段，将农业转移人口在农村拥有的各类资源转化为资产，推动集体、个人资产货币化、证券化，实现"带资进城"承担市民化个人成本。

增加农民工进城务工收入，提升农业转移人口的成本承担能力。保障进城就业农民的合法权益，清理和取消针对农民进城就业的歧视性规定和不合理收费，简化农民进城就业的各种手续。加强统筹安排，有计划地组织农民参与项目基础设施建设，增加务工收入；鼓励农民自主创业和外出农民工返乡创业。出台个人补缴和政府补贴政策，鼓励农业转移人口参加城镇社保，将新农合转入城镇居民医疗保险，居民医疗保险收费标准与新型农村合作医疗收费标准的差额部分由财政补助。

（二）分类确定市民化成本主体及优先顺序

农业转移人口市民化成本大致可以分为就业创业成本、随迁子女义务教育成本、社会保障成本、住房成本、市政设施建设维护成本和城市公共服务成本六大类。

从各类服务分别来看成本提供主体：（1）就业创业成本由政府和企业共同承担。根据《中华人民共和国就业促进法》和《湖北省就业促进条例》的相关规定，由中央政府、省级政府、地方政府和企业分比例承担。政府部门承担就业技能培训、岗位技能提升培训、职业技能实训基地建设、职业介绍、困难人员就业援助、创业扶持、职业技能鉴定等成本；企业承担农民工岗位技能提升培训费用。（2）农业转移人口随迁子女义务教育成本全部由政府承担。中央政府、省级政府、地方政府分别按一定比例承担。（3）社会保障成本由政府、企业、个人共同承担。政府对企业和个人缴纳社保不足部分进行财政补贴,承担低保和孤寡老人救助成本;企业分别按照缴费基数的一定比例缴纳养老保险、医疗保险、失业保险、工伤保险和生育保险;个人按照一定的缴费比例缴纳养老保险、医疗保险和失业保险。(4)住房成本由政府、企业和个人共同承担。政府承担出让土地、公共租赁房建设、租房补贴等成本;企业承担纳入公租房建设的员工公寓建设成本;个人承担公租房房租、个人购房等成本。(5)市政设施建设维护成本和城市公共服务成本全部由政府承担。中央政府、省级政府和地方政府按一定比例分别承担。

依据农业转移人口的需求程度来确定市民化成本负担的优先顺序:第一,农业转移人口进入城镇最先考虑的是通过就业获取稳定的收入来源,因此通过就业创业服务平台获得就业创业机会和通过教育培训提高知识技能水平是最为迫切需求的。第二,农业转移人口进入城镇后,需要在城镇能够有安定居住的条件,因此住房需求也是相对比较迫切的需求。第三,农业转移人口进城后,还要考虑随迁子女的受教育问题,需要为其提供均等化的教育条件。第四,农业转移人口要真正实现市民化,必须获取与城镇居民相同的社会保障服务,而城镇基本医疗保险、养老保险是首要考虑的,其次是失业保险、工伤保险和生育保险。第五,农业转移人口市民化后,人口规模的增加需要通过城镇基础设施建设投资来提高城镇的综合承载能力。由于基础设施具有明显的公共产品性质,农业转移人口在城镇基本能享受到与城市居民同等的服务,只有当基础设施超过其承载能力时,农业转移人口对其需求的迫切性才会显现出来。

根据以上分析,农业转移人口市民化成本负担的优先顺序为:就业创业服务成本、教育培训成本—住房成本—随迁子女教育成本—社会保障成本(基本医疗保险—基本养老保险—失业保险—工伤保险—生育保险)—基础设施建设成本。

(三)完善财政转移支付与农业转移人口市民化挂钩机制

在分担农业转移人口市民化成本中,应当进一步完善财政转移支付制度,在测算地方财政支出时应考虑农业转移人口规模与市民化进度等因素,采取均衡性转移支付办法,解决农业转移人口流入地和流出地公共服务供给水平不匹配和不均等问题。建立财政转移支付与农业转移人口市民化挂钩机制主要包括以下几个方面的内容。

一是以常住人口而不是户籍人口作为财政分成和转移支付的依据，建立财政转移支付同农业转移人口市民化挂钩的机制。对吸纳农业转移人口较多的城镇的公共服务能力建设予以较多支持，增强城镇公共产品供给能力和吸纳农业转移人口能力。根据公共产品和服务的受益范围来合理确定农业转移人口市民化所需财政资金负担主体与相应的资金规模。

二是转移支付必须考虑到农业转移人口的规模与变动因素。依托城乡一体化户口登记制度，建立统一的社会保障信息平台，为每位公民设立专门的社会保障基金账户，农业转移人口进入城镇必须在信息平台进行登记。通过信息技术平台动态监测农业转移人口变动状况与规模，从而合理测定农业转移人口市民化所需的财政资金总量。

三是优化调整转移支付制度，促进各级各地政府在农业转移人口市民化问题上的财力与事权相匹配。上级政府根据各地财力水平、负担能力、农业转移人口地区分布等因素对财政转移支付流向和规模进行调剂。在确定中央政府应负担的资金总量的前提下，中央财政就可通过增加转移支付总额、调整转移支付比例、修订转移支付系数等方式，来调节不同地区间、不同城镇间的实际负担水平，促使地方政府的财力与事权能相互匹配。

四是调整财政支出结构。各级财政在安排支出时，都要根据农业转移人口实际情况来调整本地区的财政支出结构，基本方向是调整农村与城镇之间的支出结构，如调整财政教育支出中农村与城镇的支出比例或是调整城镇与农村的社会保障补助结构等。

三　完善相关激励机制

推进农业转移人口市民化，优化农村剩余劳动力由农村向城镇流入的外部环境，还需要从地方政府绩效考核和农民工权益激励保护两个方面进一步完善相关激励机制。

（一）健全地方政府城镇化绩效考核机制

1. 建立"以人为本"的城镇化考核机制导向

在让市场在资源配置中发挥决定性作用的背景下，政府将不再是城镇化进程的主要实施者，而是要为城镇化创造良好条件，如提供良好的经济发展环境和必要的监管，通过政府和社会资本合作（PPP）的方式，积极引入社会资本参与。而在当前的地方政府绩效考核制度下，地区生产总值（GDP）是被赋予较大权重的考量指标，GDP的增长可以充实地方财力或满足相关利益集团需要，地方政府官员也可能因此获得晋升、提拔。由于传统的政绩观激励导向，政府通常依靠来自土地收入、地方税收，以及加大公共基础设施建设作为提高短期GDP增长和创造就业的重要途径。

在前面对市民化成本的优先顺序进行分析时可知，农业转移人口急需解决的是教育、住房、社会保障方面的公共服务，而对基础设施的需求迫切程度相对较小。因此，教育、住房、社会保障等公共服务成本支出要优先于基础设施建设成本支出。但在实施新型城镇化过程中，各级地方政府往往追求新城区建设、开发区建设、基础设施建设等显性政绩，而那些属于隐性政绩的社会保障、教育、医疗等公共服务通常被忽视。显性政绩往往是城市范围的扩大或是市政基础设施延伸，实现的是"区域的城镇化"或是"土地的城镇化"，然而新型城镇化强调的是"以人为核心"，只有顺利实现农业转移人口市民化，让更多的城镇落户人口均等享受城镇公共服务，才是真正实现了"人的城镇化"。

不管是资源配置方式改变引起的地方政府职能和行为的转变还是地方政府更加注重"人的城镇化"，都可以通过绩效考核方式和指标的变化来实现。因此，改变目前以GDP为主要考核指标的政绩考核体系，可以通过将保障房建设、社会保障、医疗、教育等基本公共产品和服务供给状况纳入政绩考核指标来实现。而在具体的绩效考核方式上，要改变现在主要由上级考核下级的方式，应建立自上而下和自下而上相结合的考核方式，在地方政府绩效考核中引入公众参与机制，改变地方政府"唯上不唯下"的行为倾向，真正做到"以人为本"，更加注重隐性政绩。

2. 优化地方政区激励机制

当前，我国地方政区设置主要以地域行政区为主。所谓地域行政区是相对城镇行政区而言的，是在一定地域为范围同时包含城镇和农村的政区类型。新型城镇化发展过程中，地域行政区为地方政府策略性分配资源提供了行为空间。地方政府为了追求显性政绩而将大部分公共资源投向城镇而忽视农村发展，投入工业而忽视农业发展。一些地方政府通过户籍制度吸纳农业转移人口进城务工，获得"人口红利"，但将社会保障、教育、医疗等成本转嫁给流出地政府和个人。

随着城镇化的持续快速推进，应该逐渐改变目前地域行政区，设置和优化城镇行政区。中央或省级政府制定城乡一体化的整体规划，建立无空间区别的公共服务制度，推动城乡一体化进程，逐步探索有条件的地区转型为城镇行政区。

目前，部分地区仍然有撤县设区的巨大冲动，这与地方争取更大空间推动GDP增长有关。地方通过这一举措来增加城市经济总量，扩大城市规模，经济社会发展的总量指标增加但质量指标没有同步提升甚至下降。如果把城市政府的功能主要定位在服务民众、扩大公共服务均等化方面，空间扩张的冲动就会减弱。因此，在某些地区逐步成为城镇型政区之后，其管理将更为精细、具体，与农业转移人口市民化息息相关的公共服务会得到更大的加强，要求更广范围的公众参与，要求城市管理有更多的自主权。

（二）强化权益激励保护

一方面，要切实保护农民的土地承包经营权、宅基地使用权和集体收益分配权"三权"，依法保护农业转移人口的合法权益。农业转移人口的户口变动与农村"三权"脱钩，退出"三权"不再是农民进城落户的前置条件或是门槛，保证有条件的农业转移人口可以放心落户城镇。农业转移人口在进城落户后，"三权"可以依法享受相关权益，转户不退地；也可以依法自愿有偿转让，建立相应的"三权"退出机制。在此过程中，要加快推进相关立法进程，让农业转移人口转变为城市居民有法可依。针对农民宅基地、住房、承包地等问题制定相关政策法规，规范各项保障措施和行为，逐步探索明确农民宅基地换城镇住房、承包地换社会保障的具体处置程序。

另一方面，要加强社会共同参与，促进农业转移人口更快、更好地融入城市，重点是让农民工融入用工企业，让农民工子女融入受教育学校，让农民工家庭融入城市社区、让农民工群体融入社会。培养农业转移人口市民观念，以城市现代社会思想品德、职业道德为主要内容，通过开展市民学校和社区道德讲堂等活动，开展多种形式的市民化教育培训，加快提高农业转移人口文明素质。居委会、社区中心等社会组织可以通过开展丰富多彩的活动，加强社区文化、社会礼仪、城市起居知识等方面的宣传，培育现代市民意识和文明生活习惯，增强其对城市文化观念和生活方式的认同感和归属感，引导农业转移人口积极融入城市生活①。

---

① 黄露霜、郭凌：《中国农业转移人口市民化：历史演进、现实困境与路径选择》，《农业经济》2016年第12期。

第十一章

主要结论

本书的主要结论有:

1. 在中国经济发展进入新常态的新形势下,湖北总体上已处于工业化中期阶段,并正在向工业化后期顺利过渡。工业化发展阶段的变化,意味着经济社会发展的各方面将发生改变,湖北朝着全面建成小康社会的道路上也将会呈现新的特征,面临新的形势。在此背景下,湖北农村经济发展与全面建成小康社会相互叠加影响,推进农村全面建成小康,任务十分艰巨。湖北农村如期实现全面建成小康社会对顺利实现"精准扶贫,不落一人"目标,补齐全省经济社会发展关键"短板",以及开启"建成支点、走在前列"新征程具有重要的理论研究和实践探索意义。

2. 农村全面建成小康社会是农村处于温饱与富裕之间的一种状态。具体定义为:在农村地区实现总体小康的基础上,通过经济建设、政治建设、文化建设、社会建设、生态文明建设"五位一体"发展路径,使农村社会生产力进一步提升,农民生活水平进一步提高,农村文化更加繁荣,农村民主法制更加完善,农村可持续发展能力不断增强,并逐步走向富裕,最终达到共同富裕的阶段性状态。在明确内涵的基础上,结合有关专家学者们的研究,综合分析出农村小康社会具有动态阶段性和全面综合性的特征。

3. 改革开放以来,农村小康社会发展历史进程大致可划分为三个阶段:第一阶段从1978年至1990年,为解决温饱时期;第二阶段从1991年至2000年,为总体小康时期;第三阶段从2001年以来,为全面小康建设时期。根据不同时期有关农民人均纯收入和农村恩格尔系数的温饱、小康、全面建设小康标准水平,分别判断出湖北农村在1985年实现了从较低生活水平向温饱的跨越，提前 5 年完成任务要求；2003 年达到总体小康水平，比预期要求晚 3 年；2011 年达到全面建设小康社会要求，比预期要求晚 1 年。

4. 全面建成小康是对全面建设小康的进一步延续与提升。根据 2013 年国家统计局《全面建成小康社会统计监测指标体系》，从湖北 2016 年统计监测情况来看，湖北全面建成小康社会存在着发展不平衡的问题。湖北广大农村和边远山区全面建成小康进程发展落后，特别是国家级贫困县市实现程度远远落后于全省平均水平。湖北四大集中连片贫困地区常住人口只有全省的 23%，但建档立卡贫困人口占全省的 60%。因此，湖北全面建成小康社会的重点和难点仍在农村，农村发展落后是全面建成小康社会的"短板"，而贫困地区更是"短板"中的"短板"。

5. 湖北农业发展基础相对较差，承受的自然和市场双重风险大；农村人口多，是全省最大的社会群体；农民尤其是贫困山区农民生活水平低，脱贫致富难度大等基本省情，决定了农村相对城镇发展落后，农业相对工业比较效益低下，且在短期内难以改变。结合湖北实际情况来看，农村经济基础薄弱、农村社会环境问题突出、农村扶贫任务繁重等问题是农村成为湖北全面建成小康社会"短板"的现实原因、直接原因、内部原因。

6. 中华人民共和国成立初期，实施"重工轻农"的发展战略是农村成为湖北全面建成小康社会"短板"的历史原因、深层次原因、外部原因。在农产品统购统销、城乡户籍、人民公社三大制度的约束限制下，产生了工农产品价格"剪刀差"，农村剩余劳动力被束缚在土地上，农业生产效率不断下降等影响，这些影响因素加速了城乡二元结构的形成和进一步固化。改革开放以来，虽然城乡分割的体制机制有所变动，但城乡二元结构带来的问题和危害积重难返，造成了湖北城乡产业二元结构突出，城乡居民生活水平差距较大、城乡公共服务均等化程度低等问题，湖北农村发展远远落后于城镇，城乡发展不协调。

7. 根据构建的湖北农村全面建成小康社会发展综合评价指标体系，采用层次分析法对湖北农村全面建成小康实现进程进行测度。从总目标来看，2010—2016 年，湖北农村全面建成小康社会发展水平整体呈增长态势，六年增长了 23.27 个百分点，年均增长 3.88 个百分点。从子目标来看，经济发展、农村生活、社会发展、民主政治、资源环境子目标发展水平分别达到了 90.18%、92.80%、77.39%、93.28%、89.82%，发展态势有增有减，增长速度有快有慢。其中，社会发展增长最快，其次是经济发展和资源环境，农民生活增长相对较慢，民主政治整体平稳略有下降。从对总目标的增长贡献作用来看，经济发展对农村全面建成小康社会总体发展水平的增长贡献作用最大，占比 34.03%。

8. 根据"速度不变、目标对比"，从绝对数的角度找出湖北农村全面建成小康社会发展综合评价指标体系中各指标预测值与目标值的差距；根据"目标不变、速度对比"，从相对数的角度找出各指标发展态势方面存在的差距；再结合湖北农村经济社会发展实际和对未来发展态势的预测，综合分析判断得出：到 2020 年除农村人口平均受教育年限和农田灌溉水有效利用系数 2 项指标外，其他 22 项指标都能如期实现农村全面建成小康社会目标。根据构建的湖北省农村全面建成小康社会发展水平综合评价模型，预计到 2020 年，农村人口平均受教育年限和农田灌溉水有效利用系数两项指标的实现程度值分别为 71.78% 和 98.47%，其他 22 项指标实现程度值均为 100%，湖北农村全面建成小康社会发展水平达到 98.81%。

9. 从省内各地区横向比较来看，由于地理区位、资源要素禀赋存在差异，经济社会发展状况不尽相同，造成了湖北各地农村全面建成小康社会发展水平也存在明显差异：平原地区农村居民收入较高、城乡居民收入差距较小、农村劳动生产效率较高，农村全面建成小康社会发展情况较好；而东、西部山区贫困人口多，脱贫任务重，农村全面建成小康社会发展水平相对落后。结合与农村全面建成小康社会有关的重要指标，从省际横向比较来看，湖北的农村居民人均可支配收入和城乡收入差距 2 项指标均高于全国平均水平且处于中部第一的水平；农业劳动生产率虽然在中部处于第一的位置，但低于全国平均水平；农村恩格尔系数好于全国平均水平；农村居民文教娱乐消费支出占比与全国平均水平接近。然而各项指标与山东、江苏、浙江、广东四个东部发达省份相比，仍然存在较明显的差距。

10. 中国长期存在着城乡二元结构，现代发达的工业和城市与传统落后的农业和农村并存。农业和农村的基础地位与重要性，以及发展不充分的实际情况，决定了新时期要坚持农业农村优先发展。湖北农村全面建成小康社会，要以乡村振兴为总抓手，推进"五位一体"在农村的具体落实，按照"产业兴旺、生态宜居、乡风文明、治理有效、生活富裕"总体要求，通过"富裕农村""美丽农村""文明农村""民主农村""幸福农村"建设，确保湖北全省建档立卡贫困人口实现全面脱贫，确保如期实现全面建成小康目标，为全面实现"农业强、农村美、农民富"奠定基础。

11. 湖北农村全面建成小康社会，必须深化农村重要领域改革，着力推进农村综合改革创新，坚决破除相关体制机制阻碍，全面激发湖北农村小康社会的发展动力。从推力来看，改革农村内部相关制度，不断提升农村生产力。要强化市场在资源配置中的决定性作用，促进土地、资金、人力资源等生产要素在城乡间的合理流动和有效配置；要在巩固完善农村生产经营制度的基础上，深化集体产权制度改革，优化调整农村生产关系，实现农村生产力和生产关系之间的相互促进。从拉力来看，站在全省经济社会发展全局的角度，以建立城乡统一的户籍制度为突破口，配套完善教育、医疗卫生、社会保障等城镇公共服务，构建完善合理的成本分担机制，建立健全有效的相关激励机制，有序推进农业转移人口市民化，形成湖北农村全面建成小康社会的外在拉力。

参考文献

[美]阿瑟·刘易斯:《二元经济论》,北京经济学院出版社1989年版。
《邓小平思想年谱》,中央文献出版社1998年版。
《邓小平文选》第2卷,人民出版社1993年版。
《毛泽东文集》第7卷,人民出版社1999年版。
《习近平谈治国理政》,外文出版社2014年版。
《中共中央办公厅、国务院办公厅关于深化农村改革综合性实施方案》。
陈庆立:《农民与小康》,华夏出版社2004年版。
胡小平主编:《中国西部农村全面小康指标体系研究》,西南财经大学出版社2006年版。
胡运权主编:《运筹学教程》,清华大学出版社2003年版。
李占风、洪传梅主编:《经济预测与决策技术》,湖北人民出版社1997年版
梁漱溟:《乡村建设理论》,上海人民出版社2006年版。
林毅夫、蔡昉、李周:《中国的奇迹:发展战略与经济改革(增订版)》,上海三联书店、上海人民出版社1999年版。
彭玮、王金华、卢青:《构建新型农村社会化服务体系》,湖北科学技术出版社2012年版。
宋亚平:《咸安政改——那场轰动全国备受争议的改革自述》,湖北人民出版社2009年版。
习近平:《决胜全面建成小康社会 夺取新时代中国特色社会主义伟大胜利——在中国共产党第十九次全国代表大会上的报告》,人民出版社2017年版。

许克振主编：《湖北发展改革 30 年》，湖北人民出版社 2008 年版。

赵勇：《城乡良性互动战略》，商务印书馆 2004 年版。

中共湖北省委党史研究室：《湖北改革开放 30 年》，湖北人民出版社 2008 年版。

中国统一战线理论研究会：《当代中国民族宗教问题研究》（第 3 集），甘肃民族出版社 2008 年版。

Fei, C. H. J. and Ranis, G. , "A Theory of Economic Development", *American Economic Review*, September, 1961.

安向荣：《湖北改革开放的历史进程》，《政策》2008 年第 12 期。

白琳、白瑛：《我国城乡二元结构：演化、现状及协调路径选择》，《生产力研究》2007 年第 7 期。

白永秀：《城乡二元结构的中国视角：形成、拓展、路径》，《学术月刊》2012 年第 5 期。

蔡昉：《中国刘易斯拐点远未终结》，2010 年 9 月 3 日，新浪网（http：//finance. sina. com. cn/roll/20100903/01218595411. shtml）。

曹晓峰、徐海燕：《新农村建设中农村人力资源资本化的效应与路径选择——基于舒尔茨人力资本理论的分析》，《农业现代化研究》2010 年第 5 期。

曾长秋、李昱：《加强新农村文化建设是当务之急》，《光明日报》2009 年 4 月 3 日。

陈东琪：《论二元结构转换》，《福建论坛》2002 年第 2 期。

陈光金：《中国农村全面建设小康社会的进展和展望》，《中国农村经济》2004 年第 9 期。

陈丽霞、张文秀：《论全面建设农村小康社会》，《农村经济》2014 年第 12 期。

陈润羊、花明：《构建农村环境保护长效机制研究》，《农业环境与发展》2010 年第 5 期。

陈锡文：《关于农村土地制度改革的两点思考》，《经济研究》2014 年第 1 期。

陈晓律：《从英联邦国家的角度看世界现代化进程》，《杭州师范学院学报》（社会科学版）2004 年第 4 期。

陈艳、王雅鹏:《湖北省农民收入增长长效机制研究》,《统计与决策》2005年第3期。

丛正、金娟、满海红:《我国农业社会化服务体系建设的现实问题与对策研究》,《甘肃农业》2011年第3期。

崔巍:《头脑风暴法在产品开发中的应用》,《企业改革与管理》2011年第5期。

戴宗芬:《湖北农村改革发展与思想文化建设》,《湖北社会科学》2011年第11期。

党国英:《论农村文化对农村社会稳定与经济发展的作用》,《新视野》2015年第5期。

杜强、谭德林、周小红:《我国财政支农政策存在的问题及对策》,《北京农业职业学院学报》2009年第2期。

方志权:《农村集体经济组织产权制度改革若干问题》,《中国农村经济》2014年第7期。

冯飞、王晓明、王金照:《对我国工业化发展阶段的判断》,《中国发展观察》2012年第8期。

付翠莲:《我国乡村治理模式的变迁、困境与内生权威嵌入的新乡贤治理》,《地方治理研究》2016年第1期。

付宗平:《中国农村土地制度改革的动力、现实需求及影响》,《财经问题研究》2015年第12期。

傅晨、孟治全:《农村小康的内涵和指标体系探讨》,《农村经济》1993年第6期。

郜亮亮、杜志雄:《中国农业农村人才:概念界定、政策变迁和实践探索》,《中国井冈山干部学院学报》2017年第1期。

葛云伦、杨华书:《二元社会经济结构与三农问题根源探索》,《南方经济》2003年第6期。

关瑞捷、李伟毅:《以农村土地确权促进集体产权制度改革》,《毛泽东邓小平理论研究》2015年第1期。

国务院发展研究中心课题组:《制度先行:推进集体建设用地合理有序入市》,《中国经济时报》2014年2月13日第5版。

国务院发展研究中心农村部课题组:《从城乡二元到城乡一体——我国城

乡二元体制的突出矛盾与未来走向》，《管理世界》（月刊）2014 年第 9 期。

韩德军、朱道林：《中国农村土地制度历史变迁的进化博弈论解释》，《中国土地科学》2013 年第 7 期。

何家栋、喻希来：《城乡二元社会是怎样形成的》，《书屋》2003 年第 5 期。

何军、叶春辉、钟甫宁：《农村全面小康社会建设：指标体系、实现程度与国际比较——以上海市郊区为例》，《华东理工大学学报》（社会科学版）2005 年第 3 期。

胡锦涛：《坚定不移沿着中国特色社会主义道路前进　为全面建成小康社会而奋斗——在中国共产党第十八次全国代表大会上的报告》，《求是》2012 年第 22 期。

胡久生、李兆华、邢晓燕、康群、王荆州：《湖北省农村水体污染成因及治理办法研究》，《中国农业资源与区划》2009 年第 1 期。

胡久生、邢晓燕、汪权方、胡洋：《湖北农村环境污染治理现状与对策研究》，《现代农业科技》2010 年第 22 期。

胡珊、张珍华：《探究我国新农村文化建设中存在的问题及对策研究》，《今日中国论坛》2013 年第 7 期。

黄露霜、郭凌：《中国农业转移人口市民化：历史演进、现实困境与路径选择》，《农业经济》2016 年第 12 期。

江泽民：《高举邓小平理论伟大旗帜，把建设有中国特色社会主义事业全面推进二十一世纪——在中国共产党第十五次全国代表大会上的报告》，《求是》1997 年第 18 期。

江泽民：《全面建设小康社会，开创中国特色社会主义事业新局面——在中国共产党第十六次全国代表大会上的报告》，《求是》2002 年第 22 期。

姜作培：《建立城乡统筹发展的政府运作机制》，《国家行政学院报》2004 年第 3 期。

蒋远胜、蒋和平、黄德林：《中国农村全面小康社会建设的综合评价研究》，《农业经济问题》（增刊）2005 年。

孔祥智、高强：《改革开放以来我国农村集体经济的变迁与当前亟需解决的问题》，《理论探索》2017 年第 1 期。

孔祥智、刘同山：《论我国农村基本经营制度：历史、挑战与选择》，《政治经济学评论》2013 年第 4 期。

黎智洪：《农业转移人口市民化：制度困局与策略选择》，《人民论坛》2013 年第 7 期。

李建明：《市县（垦区）全面建设小康社会进程统计监测方法与实证研究》，《统计与咨询》2013 年第 6 期。

李建兴：《乡村变革与乡贤治理的回归》，《浙江社会科学》2015 年第 7 期。

李森：《和谐社会视野下中国社会城乡二元结构问题的探讨》，《求实》2010 年第 10 期。

李新贵、史乃威、杨润山、娄明振、杨春法、宋根庆：《农村小康问题研究》，《农业技术经济》1992 年第 5 期。

李永龙：《统筹城乡发展，消除二元结构》，《攀登》2004 年第 3 期。

李勇坚、袁锦秀、李蕊：《我国农村宅基地使用制度创新研究》，《西部论坛》2014 年第 6 期。

梁昊：《中国农村集体经济发展：问题及对策》，《财政研究》2016 年第 3 期。

廖信林、周加来：《统筹城乡经济发展的制约因素分析》，《山东省农业管理干部学院学报》2004 年第 4 期。

廖长林、陶新安：《湖北农村经济发展战略的历史考察》，《湖北社会科学》2007 年第 10 期。

刘辉、陈日辉、王时彬：《基于层次分析法和均方差法的矿山通风方案优选》，《黄金》2016 年第 1 期。

刘霖：《建立适合新农村建设发展的经济人才培养机制》，《中国集体经济》2009 年第 2 期。

刘文菡、刘丽英、邱双月、郑燕：《河北省全面建成小康社会的统计监测指标体系的构建》，《统计与管理》2016 年第 10 期。

刘学毅：《德尔菲法在交叉学科研究评价中的运用》，《西南交通大学学报》（社会科学版）2007 年第 2 期。

刘祖云、胡蓉：《论社会转型与二元社会结构》，《中南民族大学学报》

2005年第1期。

卢青、靳如意：《我国农村小康社会发展水平测度研究综述》，《社会科学动态》2018年第6期。

卢旭华：《乡村治理法治化的原则与路径》，《中共珠海市委党校珠海市行政学院学报》2016年第1期。

马俊贤：《湖北农村小康水平评价指标体系及其量化标准》，《统计与决策》1992年第2期。

马晓河、刘振中、郭军：《财政支农资金结构性改革的战略思路与对策》，《宏观经济研究》2016年第7期。

马玉姣：《全面建成小康社会进程中我国农村文化建设面临的问题及对策》，《商》2016年第12期。

毛春元、张月、黄萍：《基于模糊物元理论的小康社会指标体系综合评价模型》，《数学的实践与认识》2009年第24期。

潘盛洲：《关于农村建设小康社会的初步思考》，《农业经济问题》2003年第1期。

庞新生：《缺失数据处理方法的比较》，《统计与决策》2010年第24期。

彭玮：《略论城乡统筹的体制创新——以湖北省为例》，《北方经济》2010年第11期。

乔爱书：《思考与对策：全面建设小康社会中的"三农"问题》，《理论建设》2008年第5期。

沈费伟、刘祖云：《发达国家乡村治理的典型模式与经验借鉴》，《农业经济问题》（月刊）2016年第9期。

盛克勤：《建立体现科学发展观要求的干部政绩考核机制》，《领导科学》2007年第21期。

石扬令：《试析二元结构对农村经济发展的影响》，《理论探讨》2004年第7期。

宋成斌、王志勇：《全面建成小康社会进程中的农村宗教问题》，《辽宁行政学院学报》2013年第10期。

宋洪远：《中国农村改革40年——回顾与思考》，《南京农业大学学报》（社会科学版）2018年第3期。

孙静：《乡村治理法治化的现实挑战与路径选择》，《湖南行政学院学报》

（双月刊）2015年第5期。

谭志松、陈瑶：《武陵山片区乡村社会治理模式研究——以湖北秭归县"幸福村落"治理模式为例的分析》，《吉首大学学报》（社会科学版）2015年第6期。

唐平、胡永清：《中国农村小康目标实现程度和差距探析》，《中国农村经济》1994年第8期。

唐启国：《财政支农问题研究》，《金陵科技学院学报》（社会科学版）2013年第3期。

汪冬梅、赖昭瑞：《农村全面小康社会建设的实证研究及推进策略——以山东省为例》，《商业研究》2007年第5期。

王彪：《城乡二元结构的打破与融合》，《探索》1996年第3期。

王冰：《我国农业可持续发展问题的探讨》，《辽宁科技大学学报》2008年第1期。

王春枝、斯琴：《德尔菲法中的数据统计处理方法及其应用研究》，《内蒙古财经学院学报》（综合版）2011年第4期。

王丛标：《习近平对全面建成小康社会奋斗目标的丰富和发展》，《党的文献》2016年第6期。

王国敏：《城乡统筹：从二元结构向一元结构的转换》，《西南民族大学学报》2004年第9期。

王国平、阎力：《头脑风暴法研究的现状和展望》，《绥化学院学报》2006年第3期。

王少娜、董瑞等：《德尔菲法及其构建指标体系的应用进展》，《蚌埠医学院学报》2016年第5期。

王文兵、王铁成：《三种现代化理论视野中的后发国家发展模式比较——基于经典现代化理论、依附论、世界体系论的比较》，《考试周刊》2011年第11期。

王小映：《论农村集体经营性建设用地入市流转收益的分配》，《农村经济》2014年第10期。

王性初：《解放思想与新时期湖北农村改革》，《社会科学动态》1998年第11期。

王一鸣、高峰：《城乡二元结构：体制性因素和改革对策》，《中国经济时报》2004年9月2日。

魏后凯：《中国农村全面建成小康社会进程评估》，《人民论坛·学术前沿》2016年第18期。

吴锋：《试析全面建成小康社会阶段的人力资源支撑》，《人力资源管理》2014年第11期。

肖冬莲：《中国二元社会结构形成的历史考察》，《中共党史研究》2005年第1期。

肖宏伟：《我国全面建成小康社会评价指标体系研究》，《发展研究》2014年第9期。

小康县（市）综合评价课题组：《小康县（市）的综合评价研究》，《管理世界》1994年第5期。

徐冬青：《世界发达国家现代化的经验及启示》，《世界经济与政治论坛》2012年第6期。

杨孔平、陈樱：《推动农村"第二次飞跃"——湖北农村税费改革十周年回眸》，《农村经营管理》2013年第3期。

杨丽娟：《庄浪县农村小康指标体系实现程度分析报告（2013）》，《农业经济问题》2015年第13期。

杨万江、朱允卫：《全面建设农村小康社会的评价指标体系研究》，《农业技术经济》2004年第2期。

尹广泰：《农村全面建成小康社会需要进一步解决的问题简析》，《毛泽东邓小平理论研究》2015年第7期。

于建嵘：《集体经营性建设用地入市的思考》，《探索与争鸣》2015年第4期。

俞正声：《巩固农村税费改革成果，全面推进农村综合配套改革》，《财政与发展》2005年第8期。

袁方成、汪志强：《"以钱养事"：农村公共服务的创新机制——湖北咸安乡镇站所改革经验探索》，《长江论坛》2006年第6期。

张桂文：《统筹城乡发展促进二元经济结构转换》，《辽宁大学学报》2005年第1期。

张国胜：《基于社会成本考虑的农民工市民化：一个转轨中发展大国的视角与政策选择》，《中国软科学》2009年第4期。

张妮妮、张丽霞：《全面建成小康社会视阈下农村人力资源开发的价值分析》，《黑河学刊》2017年第1期。

张荣、刘思峰、刘斌：《基于离差最大化客观赋权法的一般性算法》，《统计与决策》2007年第24期。

章沈平、李毅：《浅谈江西省全面建成小康社会现状及对策》，《市场研究》2015年第9期。

赵秉恩、栾兆乾、王永昌、王苏阙：《哈尔滨市农村小康目标体系的选择》，《农业系统科学与综合研究》1993年第1期。

赵颖文、吕火明：《农村全面小康建设评价体系的构建及区域差异性研究》，《农业经济问题》（月刊）2016年第4期。

《沿着有中国特色的社会主义道路前进——在中国共产党第十三次全国代表大会上的报告》，《党的建设》1987年第11期。

钟蓝：《全面建设小康社会达标值亮底》，《数据》2006年第9期。

周飞舟：《从汲取型政权到"悬浮型"政权——税费改革对国家与农民关系之影响》，《社会学研究》2006年第3期。

周慧秋、李东：《我国农村全面建成小康社会的主要制约因素及对策》，《东北农业大学学报》（社会科学版）2013年第4期。

周挺、杨秀英：《论乡村治理的法治化》，《攀登》（双月刊）2015年第6期。

朱庆芳：《农村小康社会指标体系和2000年的发展目标》，《农业经济问题》1991年第10期。

朱新林：《头脑风暴法在管理决策中的应用》，《商业现代化》（下旬刊）2009年3月。

朱志萍：《城乡二元结构的制度变迁与城乡一体化》，《软科学》2008年第6期。

陈丽霞：《农村全面小康社会评价指标体系研究——兼四川省实证分析》，硕士学位论文，四川农业大学，2005年。

潘晓路：《湖北省农村小学留守儿童教育管理研究——基于对班主任的调查》，硕士学位论文，华中农业大学，2013年。

王金瀛：《我国农村小康文化建设研究》，硕士学位论文，山东理工大学，2004年。

王永平:《贵州农村建设全面小康社会目标与实现途径研究》,博士学位论文,西南农业大学,2005年。

徐婷:《青岛市农村全面建设小康社会进程及对策研究》,硕士学位论文,中国海洋大学,2013年。

薛子超:《我国全面建成小康社会过程中农村生产力现状研究》,硕士学位论文,哈尔滨商业大学,2016年。

曾平生:《全面建设农村小康社会与农村基层党组织建设》,硕士学位论文,江西师范大学,2004年。

曾万明:《我国统筹城乡经济发展的理论与实践》,博士学位论文,西南财经大学,2011年。

陈锡文:《中国农村流转土地面积已超过35%》,2017年3月9日,中国经济网(http://www.ce.cn/xwzx/gnsz/gdxw/201703/09/t20170309_20871261.shtml)。

马彦涛:《打造自治法治德治相结合的乡村治理格局》,2017年11月1日,理论网(http://www.cntheory.com/zydx/2017-11/ccps171101068V.html)。

竹山县司法局:《农村"三留守"法治宣传教育的理性思考》,2016年9月20日,湖北法治网(http://www.124.gov.cn/2016/0920/554441.shtml)。

后　记

《湖北农村如期实现全面建成小康社会目标研究》是《湖北农业农村改革开放40年（1978—2018）》丛书的系列成果之一，是在湖北省社会科学院院长宋亚平的统筹安排与精心指导下完成的。

本书的出版问世，历时一年半，得到了多方面的支持。感谢湖北省社会科学院农村经济研究所全体成员的鼎力支持，感谢敬爱的领导、可爱的同事对本书的无私奉献和大力帮助。感谢湖北省统计局办公室、农村处、统计科学研究所和湖北省档案馆为本书提供了丰富的统计数据和珍贵的历史档案资料。感谢宜城市发改局、阳新县扶贫办、竹溪县水坪镇、远安县阳坪镇等地方政府部门为本书开展农村调研提供的协助和方便。感谢中国社会科学出版社责任编辑的辛勤劳动。还有我最亲爱的家人，感谢父母、爱人和子女对我的理解和包容。

由于作者水平所限，书中难免存在疏漏和不足之处，敬请各位专家学者、同人和读者朋友们批评指正！

卢青

2018年7月